大学赤本シリーズ

495

関西学院大学

共通テスト併用日程〈数学〉・英数日程

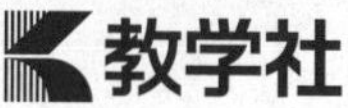

は　し　が　き

おかげさまで，大学入試の「赤本」は，今年で創刊70周年を迎えました。

これまで，入試問題や資料をご提供いただいた大学関係者各位，掲載許可をいただいた著作権者の皆様，各科目の解答や対策の執筆にあたられた先生方，そして，赤本を使用してくださったすべての読者の皆様に，厚く御礼を申し上げます。

以下に，創刊初期の「赤本」のはしがきを引用します。これからも引き続き，受験生の目標の達成や，夢の実現を応援してまいります。

本書を活用して，入試本番では持てる力を存分に発揮されることを心より願っています。

編者しるす

＊　＊　＊

学問の塔にあこがれのまなざしをもって，それぞれの志望する大学の門をたたかんとしている受験生諸君！　人間として生まれてきた私たちは，自己の欲するままに，美しく，強く，そして何よりも人間らしく生きることをねがっている。しかし，一朝一夕にして，この純粋なのぞみが達せられることはない。私たちの行く手には，絶えずさまざまな試練がまちかまえている。この試練を克服していくところに，私たちのねがう真に人間的な世界がはじめて開かれてくるのである。

人生最初の最大の試練として，諸君の眼前に大学入試がある。この大学入試は，精神的にも身体的にも，大きな苦痛を感ぜしめるであろう。あるスポーツに熟達するには，たゆみなき，はげしい練習を積み重ねることが必要であるように，私たちは，計画的・持続的な努力を払うことによって，この試練を克服し，次の一歩を踏みだすことができる。厳しい試練を経たのちに，はじめて満足すべき成果を獲得できるのである。

本書は最近の入学試験の問題に，それぞれ解答を付し，さらに問題をふかく分析することによって，その大学独特の傾向や対策をさぐろうとした。本書を一般の参考書とあわせて使用し，まとはずれのない，効果的な受験勉強をされるよう期待したい。

（昭和35年版「赤本」はしがきより）

挑む人の、いちばんの味方

1954年に大学入試の過去問題集を刊行してから70年。赤本は大学に入りたいと思う受験生を応援しつづけてきました。これからも，苦しいとき落ち込むときにそばで支える存在でいたいと思います。

そして，勉強をすること，自分で道を決めること，努力が実ること，これらの喜びを読者の皆さんが感じることができるよう，伴走をつづけます。

そもそも赤本とは…

受験生のための大学入試の過去問題集！

70年の歴史を誇る赤本は，500点を超える刊行点数で全都道府県の370大学以上を網羅しており，過去問の代名詞として受験生の必須アイテムとなっています。

なぜ受験に過去問が必要なのか？

大学入試は大学によって問題形式や頻出分野が大きく異なるからです。

赤本の掲載内容

傾向と対策

これまでの出題内容から，問題の「**傾向**」を分析し，来年度の入試に向けて具体的な「**対策**」の方法を紹介しています。

問題編・解答編

- 年度ごとに問題とその解答を掲載しています。
- 「**問題編**」ではその年度の試験概要を確認したうえで，実際に出題された過去問に取り組むことができます。
- 「**解答編**」には高校・予備校の先生方による解答が載っています。

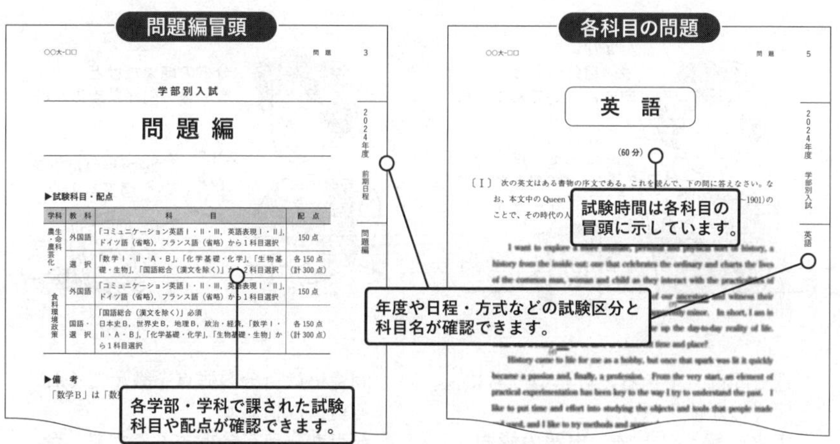

他にも，大学の基本情報や，先輩受験生の合格体験記，在学生からのメッセージなどが載っていることがあります。

掲載内容について

著作権上の理由やその他編集上の都合により問題や解答の一部を割愛している場合があります。なお，指定校推薦入試，社会人入試，編入学試験，帰国生入試などの特別入試，英語以外の外国語科目，商業・工業科目は，原則として掲載しておりません。また試験科目は変更される場合がありますので，あらかじめご了承ください。

受験勉強は

過去問に始まり，

STEP 1

なにはともあれ

まずは解いてみる

過去問は，**できるだけ早いうちに解く**のがオススメ！
実際に解くことで，**出題の傾向，問題のレベル，今の自分の実力**がつかめます。

STEP 2

じっくり具体的に

弱点を分析する

間違いは自分の弱点を教えてくれる**貴重な情報源**。
弱点から自己分析することで，**今の自分に足りない力や苦手な分野**が見えてくるはず！

合格者があかす
赤本の使い方

傾向と対策を熟読
（Fさん／国立大合格）
大学の出題傾向を調べるために，赤本に載っている「傾向と対策」を熟読しました。

繰り返し解く
（Tさん／国立大合格）
1周目は問題のレベル確認，2周目は苦手や頻出分野の確認に，3周目は合格点を目指して，と過去問は繰り返し解くことが大切です。

赤本の使い方 解説

過去問に終わる。

STEP 3

志望校にあわせて

苦手分野の重点対策

明日からはみんなで頑張るよ！
参考書も！ 問題集も！
よろしくね！

参考書や問題集を活用して，苦手分野の**重点対策**をしていきます。**過去問を指針**に，合格へ向けた具体的な学習計画を立てましょう！

STEP 1▶2▶3

サイクルが大事!

実践を繰り返す

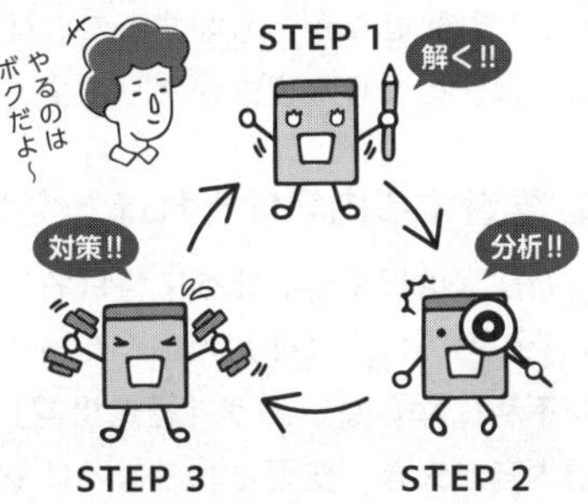

STEP 1～3を繰り返し，実力アップにつなげましょう！
出題形式に慣れることや，**時間配分を考えること**も大切です。

目標点を決める
(Yさん／私立大合格)

赤本によっては合格者最低点が載っているので，それを見て目標点を決めるのもよいです。

時間配分を確認
(Kさん／私立大学合格)

赤本は時間配分や解く順番を決めるために使いました。

添削してもらう
(Sさん／私立大学合格)

記述式の問題は先生に添削してもらうことで自分の弱点に気づけると思います。

新課程入試Q&A

2022年度から新しい学習指導要領（新課程）での授業が始まり，2025年度の入試は，新課程に基づいて行われる最初の入試となります。ここでは，赤本での新課程入試の対策について，よくある疑問にお答えします。

Q1. 赤本は新課程入試の対策に使えますか？

A. もちろん使えます！

OK

旧課程入試の過去問が新課程入試の対策に役に立つのか疑問に思う人もいるかもしれませんが，心配することはありません。旧課程入試の過去問が役立つのには次のような理由があります。

● 学習する内容はそれほど変わらない

新課程は旧課程と比べて科目名を中心とした変更はありますが，学習する内容そのものはそれほど大きく変わっていません。また，多くの大学で，既卒生が不利にならないよう「経過措置」がとられます（Q３参照）。したがって，出題内容が大きく変更されることは少ないとみられます。

● 大学ごとに出題の特徴がある

これまでに課程が変わったときも，各大学の出題の特徴は大きく変わらないことがほとんどでした。入試問題は各大学のアドミッション・ポリシーに沿って出題されており，過去問にはその特徴がよく表れています。過去問を研究してその大学に特有の傾向をつかめば，最適な対策をとることができます。

出題の特徴の例	・英作文問題の出題の有無 ・論述問題の出題（字数制限の有無や長さ） ・計算過程の記述の有無

新課程入試の対策も，赤本で過去問に取り組むところから始めましょう。

Q2. 赤本を使う上での注意点はありますか？

A. 志望大学の入試科目を確認しましょう。

過去問を解く前に，過去の出題科目（問題編冒頭の表）と 2025 年度の募集要項とを比べて，課される内容に変更がないかを確認しましょう。ポイントは以下のとおりです。科目名が変わっていても，実際は旧課程の内容とほとんど同様のものもあります。

英語・国語	科目名は変更されているが，実質的には変更なし。 ▶▶ **ただし，リスニングや古文・漢文の有無は要確認。**
地歴	科目名が変更され，「歴史総合」「地理総合」が新設。 ▶▶ **新設科目の有無に注意。ただし，「経過措置」（Q３参照）により内容は大きく変わらないことも多い。**
公民	「現代社会」が廃止され，「公共」が新設。 ▶▶ **「公共」は実質的には「現代社会」と大きく変わらない。**
数学	科目が再編され，「数学 C」が新設。 ▶▶ **「数学」全体としての内容は大きく変わらないが，出題科目と単元の変更に注意。**
理科	科目名も学習内容も大きな変更なし。

数学については，科目名だけでなく，どの単元が含まれているかも確認が必要です。例えば，出題科目が次のように変わったとします。

旧課程	「数学Ⅰ・数学Ⅱ・数学 A・数学 B（数列・ベクトル）」
新課程	「数学Ⅰ・数学Ⅱ・数学 A・**数学 B（数列）・数学 C（ベクトル）**」

この場合，新課程では「数学C」が増えていますが，単元は「ベクトル」のみのため，実質的には旧課程とほぼ同じであり，過去問をそのまま役立てることができます。

Q3.「経過措置」とは何ですか？

A. 既卒の旧課程履修者への対応です。

多くの大学では，既卒の旧課程履修者が不利にならないように，出題において「経過措置」が実施されます。措置の有無や内容は大学によって異なるので，募集要項や大学のウェブサイトなどで確認しておきましょう。

◯旧課程履修者への経過措置の例

- 旧課程履修者にも配慮した出題を行う。
- 新・旧課程の共通の範囲から出題する。
- 新課程と旧課程の共通の内容を出題し，共通範囲のみでの出題が困難な場合は，旧課程の範囲からの問題を用意し，選択解答とする。

例えば，地歴の出題科目が次のように変わったとします。

旧課程	「日本史 B」「世界史 B」から１科目選択
新課程	**「歴史総合，**日本史探究」**「歴史総合，**世界史探究」から１科目選択※ ※旧課程履修者に不利益が生じることのないように配慮する。

「歴史総合」は新課程で新設された科目で，旧課程履修者には見慣れないものですが，上記のような経過措置がとられた場合，新課程入試でも旧課程と同様の学習内容で受験することができます。

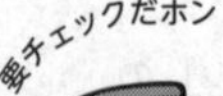

新課程の情報は WEB もチェック！
より詳しい解説が赤本ウェブサイトで見られます。
https://akahon.net/shinkatei/

科目名が変更される教科・科目

	旧課程	新課程
国語	国語総合 国語表現 現代文A 現代文B 古典A 古典B	現代の国語 言語文化 論理国語 文学国語 国語表現 古典探究
地歴	日本史A 日本史B 世界史A 世界史B 地理A 地理B	歴史総合 日本史探究 世界史探究 地理総合 地理探究
公民	現代社会 倫理 政治・経済	公共 倫理 政治・経済
数学	数学Ⅰ 数学Ⅱ 数学Ⅲ 数学A 数学B 数学活用	数学Ⅰ 数学Ⅱ 数学Ⅲ 数学A 数学B 数学C
外国語	コミュニケーション英語基礎 コミュニケーション英語Ⅰ コミュニケーション英語Ⅱ コミュニケーション英語Ⅲ 英語表現Ⅰ 英語表現Ⅱ 英語会話	英語コミュニケーションⅠ 英語コミュニケーションⅡ 英語コミュニケーションⅢ 論理・表現Ⅰ 論理・表現Ⅱ 論理・表現Ⅲ
情報	社会と情報 情報の科学	情報Ⅰ 情報Ⅱ

大学のサイトも見よう

目　次

解答用紙は，赤本オンラインに掲載しています。

https://akahon.net/kkm/kgk/index.html

※掲載内容は，予告なしに変更・中止する場合があります。

基本情報

沿革

1889（明治 22）　神戸の東郊・原田の森に神学部と普通学部をもつ関西学院を創立
1908（明治 41）　神学部，専門学校令により関西学院神学校として認可を受ける
1912（明治 45）　専門学校令により高等学部（文科・商科）開設
　後に第 4 代院長となる C.J.L. ベーツがスクールモットー“Mastery for Service”を提唱
1918（大正 7）　ハミル館開設
1921（大正 10）　高等学部を改め，文学部と高等商業学部となる
1932（昭和 7）　大学令により関西学院大学の設立認可
1934（昭和 9）　法文学部と商経学部開設
1946（昭和 21）　大学の機構を改め，法学部・文学部・経済学部の 3 学部となる
1948（昭和 23）　新学制により大学，高等部開設
1951（昭和 26）　商学部開設
1952（昭和 27）　神学部開設（文学部神学科より独立）

1960（昭和 35）	社会学部開設
1961（昭和 36）	理学部開設
1995（平成 7）	総合政策学部開設
2002（平成 14）	理学部が理工学部に名称変更
2008（平成 20）	人間福祉学部開設
2009（平成 21）	学校法人聖和大学と合併。教育学部開設
2010（平成 22）	学校法人千里国際学園と合併。国際学部開設
2017（平成 29）	複数分野専攻制（MS）特別プログラムとして国連・外交プログラムを，大学院副専攻に国連・外交コースを開設
2021（令和 3）	理工学部を理学部・工学部・生命環境学部・建築学部に再編し，総合政策学部と合わせて神戸三田キャンパスは 5 学部体制となる

校章

新月が満月へ刻々と変化するように，関西学院で学ぶ者すべてが日々進歩と成長の過程にあることを意味しています。

また，月が太陽の光を受けて暗い夜を照らすように，私たちが神の恵みを受けて世の中を明るくしてゆきたいとの思いを表しています。

学部・学科の構成

（注）学部・学科および大学院の情報は 2024 年 4 月時点のもので，改組・新設等により変更される場合があります。

大　学

●神学部　西宮上ケ原キャンパス

キリスト教伝道者コース

キリスト教思想・文化コース

●**文学部**　西宮上ケ原キャンパス

文化歴史学科（哲学倫理学専修，美学芸術学専修，地理学地域文化学専修，日本史学専修，アジア史学専修，西洋史学専修）

総合心理科学科（心理科学専修）

文学言語学科（日本文学日本語学専修，英米文学英語学専修，フランス文学フランス語学専修，ドイツ文学ドイツ語学専修）

●**社会学部**　西宮上ケ原キャンパス

社会学科（現代社会学専攻分野，データ社会学専攻分野，フィールド社会学専攻分野，フィールド文化学専攻分野，メディア・コミュニケーション学専攻分野，社会心理学専攻分野）

●**法学部**　西宮上ケ原キャンパス

法律学科（司法・ビジネスコース，特修コース〈選抜制〉，公共政策コース〈経済学部・法学部連携〉，グローバル法政コース，法政社会歴史コース）

政治学科（特修コース〈選抜制〉，公共政策コース〈経済学部・法学部連携〉，グローバル法政コース，法政社会歴史コース）

●**経済学部**　西宮上ケ原キャンパス

●**商学部**　西宮上ケ原キャンパス

経営コース

会計コース

マーケティングコース

ファイナンスコース

ビジネス情報コース

国際ビジネスコース

●**人間福祉学部**　西宮上ケ原キャンパス

社会福祉学科

社会起業学科

人間科学科

●**国際学部**　西宮上ケ原キャンパス

国際学科

●**教育学部**　西宮聖和キャンパス

教育学科（幼児教育学コース，初等教育学コース，教育科学コース）

●**総合政策学部** 神戸三田キャンパス
総合政策学科
メディア情報学科
都市政策学科
国際政策学科

●**理学部** 神戸三田キャンパス
数理科学科
物理・宇宙学科
化学科

●**工学部** 神戸三田キャンパス
物質工学課程
電気電子応用工学課程
情報工学課程
知能・機械工学課程

●**生命環境学部** 神戸三田キャンパス
生物科学科（植物昆虫科学専攻，応用微生物学専攻，計算生物学専攻）
生命医科学科（生命医科学専攻，発生再生医科学専攻，医工学専攻）
環境応用化学科

●**建築学部** 神戸三田キャンパス
建築学科

●**国連・外交プログラム** （複数分野専攻制（MS）特別プログラム）
※定員 20 名。全学部の 1 年次生が応募可能。書類選考の後，2 年次春学期よりプログラムが開始される。

（備考）学科・専修・コース等に分属する年次はそれぞれで異なる。

大学院

神学研究科 / 文学研究科 / 社会学研究科 / 法学研究科 / 経済学研究科 / 商学研究科 / 理工学研究科 / 総合政策研究科 / 人間福祉研究科 / 教育学研究科 / 国際学研究科 / 言語コミュニケーション文化研究科 / 司法研究科（ロースクール）/ 経営戦略研究科 / 国連・外交コース（副専攻）

大学所在地

神戸三田キャンパス

西宮上ケ原キャンパス

西宮聖和キャンパス

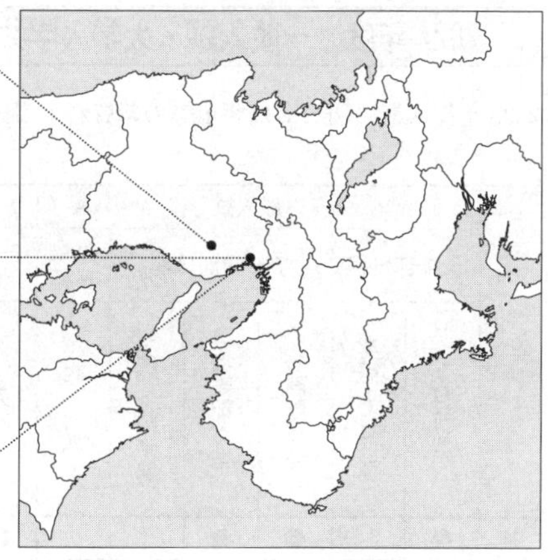

西宮上ケ原キャンパス　〒 662-8501　兵庫県西宮市
上ケ原一番町 1 番 155 号

西宮聖和キャンパス　〒 662-0827　兵庫県西宮市岡田山 7 番地 54 号

神戸三田キャンパス　〒 669-1330　兵庫県三田市学園上ケ原 1 番

入試データ

○競争率は受験者数÷合格者数で算出。

○個別学力試験を課さない大学入学共通テスト利用入試は１カ年のみ掲載。

2024年度　一般入試・大学入学共通テスト利用入試実施一覧表

2025年度入試に関しては要項等の新資料でご確認ください。

●：実施

学部	一般入試						大学入学共通テストを利用する入試						
	全学部日程		学部個別日程			英数日程	共通テスト併用日程		1月出願			3月出願	
	3科目型	英語1科目型	傾斜配点型	均等配点型	英語・国語型	英語・数学型	英語	数学	7科目型 5科目型	3科目型	英語資格・検定試験利用	4科目型	3科目型
神	●		●	●			●		●	●	●	●	
文	●		●	●			●		●	●	●	●	
社会	●		●	●			●	●	●	●	●	●	●
法	●		●	●		●	●	●	●	●	●	●	●
経済	● 文系型 ● 理系型		● 文系型	● 文系型		●	●	●	●	●	●	●	● ● 英数型
商	●		●	●		●	●	●	●	●	●	●	● ● 英数型
人間福祉	●			●	●	●	●		●	●	●	●	●
国際	●	●	●			●	● ● 英語重視型	●	●	●	●	●	●
教育	● 文系型 ● 理系型		● 文系型	● 文系型			●	●	●	●	●	●	
総合政策	● 文系型 ● 理系型		● 文系型	● 文系型		●	●	●	●	● 英国型 ● 英数型	●	●	

●：実施

学　部	一般入試			大学入学共通テストを利用する入試					
	全学部日程		英数日程	共通テスト併用日程	1月出願				3月出願
	均等配点型	数学・理科重視型	英語・数学型	数学	7科目型	5科目型（理科2科目）	5科目型（理科1科目）	英語資格・検定試験利用	4科目型
理	●	●	●	●	●	●	●	●	●
工	●	●	●	●	●	●	●	●	●
生命環境	●	●	●	●	●	●	●	●	●
建　築	●	●	●	●	●	●	●	●	●

（備考）理・工・生命環境・建築学部では，学部個別日程は実施されない。

入試状況（志願者数・競争率など）

2024 年度 入試状況

○合格者数には補欠合格者を含む。

●一般入試：全学部日程

学部・学科等			募集人員	志願者数	受験者数	合格者数	競争率
神			7	82	79	18	4.4
文	文化歴史	哲学倫理学	12	104	104	39	2.7
		美学芸術学	12	134	130	26	5.0
		地理学地域文化学	12	149	147	48	3.1
		日本史学	12	171	171	38	4.5
		アジア史学	12	65	64	25	2.6
		西洋史学	12	213	207	66	3.1
	総合心理科学	心理科学	44	473	466	130	3.6
	文学言語	日本文学日本語学	18	264	258	65	4.0
		英米文学英語学	30	357	352	153	2.3
		フランス文学フランス語学	16	133	130	60	2.2
		ドイツ文学ドイツ語学	14	172	169	57	3.0
社会	社会		160	1,500	1,480	450	3.3
法	法律		110	1,007	979	491	2.0
	政治		35	434	426	172	2.5
経済	文系型		140	1,838	1,801	619	2.9
	理系型			178	175	51	3.4
商			135	1,499	1,479	466	3.2
人間福祉	社会福祉		22	215	214	80	2.7
	社会起業		21	162	162	66	2.5
	人間科学		20	195	194	80	2.4
国際	国際	3科目型	30	347	346	56	6.2
		英語1科目型	20	144	141	21	6.7

（表つづく）

学部・学科等				募集人員	志願者数	受験者数	合格者数	競争率
教育	教育	幼児教育	文系型	29	316	311	107	2.9
			理系型		3	3	0	—
		初等教育	文系型	37	519	510	167	3.1
			理系型		34	32	17	1.9
		教育科学	文系型	17	379	370	144	2.6
			理系型		30	27	12	2.3
総合政策	文系型			100	885	869	443	2.0
	理系型				123	121	56	2.2
理	数理科学		均等配点型	26	198	192	102	1.9
			数学・理科重視型		264	261	151	1.7
	物理・宇宙		均等配点型	30	373	363	169	2.1
			数学・理科重視型		366	356	160	2.2
	化学		均等配点型	33	291	286	171	1.7
			数学・理科重視型		295	288	172	1.7
工	物質工学		均等配点型	26	237	232	128	1.8
			数学・理科重視型		231	224	108	2.1
	電気電子応用工学		均等配点型	30	314	304	155	2.0
			数学・理科重視型		311	303	162	1.9
	情報工学		均等配点型	47	451	439	179	2.5
			数学・理科重視型		435	424	154	2.8
	知能・機械工学		均等配点型	30	274	266	117	2.3
			数学・理科重視型		253	248	102	2.4
生命環境	生物科学		均等配点型	30	353	344	141	2.4
			数学・理科重視型		213	208	73	2.8
	生命医科学	生命医科学	均等配点型	13	233	223	90	2.5
			数学・理科重視型		176	169	58	2.9
		発生再生医科学	均等配点型	13	75	74	38	1.9
			数学・理科重視型		59	58	27	2.1
		医工学	均等配点型	13	70	68	34	2.0
			数学・理科重視型		56	56	31	1.8
	環境応用化学		均等配点型	42	420	410	247	1.7
			数学・理科重視型		332	321	200	1.6
建築	建築		均等配点型	60	661	645	269	2.4
			数学・理科重視型		561	551	212	2.6

●一般入試：学部個別日程

学部・学科等				募集人員	志願者数	受験者数	合格者数	競争率
神			傾斜配点型	6	70	66	18	3.7
			均等配点型		100	95	23	4.1
文	文化歴史	哲学倫理学	傾斜配点型	11	67	63	32	2.0
			均等配点型		43	42	19	2.2
		美学芸術学	傾斜配点型	11	59	55	15	3.7
			均等配点型		42	40	9	4.4
		地理学地域文化学	傾斜配点型	9	67	67	25	2.7
			均等配点型		52	49	19	2.6
		日本史学	傾斜配点型	9	74	73	18	4.1
			均等配点型		87	86	26	3.3
		アジア史学	傾斜配点型	9	35	34	12	2.8
			均等配点型		32	32	11	2.9
		西洋史学	傾斜配点型	9	81	78	36	2.2
			均等配点型		89	84	31	2.7
	総合心理科学	心理科学	傾斜配点型	38	203	196	60	3.3
			均等配点型		237	229	73	3.1
	文学言語	日本文学日本語学	傾斜配点型	18	152	151	42	3.6
			均等配点型		118	116	36	3.2
		英米文学英語学	傾斜配点型	30	132	131	66	2.0
			均等配点型		139	137	69	2.0
		フランス文学フランス語学	傾斜配点型	13	65	65	39	1.7
			均等配点型		66	65	35	1.9
		ドイツ文学ドイツ語学	傾斜配点型	11	70	69	29	2.4
			均等配点型		82	79	37	2.1
社会	社会		傾斜配点型	140	908	881	262	3.4
			均等配点型		955	935	218	4.3
法	法律		傾斜配点型	110	308	298	151	2.0
			均等配点型		530	517	264	2.0
	政治		傾斜配点型	35	202	196	96	2.0
			均等配点型		254	247	90	2.7
経済			傾斜配点型	120	581	554	223	2.5
			均等配点型		855	823	310	2.7
商			傾斜配点型	130	509	494	171	2.9
			均等配点型		774	744	181	4.1

（表つづく）

学部・学科等			募集人員	志願者数	受験者数	合格者数	競争率
人間福祉	社会福祉	英語・国語型	20	148	146	60	2.4
		均等配点型		143	142	59	2.4
	社会起業	英語・国語型	20	128	128	57	2.2
		均等配点型		112	110	56	2.0
	人間科学	英語・国語型	20	122	121	42	2.9
		均等配点型		113	113	45	2.5
国際	国際	傾斜配点型	35	203	200	58	3.4
		均等配点型		223	217	59	3.7
教育	教育 幼児教育	傾斜配点型	20	100	96	37	2.6
		均等配点型		162	158	57	2.8
	教育 初等教育	傾斜配点型	27	156	155	50	3.1
		均等配点型		258	253	73	3.5
	教育 教育科学	傾斜配点型	13	132	130	51	2.5
		均等配点型		212	206	62	3.3
総合政策		傾斜配点型	95	385	376	163	2.3
		均等配点型		602	584	207	2.8

●一般入試：英数日程

学部・学科等			志願者数	受験者数	合格者数	競争率
法	法律		77	75	30	2.5
	政治		37	30	11	2.7
経済			419	407	133	3.1
商			349	334	63	5.3
人間福祉	社会福祉		23	22	8	2.8
	社会起業		7	7	2	3.5
	人間科学		31	29	9	3.2
国際	国際		43	42	17	2.5
総合政策			279	268	115	2.3
理	数理科学		67	66	26	2.5
	物理・宇宙		64	63	18	3.5
	化学		55	53	20	2.7
工	物質工学		68	66	42	1.6
	電気電子応用工学		86	83	42	2.0
	情報工学		134	127	27	4.7
	知能・機械工学		74	73	15	4.9
生命環境	生物科学		74	73	24	3.0
	生命医科学	生命医科学	58	56	9	6.2
		発生再生医科学	29	29	13	2.2
		医工学	25	23	14	1.6
	環境応用化学		109	105	51	2.1
建築	建築		225	218	40	5.5

（備考）募集人員数は次表参照。

〈募集人員数〉

学部・学科等		英数日程	共通テスト併用日程	
			数学	英語
法	法律	35		
法	政治	15		
経済		65		
商		50		
人間福祉	社会福祉	17※	—	17※
人間福祉	社会起業	8※	—	8※
人間福祉	人間科学	9※	—	9※
国際	国際	25		
総合政策		50		
理	数理科学	3		—
理	物理・宇宙	3		—
理	化学	3		—

学部・学科等			英数日程	共通テスト併用日程	
				数学	英語
工	物質工学		3		—
工	電気電子応用工学		3		—
工	情報工学		4		—
工	知能・機械工学		3		—
生命環境	生物科学		4		—
生命環境	生命医科学	生命医科学	3		—
生命環境	生命医科学	発生再生医科学	3		—
生命環境	生命医科学	医工学	3		—
生命環境	環境応用化学		4		—
建築	建築		10		—

※人間福祉学部の募集人員は，英数日程と共通テスト併用日程（英語）を合わせた人数。

●共通テスト併用日程（英語）

学部・学科等			志願者数	受験者数	合格者数	競争率
神			58	54	30	1.8
文	文化歴史	哲学倫理学	27	26	12	2.2
		美学芸術学	34	34	14	2.4
		地理学地域文化学	29	27	16	1.7
		日本史学	44	43	21	2.0
		アジア史学	14	14	7	2.0
		西洋史学	47	46	19	2.4
	総合心理科学	心理科学	150	145	53	2.7
	文学言語	日本文学日本語学	75	74	37	2.0
		英米文学英語学	105	103	65	1.6
		フランス文学フランス語学	32	32	19	1.7
		ドイツ文学ドイツ語学	37	37	25	1.5
社会	社会		472	462	133	3.5
法	法律		349	340	137	2.5
	政治		120	113	35	3.2
経済			404	390	140	2.8
商			495	481	97	5.0
人間福祉	社会福祉		88	88	48	1.8
	社会起業		74	73	36	2.0
	人間科学		68	68	27	2.5
国際	国際	英語	119	114	33	3.5
		英語重視型	110	107	30	3.6
教育	教育	幼児教育	93	93	35	2.7
		初等教育	167	164	53	3.1
		教育科学	167	163	56	2.9
総合政策			379	370	121	3.1

（備考）募集人員数は，次表参照。

〈募集人員数〉

学部・学科等			共通テスト併用日程 英語	共通テスト併用日程 数学	英数日程
神			3	—	—
文	文化歴史	哲学倫理学	3		
		美学芸術史	3		
		地理学地域文科学	2		
		日本史学	2		
		アジア史学	2		
		西洋史学	2		
	総合心理科学		8		
	文学言語	日本文学日本語学	4		
		英米文学英語学	7		
		フランス文学フランス語学	3		
		ドイツ文学ドイツ語学	3		
社会	社会		30		—

学部・学科等			共通テスト併用日程 英語	共通テスト併用日程 数学	英数日程
法	法律		35		
	政治		15		
経済			65		
商			50		
人間福祉	社会福祉		17※	—	17※
	社会起業		8※		8※
	人間科学		9※		9※
国際	国際		25		
教育	教育	幼児教育	5		—
		初等教育	10		
		教育科学	5		
総合政策			50		

※人間福祉学部の募集人員は，共通テスト併用日程（英語）と英数日程を合わせた人数。

●共通テスト併用日程（数学）

学部・学科等			志願者数	受験者数	合格者数	競争率
社会	社会		114	114	45	2.5
法	法律		116	114	47	2.4
法	政治		32	31	9	3.4
経済			342	330	132	2.5
商			341	332	60	5.5
国際	国際		32	32	13	2.5
教育	教育	幼児教育	20	19	6	3.2
教育	教育	初等教育	79	78	28	2.8
教育	教育	教育科学	48	45	17	2.6
総合政策			235	231	117	2.0
理	数理科学		99	96	46	2.1
理	物理・宇宙		97	97	32	3.0
理	化学		71	67	29	2.3
工	物質工学		85	84	58	1.4
工	電気電子応用工学		119	118	57	2.1
工	情報工学		145	143	31	4.6
工	知能・機械工学		75	74	24	3.1
生命環境	生物科学		104	103	32	3.2
生命環境	生命医科学	生命医科学	70	70	8	8.8
生命環境	生命医科学	発生再生医科学	38	38	12	3.2
生命環境	生命医科学	医工学	23	23	13	1.8
生命環境	環境応用化学		140	137	69	2.0
建築	建築		248	243	70	3.5

（備考）募集人員数は次表参照。

〈募集人員数〉

<table>
<tr><th colspan="3" rowspan="2">学部・学科等</th><th colspan="2">共通テスト併用日程</th><th rowspan="2">英数日程</th></tr>
<tr><th>数学</th><th>英語</th></tr>
<tr><td>社会</td><td colspan="2">社会</td><td colspan="2">30</td><td>—</td></tr>
<tr><td rowspan="2">法</td><td colspan="2">法律</td><td colspan="3">35</td></tr>
<tr><td colspan="2">政治</td><td colspan="3">15</td></tr>
<tr><td colspan="3">経済</td><td colspan="3">65</td></tr>
<tr><td colspan="3">商</td><td colspan="3">50</td></tr>
<tr><td>国際</td><td colspan="2">国際</td><td colspan="3">25</td></tr>
<tr><td rowspan="3">教育</td><td rowspan="3">教育</td><td>幼児教育</td><td colspan="2">5</td><td rowspan="3">—</td></tr>
<tr><td>初等教育</td><td colspan="2">10</td></tr>
<tr><td>教育科学</td><td colspan="2">5</td></tr>
<tr><td colspan="3">総合政策</td><td colspan="3">50</td></tr>
</table>

<table>
<tr><th colspan="2" rowspan="2">学部・学科等</th><th colspan="2">共通テスト併用日程</th><th rowspan="2">英数日程</th></tr>
<tr><th>数学</th><th>英語</th></tr>
<tr><td rowspan="3">理</td><td>数理科学</td><td>3※</td><td rowspan="3">—</td><td>3※</td></tr>
<tr><td>物理・宇宙</td><td>3※</td><td>3※</td></tr>
<tr><td>化学</td><td>3※</td><td>3※</td></tr>
<tr><td rowspan="4">工</td><td>物質工学</td><td>3※</td><td rowspan="4">—</td><td>3※</td></tr>
<tr><td>電気電子応用工学</td><td>3※</td><td>3※</td></tr>
<tr><td>情報工学</td><td>4※</td><td>4※</td></tr>
<tr><td>知能・機械工学</td><td>3※</td><td>3※</td></tr>
<tr><td rowspan="5">生命環境</td><td>生物科学</td><td>4※</td><td rowspan="5">—</td><td>4※</td></tr>
<tr><td>生命医科学　生命医科学</td><td>3※</td><td>3※</td></tr>
<tr><td>生命医科学　発生再生医科学</td><td>3※</td><td>3※</td></tr>
<tr><td>生命医科学　医工学</td><td>3※</td><td>3※</td></tr>
<tr><td>環境応用化学</td><td>4※</td><td>4※</td></tr>
<tr><td>建築</td><td>建築</td><td>10※</td><td>—</td><td>10※</td></tr>
</table>

※理・工・生命環境・建築学部の募集人員は，共通テスト併用日程（数学）と英数日程を合わせた人数。

●大学入学共通テスト利用入試：1月出願

○競争率は志願者数÷合格者数で算出。

○表中の「英語利用」は３科目型（英語資格・検定試験利用）を表す。

学部・学科等				募集人員	志願者数	合格者数	競争率
神			7科目型	2	58	12	4.8
			5科目型				
			3科目型				
			英語利用				
文	文化歴史	哲学倫理学	7科目型	3	68	21	3.2
			5科目型				
			3科目型				
			英語利用				
		美学芸術学	7科目型	3	102	33	3.1
			5科目型				
			3科目型				
			英語利用				
		地理学地域文化学	7科目型	3	45	12	3.8
			5科目型				
			3科目型				
			英語利用				
		日本史学	7科目型	3	117	18	6.5
			5科目型				
			3科目型				
			英語利用				
		アジア史学	7科目型	3	19	5	3.8
			5科目型				
			3科目型				
			英語利用				
		西洋史学	7科目型	3	106	49	2.2
			5科目型				
			3科目型				
			英語利用				
	総合心理科学	心理科学	7科目型	15	268	69	3.9
			5科目型				
			3科目型				
			英語利用				

（表つづく）

学部・学科等				募集人員	志願者数	合格者数	競争率
文	文学言語	日本文学日本語学	7科目型	5	141	43	3.3
			5科目型				
			3科目型				
			英語利用				
		英米文学英語学	7科目型	9	136	37	3.7
			5科目型				
			3科目型				
			英語利用				
		フランス文学フランス語学	7科目型	5	27	9	3.0
			5科目型				
			3科目型				
			英語利用				
		ドイツ文学ドイツ語学	7科目型	3	42	10	4.2
			5科目型				
			3科目型				
			英語利用				
社会	社会		7科目型	60	872	317	2.8
			5科目型				
			3科目型				
			英語利用				
法	法律		7科目型	40	1,138	465	2.4
			5科目型				
			3科目型				
			英語利用				
	政治		7科目型	20	472	152	3.1
			5科目型				
			3科目型				
			英語利用				
経済			7科目型	40	1,175	379	3.1
			5科目型				
			3科目型				
			英語利用				
商			7科目型	45	1,096	372	2.9
			5科目型				
			3科目型				
			英語利用				

（表つづく）

学部・学科等			募集人員	志願者数	合格者数	競争率
人間福祉	社会福祉	7科目型	15	115	26	4.4
		5科目型				
		3科目型				
		英語利用				
	社会起業	7科目型	10	91	28	3.3
		5科目型				
		3科目型				
		英語利用				
	人間科学	7科目型	9	122	36	3.4
		5科目型				
		3科目型				
		英語利用				
国際	国際	7科目型	20	335	79	4.2
		5科目型				
		3科目型				
		英語利用				
教育	教育 幼児教育	7科目型	10	137	55	2.5
		5科目型				
		3科目型				
		英語利用				
	教育 初等教育	7科目型	20	357	102	3.5
		5科目型				
		3科目型				
		英語利用				
	教育 教育科学	7科目型	9	375	123	3.0
		5科目型				
		3科目型				
		英語利用				
総合政策		7科目型	35	570	167	3.4
		5科目型				
		3科目英国型				
		3科目英数型				
		英語利用				

（表つづく）

学部・学科等			募集人員	志願者数	合格者数	競争率
理	数理科学	7科目型	5	166	68	2.4
		5科目型理科2				
		5科目型理科1				
		英語利用				
	物理・宇宙	7科目型	5	315	148	2.1
		5科目型理科2				
		5科目型理科1				
		英語利用				
	化学	7科目型	5	205	95	2.2
		5科目型理科2				
		5科目型理科1				
		英語利用				
工	物質工学	7科目型	5	241	129	1.9
		5科目型理科2				
		5科目型理科1				
		英語利用				
	電気電子応用工学	7科目型	5	218	90	2.4
		5科目型理科2				
		5科目型理科1				
		英語利用				
	情報工学	7科目型	5	333	143	2.3
		5科目型理科2				
		5科目型理科1				
		英語利用				
	知能・機械工学	7科目型	5	265	117	2.3
		5科目型理科2				
		5科目型理科1				
		英語利用				

（表つづく）

学部・学科等				募集人員	志願者数	合格者数	競争率
生命環境	生物科学		7科目型	5	389	163	2.4
			5科目型理科2				
			5科目型理科1				
			英語利用				
	生命医科学	生命医科学	7科目型	2	216	88	2.5
			5科目型理科2				
			5科目型理科1				
			英語利用				
		発生再生医科学	7科目型	2	58	29	2.0
			5科目型理科2				
			5科目型理科1				
			英語利用				
		医工学	7科目型	2	63	29	2.2
			5科目型理科2				
			5科目型理科1				
			英語利用				
	環境応用化学		7科目型	5	425	231	1.8
			5科目型理科2				
			5科目型理科1				
			英語利用				
建築	建築		7科目型	10	592	264	2.2
			5科目型理科2				
			5科目型理科1				
			英語利用				

●大学入学共通テスト利用入試：3月出願

○競争率は志願者数÷合格者数で算出。

<table>
<tr><th colspan="4">学部・学科等</th><th>募集人員</th><th>志願者数</th><th>合格者数</th><th>競争率</th></tr>
<tr><td colspan="4">神</td><td>2</td><td>2</td><td>0</td><td>—</td></tr>
<tr><td rowspan="12">文</td><td rowspan="6">文化歴史</td><td colspan="2">哲学倫理学</td><td>2</td><td>11</td><td>2</td><td>5.5</td></tr>
<tr><td colspan="2">美学芸術学</td><td>2</td><td>15</td><td>2</td><td>7.5</td></tr>
<tr><td colspan="2">地理学地域文化学</td><td>2</td><td>11</td><td>2</td><td>5.5</td></tr>
<tr><td colspan="2">日本史学</td><td>2</td><td>15</td><td>2</td><td>7.5</td></tr>
<tr><td colspan="2">アジア史学</td><td>2</td><td>22</td><td>2</td><td>11.0</td></tr>
<tr><td colspan="2">西洋史学</td><td>2</td><td>24</td><td>2</td><td>12.0</td></tr>
<tr><td colspan="2">総合心理科学</td><td>心理科学</td><td>3</td><td>38</td><td>4</td><td>9.5</td></tr>
<tr><td rowspan="4">文学言語</td><td colspan="2">日本文学日本語学</td><td>2</td><td>7</td><td>2</td><td>3.5</td></tr>
<tr><td colspan="2">英米文学英語学</td><td>2</td><td>32</td><td>3</td><td>10.7</td></tr>
<tr><td colspan="2">フランス文学フランス語学</td><td>2</td><td>9</td><td>2</td><td>4.5</td></tr>
<tr><td colspan="2">ドイツ文学ドイツ語学</td><td>2</td><td>10</td><td>3</td><td>3.3</td></tr>
<tr><td rowspan="2">社会</td><td colspan="2" rowspan="2">社会</td><td>4科目型</td><td rowspan="2">10</td><td rowspan="2">120</td><td rowspan="2">39</td><td rowspan="2">3.1</td></tr>
<tr><td>3科目型</td></tr>
<tr><td rowspan="4">法</td><td colspan="2" rowspan="2">法律</td><td>4科目型</td><td rowspan="2">15</td><td rowspan="2">133</td><td rowspan="2">29</td><td rowspan="2">4.6</td></tr>
<tr><td>3科目型</td></tr>
<tr><td colspan="2" rowspan="2">政治</td><td>4科目型</td><td rowspan="2">5</td><td rowspan="2">59</td><td rowspan="2">14</td><td rowspan="2">4.2</td></tr>
<tr><td>3科目型</td></tr>
<tr><td colspan="3" rowspan="3">経済</td><td>4科目型</td><td rowspan="3">22</td><td rowspan="3">225</td><td rowspan="3">48</td><td rowspan="3">4.7</td></tr>
<tr><td>3科目型</td></tr>
<tr><td>3科目英数型</td></tr>
<tr><td colspan="3" rowspan="3">商</td><td>4科目型</td><td rowspan="3">10</td><td rowspan="3">98</td><td rowspan="3">50</td><td rowspan="3">2.0</td></tr>
<tr><td>3科目型</td></tr>
<tr><td>3科目英数型</td></tr>
<tr><td rowspan="6">人間福祉</td><td colspan="2" rowspan="2">社会福祉</td><td>4科目型</td><td rowspan="2">3</td><td rowspan="2">11</td><td rowspan="2">3</td><td rowspan="2">3.7</td></tr>
<tr><td>3科目型</td></tr>
<tr><td colspan="2" rowspan="2">社会起業</td><td>4科目型</td><td rowspan="2">2</td><td rowspan="2">36</td><td rowspan="2">8</td><td rowspan="2">4.5</td></tr>
<tr><td>3科目型</td></tr>
<tr><td colspan="2" rowspan="2">人間科学</td><td>4科目型</td><td rowspan="2">2</td><td rowspan="2">25</td><td rowspan="2">5</td><td rowspan="2">5.0</td></tr>
<tr><td>3科目型</td></tr>
<tr><td rowspan="2">国際</td><td colspan="2" rowspan="2">国際</td><td>4科目型</td><td rowspan="2">5</td><td rowspan="2">90</td><td rowspan="2">44</td><td rowspan="2">2.0</td></tr>
<tr><td>3科目型</td></tr>
</table>

（表つづく）

学部・学科等			募集人員	志願者数	合格者数	競争率
教育	教育	幼児教育	2	12	4	3.0
		初等教育	3	12	3	4.0
		教育科学	2	10	4	2.5
総合政策			5	73	27	2.7
理	数理科学		若干名	23	3	7.7
	物理・宇宙		若干名	17	7	2.4
	化学		若干名	15	2	7.5
工	物質工学		若干名	25	13	1.9
	電気電子応用工学		若干名	45	12	3.8
	情報工学		若干名	37	13	2.8
	知能・機械工学		若干名	20	8	2.5
生命環境	生物科学		若干名	31	12	2.6
	生命医科学	生命医科学	若干名	25	3	8.3
		発生再生医科学	若干名	32	4	8.0
		医工学	若干名	13	2	6.5
	環境応用化学		若干名	103	16	6.4
建築	建築		若干名	41	6	6.8

2023 年度　入試状況

○合格者数には補欠合格者を含む。

●一般入試：全学部日程

学部・学科等				募集人員	志願者数	受験者数	合格者数	競争率
神				7	49	48	19	2.5
文	文化歴史	哲学倫理学		12	91	88	38	2.3
		美学芸術学		12	128	124	28	4.4
		地理学地域文化学		12	134	132	52	2.5
		日本史学		12	199	196	75	2.6
		アジア史学		12	83	79	23	3.4
		西洋史学		12	128	124	69	1.8
	総合心理科学	心理科学		44	379	368	193	1.9
	文学言語	日本文学日本語学		18	226	219	82	2.7
		英米文学英語学		30	411	408	189	2.2
		フランス文学フランス語学		16	121	120	51	2.4
		ドイツ文学ドイツ語学		14	188	187	81	2.3
社会	社会			160	1,640	1,618	581	2.8
法	法律			110	1,175	1,146	464	2.5
	政治			35	269	262	132	2.0
経済	文系型			140	1,744	1,710	835	2.0
	理系型				215	205	102	2.0
商				135	1,476	1,462	513	2.8
人間福祉	社会福祉			22	176	175	77	2.3
	社会起業			21	202	201	66	3.0
	人間科学			20	237	232	74	3.1
国際	国際	3科目型		30	291	287	47	6.1
		英語1科目型		20	139	137	22	6.2
教育	教育	幼児教育	文系型	29	221	214	129	1.7
			理系型		6	5	3	1.7
		初等教育	文系型	37	453	444	201	2.2
			理系型		35	33	16	2.1
		教育科学	文系型	17	225	222	126	1.8
			理系型		21	21	13	1.6
総合政策	文系型			100	1,062	1,023	451	2.3
	理系型				123	121	58	2.1

（表つづく）

学部・学科等			募集人員	志願者数	受験者数	合格者数	競争率
理	数理科学	総合型	26	177	172	99	1.7
理	数理科学	数学・理科重視型	26	216	212	135	1.6
理	物理・宇宙	総合型	30	346	336	154	2.2
理	物理・宇宙	数学・理科重視型	30	339	330	136	2.4
理	化学	総合型	33	329	325	174	1.9
理	化学	数学・理科重視型	33	291	288	156	1.8
工	物質工学	総合型	26	208	199	107	1.9
工	物質工学	数学・理科重視型	26	187	183	113	1.6
工	電気電子応用工学	総合型	30	292	285	142	2.0
工	電気電子応用工学	数学・理科重視型	30	286	282	138	2.0
工	情報工学	総合型	47	421	398	160	2.5
工	情報工学	数学・理科重視型	47	407	390	158	2.5
工	知能・機械工学	総合型	30	328	323	114	2.8
工	知能・機械工学	数学・理科重視型	30	317	311	88	3.5
生命環境	生物科学	総合型	30	374	364	145	2.5
生命環境	生物科学	数学・理科重視型	30	204	198	72	2.8
生命環境	生命医科学 生命医科学	総合型	13	184	179	77	2.3
生命環境	生命医科学 生命医科学	数学・理科重視型	13	124	122	53	2.3
生命環境	生命医科学 発生再生医科学	総合型	13	53	51	31	1.6
生命環境	生命医科学 発生再生医科学	数学・理科重視型	13	47	46	28	1.6
生命環境	生命医科学 医工学	総合型	13	90	86	37	2.3
生命環境	生命医科学 医工学	数学・理科重視型	13	67	67	27	2.5
生命環境	環境応用化学	総合型	42	323	316	220	1.4
生命環境	環境応用化学	数学・理科重視型	42	286	281	191	1.5
建築	建築	総合型	60	711	685	235	2.9
建築	建築	数学・理科重視型	60	602	583	209	2.8

●一般入試：学部個別日程

学部・学科等			募集人員	志願者数	受験者数	合格者数	競争率
神			6	70	65	34	1.9
文	文化歴史	哲学倫理学	10	52	51	25	2.0
文	文化歴史	美学芸術学	10	85	83	20	4.2
文	文化歴史	地理学地域文化学	8	104	101	37	2.7
文	文化歴史	日本史学	8	109	106	44	2.4
文	文化歴史	アジア史学	8	59	55	26	2.1
文	文化歴史	西洋史学	8	72	71	46	1.5
文	総合心理科学	心理科学	32	200	192	110	1.7
文	文学言語	日本文学日本語学	16	137	134	47	2.9
文	文学言語	英米文学英語学	26	236	234	126	1.9
文	文学言語	フランス文学フランス語学	12	81	79	50	1.6
文	文学言語	ドイツ文学ドイツ語学	10	137	134	63	2.1
社会	社会		130	1,116	1,088	433	2.5
法	法律		110	936	895	417	2.1
法	政治		35	436	425	184	2.3
経済			120	1,024	986	426	2.3
商			125	960	931	372	2.5
人間福祉	社会福祉		18	171	164	83	2.0
人間福祉	社会起業		17	257	255	96	2.7
人間福祉	人間科学		16	212	209	83	2.5
国際	国際		30	364	353	98	3.6
教育	教育	幼児教育	19	131	129	76	1.7
教育	教育	初等教育	25	242	233	143	1.6
教育	教育	教育科学	12	145	141	94	1.5
総合政策			90	1,211	1,160	464	2.5

●英数日程／共通テスト併用日程

＊は英語・数学型，共通テスト併用型・英語，共通テスト併用型・数学を合わせた募集人員。

＊＊は英語・数学型と共通テスト併用型・英語を合わせた募集人員。

＊＊＊は英語・数学型と共通テスト併用型・数学を合わせた募集人員。

【英数日程：英語・数学型】

学部・学科等			募集人員	志願者数	受験者数	合格者数	競争率
法	法律		35*	23	20	7	2.9
	政治		15*	10	10	4	2.5
経	済		65*	238	232	89	2.6
商			50*	112	101	44	2.3
人間福祉	社会福祉		15**	12	10	3	3.3
	社会起業		8**	6	6	1	6.0
	人間科学		9**	31	30	11	2.7
国際	国際		25**	35	34	13	2.6
総	合政策		50*	167	156	61	2.6
理	数理科学		3***	20	19	10	1.9
	物理・宇宙		3***	46	43	14	3.1
	化学		3***	29	28	12	2.3
工	物質工学		3***	42	41	22	1.9
	電気電子応用工学		3***	38	35	15	2.3
	情報工学		4***	55	50	14	3.6
	知能・機械工学		3***	32	30	9	3.3
生命環境	生物科学		4***	31	30	14	2.1
	生命医科学	生命医科学	3***	16	14	5	2.8
		発生再生医科学	3***	10	10	4	2.5
		医工学	3***	12	12	6	2.0
	環境応用化学		4***	31	31	23	1.3
建築	建築		10***	124	117	40	2.9

【共通テスト併用日程：共通テスト併用型・英語】

学部・学科等			募集人員	志願者数	受験者数	合格者数	競争率
神			3	19	19	12	1.6
文	文化歴史	哲学倫理学	3	53	53	13	4.1
		美学芸術学	3	29	27	14	1.9
		地理学地域文化学	2	20	18	9	2.0
		日本史学	2	38	36	20	1.8
		アジア史学	2	12	12	5	2.4
		西洋史学	2	29	27	12	2.3
	総合心理科学	心理科学	8	98	94	47	2.0
	文学言語	日本文学日本語学	4	49	46	22	2.1
		英米文学英語学	7	117	111	52	2.1
		フランス文学フランス語学	3	22	22	15	1.5
		ドイツ文学ドイツ語学	3	26	26	18	1.4
社会	社会		30*	167	161	77	2.1
法	法律		35*	154	151	89	1.7
	政治		15*	41	39	24	1.6
経済			65*	132	125	55	2.3
商			50*	220	212	103	2.1
人間福祉	社会福祉		15**	52	52	20	2.6
	社会起業		8**	44	43	15	2.9
	人間科学		9**	30	26	8	3.3
国際	国際	併用型・英語	25**	50	49	14	3.5
		英語重視型		86	85	21	4.0
教育	教育	幼児教育	5	60	60	42	1.4
		初等教育	10	93	90	54	1.7
		教育科学	5	84	82	50	1.6
総合政策			50*	285	269	109	2.5

【共通テスト併用日程：共通テスト併用型・数学】

学部・学科等		募集人員	志願者数	受験者数	合格者数	競争率
社会	社会	30*	63	61	30	2.0
法	法律	35*	65	59	25	2.4
	政治	15*	11	11	4	2.8
経済		65*	212	206	99	2.1
商		50*	168	164	58	2.8

（表つづく）

学部・学科等			募集人員	志願者数	受験者数	合格者数	競争率
総合政策			50*	125	123	48	2.6
理	数理科学		3***	74	73	34	2.1
	物理・宇宙		3***	104	102	26	3.9
	化学		3***	57	56	15	3.7
工	物質工学		3***	78	76	35	2.2
	電気電子応用工学		3***	88	87	42	2.1
	情報工学		4***	113	104	25	4.2
	知能・機械工学		3***	94	91	16	5.7
生命環境	生物科学		4***	68	68	21	3.2
	生命医科学	生命医科学	3***	39	37	11	3.4
		発生再生医科学	3***	18	17	13	1.3
		医工学	3***	24	24	12	2.0
	環境応用化学		4***	69	68	55	1.2
建築	建築		10***	187	175	60	2.9

2022年度 入試状況

○合格者数には補欠合格者を含まない。

●一般入試：全学部日程

学部・学科等				募集人員	志願者数	受験者数	合格者数	競争率
神				7	45	43	19	2.3
文	文化歴史	哲学倫理学		12	92	87	36	2.4
文	文化歴史	美学芸術学		12	131	121	39	3.1
文	文化歴史	地理学地域文化学		12	71	68	35	1.9
文	文化歴史	日本史学		12	117	115	46	2.5
文	文化歴史	アジア史学		12	82	74	18	4.1
文	文化歴史	西洋史学		12	141	133	40	3.3
文	総合心理科学	心理科学		44	396	388	132	2.9
文	文学言語	日本文学日本語学		18	243	240	80	3.0
文	文学言語	英米文学英語学		30	362	358	145	2.5
文	文学言語	フランス文学フランス語学		16	152	150	52	2.9
文	文学言語	ドイツ文学ドイツ語学		14	157	152	60	2.5
社会	社会			160	958	945	436	2.2
法	法律			110	1,045	1,008	354	2.8
法	政治			35	220	217	73	3.0
経済	文系型			140	1,137	1,113	568	2.0
経済	理系型				130	127	64	2.0
商				135	1,572	1,536	560	2.7
人間福祉	社会福祉			22	238	231	82	2.8
人間福祉	社会起業			21	166	164	66	2.5
人間福祉	人間科学			20	262	258	100	2.6
国際	国際	3科目型		30	280	273	35	7.8
国際	国際	英語1科目型		20	203	194	22	8.8
教育	教育	幼児教育	文系型	28※	207	206	53	3.9
教育	教育	幼児教育	理系型		3	3	1	3.0
教育	教育	初等教育（主体性評価方式を含む）	文系型	36※	432	420	110	3.8
教育	教育	初等教育（主体性評価方式を含む）	理系型		38	37	11	3.4
教育	教育	教育科学	文系型	16※	173	166	55	3.0
教育	教育	教育科学	理系型		24	23	9	2.6
総合政策	文系型			100	934	919	340	2.7
総合政策	理系型				97	94	29	3.2

（表つづく）

学部・学科等				募集人員	志願者数	受験者数	合格者数	競争率
理	数理科学		総合型	26	228	222	83	2.7
			数学・理科重視型		271	266	104	2.6
	物理・宇宙		総合型	30	422	414	139	3.0
			数学・理科重視型		399	391	127	3.1
	化学		総合型	33	284	277	161	1.7
			数学・理科重視型		238	229	120	1.9
工	物質工学		総合型	26	203	197	100	2.0
			数学・理科重視型		170	166	68	2.4
	電気電子応用工学		総合型	30	255	245	92	2.7
			数学・理科重視型		281	277	116	2.4
	情報工学		総合型	47	446	433	139	3.1
			数学・理科重視型		444	427	136	3.1
	知能・機械工学		総合型	30	346	338	133	2.5
			数学・理科重視型		332	325	123	2.6
生命環境	生物科学		総合型	30	353	342	121	2.8
			数学・理科重視型		258	247	83	3.0
	生命医科学	生命医科学	総合型	13	150	145	60	2.4
			数学・理科重視型		92	89	34	2.6
		発生再生医科学	総合型	13	57	56	21	2.7
			数学・理科重視型		41	40	19	2.1
		医工学	総合型	13	38	37	20	1.9
			数学・理科重視型		36	35	20	1.8
	環境応用化学		総合型	42	340	330	161	2.0
			数学・理科重視型		262	253	124	2.0
建築	建築		総合型	60	602	578	282	2.0
			数学・理科重視型		553	528	264	2.0

（備考）教育学部の募集人員（※）は，理系型入試２日目の募集人員を含まない。

●一般入試：学部個別日程

学部・学科等			募集人員	志願者数	受験者数	合格者数	競争率
神			5	67	65	25	2.6
文	文化歴史	哲学倫理学	10	65	64	32	2.0
		美学芸術学	10	81	80	35	2.3
		地理学地域文化学	8	60	60	39	1.5
		日本史学	8	72	71	37	1.9
		アジア史学	8	67	62	14	4.4
		西洋史学	8	75	72	29	2.5
	総合心理科学	心理科学	32	234	229	80	2.9
	文学言語	日本文学日本語学	16	142	138	64	2.2
		英米文学英語学	26	252	247	124	2.0
		フランス文学フランス語学	12	94	91	33	2.8
		ドイツ文学ドイツ語学	10	118	114	58	2.0
社会	社会		130	891	869	368	2.4
法	法律		110	1,042	998	340	2.9
	政治		35	352	344	144	2.4
経済			120	858	826	429	1.9
商			125	975	946	386	2.5
人間福祉	社会福祉		18	184	177	83	2.1
	社会起業		17	170	167	73	2.3
	人間科学		16	159	158	71	2.2
国際	国際		30	367	355	79	4.5
教育	教育	幼児教育	20※	121	117	44	2.7
		初等教育（主体性評価方式を含む）	26※	212	209	80	2.6
		教育科学	13※	101	94	35	2.7
総合政策			90	898	881	408	2.2

（備考）教育学部の募集人員（※）は，全学部日程の理系型入試２日目の募集人員を含む。

●共通テスト併用／英数日程

＊は英語・数学型，共通テスト併用型・英語，共通テスト併用型・数学を合わせた募集人員。

＊＊は英語・数学型と共通テスト併用型・英語を合わせた募集人員。

＊＊＊は英語・数学型と共通テスト併用型・数学を合わせた募集人員。

【英語・数学型】

学部・学科等			募集人員	志願者数	受験者数	合格者数	競争率
社会	社会		30*	28	25	8	3.1
法	法律		35*	42	40	14	2.9
	政治		15*	19	15	4	3.8
経	済		65*	155	154	77	2.0
商			50*	123	120	52	2.3
人間福祉	社会福祉		15**	9	9	4	2.3
	社会起業		8**	6	5	1	5.0
	人間科学		9**	16	16	10	1.6
国際	国際		25**	32	32	13	2.5
総合政策			50*	92	91	60	1.5
理	数理科学		3***	25	23	8	2.9
	物理・宇宙		3***	43	42	12	3.5
	化学		3***	22	21	7	3.0
工	物質工学		3***	17	17	8	2.1
	電気電子応用工学		3***	38	36	13	2.8
	情報工学		4***	50	46	12	3.8
	知能・機械工学		3***	28	27	7	3.9
生命環境	生物科学		4***	33	30	10	3.0
	生命医科学	生命医科学	3***	11	11	4	2.8
		発生再生医科学	3***	7	7	3	2.3
		医工学	3***	4	4	2	2.0
	環境応用化学		4***	32	30	19	1.6
建築	建築		10***	70	68	34	2.0

【共通テスト併用型・英語】

学部・学科等			募集人員	志願者数	受験者数	合格者数	競争率
神			4	9	9	8	1.1
文	文化歴史	哲学倫理学	3	21	19	17	1.1
		美学芸術学	3	22	21	12	1.8
		地理学地域文化学	2	8	8	4	2.0
		日本史学	2	19	17	12	1.4
		アジア史学	2	5	4	3	1.3
		西洋史学	2	15	14	11	1.3
	総合心理科学	心理科学	8	64	60	43	1.4
	文学言語	日本文学日本語学	4	34	31	21	1.5
		英米文学英語学	7	35	31	22	1.4
		フランス文学フランス語学	3	14	12	8	1.5
		ドイツ文学ドイツ語学	3	20	18	13	1.4
社会	社会		30*	124	123	40	3.1
法	法律		35*	128	123	25	4.9
	政治		15*	17	15	4	3.8
経済			65*	93	88	45	2.0
商			50*	143	137	62	2.2
人間福祉	社会福祉		15**	30	29	21	1.4
	社会起業		8**	22	22	12	1.8
	人間科学		9**	20	19	4	4.8
国際	国際	併用型・英語	25**	39	37	7	5.3
		英語重視型		86	82	16	5.1
教育	教育	幼児教育	5	34	34	14	2.4
		初等教育	10	84	76	32	2.4
		教育科学	5	30	28	10	2.8
総合政策			50*	105	103	68	1.5

【共通テスト併用型・数学】

学部・学科等		募集人員	志願者数	受験者数	合格者数	競争率
社会	社会	30*	77	76	38	2.0
法	法律	35*	42	40	18	2.2
	政治	15*	3	3	1	3.0
経済		65*	150	144	75	1.9
商		50*	117	113	58	1.9

（表つづく）

学部・学科等			募集人員	志願者数	受験者数	合格者数	競争率
総合政策			50*	73	69	46	1.5
理	数理科学		3***	114	109	24	4.5
	物理・宇宙		3***	111	109	30	3.6
	化学		3***	68	65	23	2.8
工	物質工学		3***	59	59	29	2.0
	電気電子応用工学		3***	82	79	40	2.0
	情報工学		4***	162	157	20	7.9
	知能・機械工学		3***	106	102	18	5.7
生命環境	生物科学		4***	86	82	22	3.7
	生命医科学	生命医科学	3***	30	28	12	2.3
		発生再生医科学	3***	18	17	8	2.1
		医工学	3***	17	16	10	1.6
	環境応用化学		4***	89	84	38	2.2
建築	建築		10***	214	206	103	2.0

合格最低点（一般入試）

○全学部日程・学部個別日程では，試験日や選択科目間での有利・不利をなくすために，学部ごとに点数調整「中央値補正法」（p. 42 参照）が実施され，総合点で判定される。以下の合格最低点は補正後の点数である。

○補欠合格者・追加合格者の成績を含む。

○共通テスト併用日程の合格最低点は非公表。

●全学部日程

学部・学科等			2024 年度		2023 年度		2022 年度	
			合格最低点	満点	合格最低点	満点	合格最低点	満点
神			298.3	550	287.1	550	278.9	550
文	文化歴史	哲学倫理学	308.4	550	306.1	550	312.2	550
		美学芸術学	378.2	550	338.2	550	322.1	550
		地理学地域文化学	299.3	550	274.8	550	276.8	550
		日本史学	348.0	550	312.7	550	312.0	550
		アジア史学	296.9	550	275.9	550	300.3	550
		西洋史学	354.7	550	287.1	550	335.1	550
	総合心理科学	心理科学	322.8	550	287.0	550	315.4	550
	文学言語	日本文学日本語学	338.6	550	304.0	550	314.0	550
		英米文学英語学	300.9	550	302.4	550	291.3	550
		フランス文学フランス語学	275.1	550	275.0	550	310.2	550
		ドイツ文学ドイツ語学	279.8	550	279.9	550	276.2	550
社会	社会		314.9	550	306.4	550	278.3	550
法	法律		289.3	550	304.5	550	290.7	550
	政治		289.3	550	276.9	550	281.2	550
経済	文系型		309.0	550	284.2	550	275.5	550
	理系型		329.8	550	302.3	550	278.4	550
商			318.9	550	309.0	550	310.6	550
人間福祉	社会福祉		298.2	550	299.0	550	314.3	550
	社会起業		304.0	550	307.5	550	301.1	550
	人間科学		298.5	550	300.1	550	297.3	550
国際	国際	3科目型	351.8	550	361.6	550	365.0	550
		英語1科目型	335.0	400	334.0	400	313.0	400

（表つづく）

学部・学科等				2024年度 合格最低点	2024年度 満点	2023年度 合格最低点	2023年度 満点	2022年度 合格最低点	2022年度 満点
教育	教育	幼児教育	文系型	288.7	550	261.2	550	300.3	550
			理系型1日目	−	450	228.2	450	325.0	450
			理系型2日目					266.9	450
		初等教育	文系型	306.2	550	284.1	550	308.9	550
			理系型1日目	229.5	450	225.6	450	260.3	450
			理系型2日目					256.5	450
		教育科学	文系型	309.9	550	284.0	550	318.6	550
			理系型1日目	234.6	450	226.5	450	286.0	450
			理系型2日目					274.5	450
総合政策	文系型			277.0	550	286.1	550	285.0	550
	理系型			256.4	500	254.6	500	247.6	500
理	数理科学		均等配点型	214.3	450	215.8	450	244.9	450
			数学・理科重視型	210.6	450	215.5	450	244.2	450
	物理・宇宙		均等配点型	252.9	450	250.2	450	258.4	450
			数学・理科重視型	252.3	450	250.4	450	258.5	450
	化学		均等配点型	210.6	450	221.4	450	208.1	450
			数学・理科重視型	216.4	450	221.1	450	207.8	450
工	物質工学		均等配点型	206.8	450	207.1	450	220.8	450
			数学・理科重視型	207.3	450	205.9	450	220.0	450
	電気電子応用工学		均等配点型	223.4	450	222.8	450	220.2	450
			数学・理科重視型	220.8	450	222.3	450	230.0	450
	情報工学		均等配点型	247.2	450	253.5	450	263.3	450
			数学・理科重視型	247.4	450	253.6	450	263.0	450
	知能・機械工学		均等配点型	236.4	450	257.5	450	242.4	450
			数学・理科重視型	238.7	450	258.7	450	242.6	450
生命環境	生物科学		均等配点型	257.5	450	249.7	450	237.3	450
			数学・理科重視型	257.5	450	250.4	450	238.4	450
	生命医科学	生命医科学	均等配点型	252.7	450	252.7	450	249.6	450
			数学・理科重視型	252.8	450	251.6	450	250.4	450
		発生再生医科学	均等配点型	219.4	450	211.5	450	240.1	450
			数学・理科重視型	213.9	450	211.6	450	240.2	450
		医工学	均等配点型	224.7	450	221.2	450	220.9	450
			数学・理科重視型	223.7	450	223.0	450	213.4	450
	環境応用化学		均等配点型	206.5	450	198.3	450	208.1	450
			数学・理科重視型	205.2	450	199.4	450	205.8	450

（表つづく）

<table>
<tr><th colspan="3" rowspan="2">学部・学科等</th><th colspan="2">2024 年度</th><th colspan="2">2023 年度</th><th colspan="2">2022 年度</th></tr>
<tr><th>合　格
最低点</th><th>満　点</th><th>合　格
最低点</th><th>満　点</th><th>合　格
最低点</th><th>満　点</th></tr>
<tr><td rowspan="2">建築</td><td rowspan="2">建　築</td><td>均等配点型</td><td>240.0</td><td>450</td><td>239.0</td><td>450</td><td>231.1</td><td>450</td></tr>
<tr><td>数学・理科重視型</td><td>241.3</td><td>450</td><td>239.4</td><td>450</td><td>231.3</td><td>450</td></tr>
</table>

●学部個別日程

<table>
<tr><th colspan="4" rowspan="2">学部・学科等</th><th colspan="2">2024 年度</th><th colspan="2">2023 年度</th><th colspan="2">2022 年度</th></tr>
<tr><th>合　格
最低点</th><th>満　点</th><th>合　格
最低点</th><th>満　点</th><th>合　格
最低点</th><th>満　点</th></tr>
<tr><td colspan="3" rowspan="2">神</td><td>傾斜配点型</td><td>312.8</td><td>600</td><td rowspan="2">262.9</td><td rowspan="2">500</td><td rowspan="2">268.7</td><td rowspan="2">500</td></tr>
<tr><td>均等配点型</td><td>313.3</td><td>600</td></tr>
<tr><td rowspan="26">文</td><td rowspan="12">文化歴史</td><td rowspan="2">哲学倫理学</td><td>傾斜配点型</td><td>382.7</td><td>600</td><td rowspan="2">312.0</td><td rowspan="2">500</td><td rowspan="2">330.0</td><td rowspan="2">500</td></tr>
<tr><td>均等配点型</td><td>344.1</td><td>600</td></tr>
<tr><td rowspan="2">美学芸術学</td><td>傾斜配点型</td><td>439.1</td><td>600</td><td rowspan="2">348.3</td><td rowspan="2">500</td><td rowspan="2">341.3</td><td rowspan="2">500</td></tr>
<tr><td>均等配点型</td><td>409.4</td><td>600</td></tr>
<tr><td rowspan="2">地理学地域文化学</td><td>傾斜配点型</td><td>378.9</td><td>600</td><td rowspan="2">293.3</td><td rowspan="2">500</td><td rowspan="2">271.0</td><td rowspan="2">500</td></tr>
<tr><td>均等配点型</td><td>348.1</td><td>600</td></tr>
<tr><td rowspan="2">日本史学</td><td>傾斜配点型</td><td>453.6</td><td>600</td><td rowspan="2">315.4</td><td rowspan="2">500</td><td rowspan="2">315.5</td><td rowspan="2">500</td></tr>
<tr><td>均等配点型</td><td>391.4</td><td>600</td></tr>
<tr><td rowspan="2">アジア史学</td><td>傾斜配点型</td><td>399.3</td><td>600</td><td rowspan="2">277.0</td><td rowspan="2">500</td><td rowspan="2">301.9</td><td rowspan="2">500</td></tr>
<tr><td>均等配点型</td><td>353.7</td><td>600</td></tr>
<tr><td rowspan="2">西洋史学</td><td>傾斜配点型</td><td>426.1</td><td>600</td><td rowspan="2">296.7</td><td rowspan="2">500</td><td rowspan="2">352.3</td><td rowspan="2">500</td></tr>
<tr><td>均等配点型</td><td>383.5</td><td>600</td></tr>
<tr><td rowspan="2">総合心理科学</td><td rowspan="2">心理科学</td><td>傾斜配点型</td><td>407.1</td><td>600</td><td rowspan="2">280.3</td><td rowspan="2">500</td><td rowspan="2">349.7</td><td rowspan="2">500</td></tr>
<tr><td>均等配点型</td><td>356.9</td><td>600</td></tr>
<tr><td rowspan="8">文学言語</td><td rowspan="2">日本文学日本語学</td><td>傾斜配点型</td><td>432.7</td><td>600</td><td rowspan="2">330.2</td><td rowspan="2">500</td><td rowspan="2">330.1</td><td rowspan="2">500</td></tr>
<tr><td>均等配点型</td><td>383.2</td><td>600</td></tr>
<tr><td rowspan="2">英米文学英語学</td><td>傾斜配点型</td><td>395.8</td><td>600</td><td rowspan="2">300.0</td><td rowspan="2">500</td><td rowspan="2">306.6</td><td rowspan="2">500</td></tr>
<tr><td>均等配点型</td><td>343.1</td><td>600</td></tr>
<tr><td rowspan="2">フランス文学フランス語学</td><td>傾斜配点型</td><td>349.5</td><td>600</td><td rowspan="2">268.0</td><td rowspan="2">500</td><td rowspan="2">321.2</td><td rowspan="2">500</td></tr>
<tr><td>均等配点型</td><td>300.1</td><td>600</td></tr>
<tr><td rowspan="2">ドイツ文学ドイツ語学</td><td>傾斜配点型</td><td>379.9</td><td>600</td><td rowspan="2">284.0</td><td rowspan="2">500</td><td rowspan="2">272.0</td><td rowspan="2">500</td></tr>
<tr><td>均等配点型</td><td>335.7</td><td>600</td></tr>
<tr><td rowspan="2">社会</td><td colspan="2" rowspan="2">社　会</td><td>傾斜配点型</td><td>349.5</td><td>600</td><td rowspan="2">321.0</td><td rowspan="2">500</td><td rowspan="2">308.5</td><td rowspan="2">500</td></tr>
<tr><td>均等配点型</td><td>349.4</td><td>600</td></tr>
</table>

（表つづく）

学部・学科等				2024 年度		2023 年度		2022 年度	
				合格最低点	満点	合格最低点	満点	合格最低点	満点
法	法律		傾斜配点型	312.5	600	269.8	500	287.5	500
			均等配点型	312.1	600				
	政治		傾斜配点型	312.9	600	259.6	500	262.0	500
			均等配点型	312.3	600				
経済			傾斜配点型	326.0	600	317.9	500	296.8	500
			均等配点型	326.1	600				
商			傾斜配点型	347.1	600	320.9	500	316.4	500
			均等配点型	346.9	600				
人間福祉	社会福祉		英語・国語型	245.0	350	236.0	350	219.0	350
			均等配点型	341.9	600				
	社会起業		英語・国語型	238.0	350	244.0	350	223.0	350
			均等配点型	345.4	600				
	人間科学		英語・国語型	242.0	350	235.0	350	216.0	350
			均等配点型	349.2	600				
国際	国際		傾斜配点型	355.3	600	329.3	550	332.0	550
			均等配点型	355.8	600				
教育	教育	幼児教育	傾斜配点型	307.0	600	270.2	500	285.0	500
			均等配点型	307.8	600				
		初等教育 3教科型	傾斜配点型	334.0	600	288.0	500	290.0	500
			均等配点型	333.4	600				
		初等教育 主体性評価方式						—	510
		教育科学	傾斜配点型	346.9	600	292.6	500	304.9	500
			均等配点型	346.0	600				
総合政策			傾斜配点型	325.1	600	216.3	400	207.2	400
			均等配点型	324.9	600				

※教育学部教育学科初等教育学コースの主体性評価方式については，合格最低点は非公表。
※理・工・生命環境・建築学部では学部個別日程は実施されない。

●英数日程

学部・学科等			2024年度 合格最低点	2024年度 満点	2023年度 合格最低点	2023年度 満点	2022年度 合格最低点	2022年度 満点
社会	社会						355.4	500
法	法律		246.0	400	243.0	400	289.3	400
	政治		245.3	400	211.7	400	261.3	400
経済			252.0	400	231.3	400	248.0	400
商			278.3	400	219.0	400	263.3	400
人間福祉	社会福祉		220.0	350	191.0	350	266.0	350
	社会起業		213.0	350	188.0	350	238.0	350
	人間科学		206.0	350	191.0	350	229.0	350
国際	国際		277.3	400	270.0	400	321.8	400
総合政策			205.3	400	201.0	400	222.3	400
理	数理科学		226.0	400	250.0	400	280.0	400
	物理・宇宙		232.0	400	248.0	400	273.0	400
	化学		214.0	400	221.0	400	252.0	400
工	物質工学		178.0	400	214.0	400	198.0	400
	電気電子応用工学		212.0	400	223.0	400	229.0	400
	情報工学		255.0	400	249.0	400	285.0	400
	知能・機械工学		258.0	400	259.0	400	279.0	400
生命環境	生物科学		244.0	400	244.0	400	263.0	400
	生命医科学	生命医科学	263.0	400	245.0	400	279.0	400
		発生再生医科学	201.0	400	208.0	400	245.0	400
		医工学	182.0	400	229.0	400	276.0	400
	環境応用化学		203.0	400	187.0	400	254.0	400
建築	建築		255.0	400	243.0	400	260.0	400

●中央値補正法とは

各試験科目の成績順で中央に位置する人の得点（中央値：1,001 人受験した場合は，501 番目の人の成績）を，その科目の満点の 5 割の点数となるように全体を補正するものである（ただし，満点と 0 点は動かさない）。平均点は，各科目の全受験者の点数を合計して，人数で割り出した点数のことをいい，中央値とは大きく異なる。

〈参考〉 中央値補正の数式について

中央値補正法による補正後の点（以下，補正点という）は，次の数式によって算出している。

①素点（元点）＜中央値の場合

$$\text{補正点}=\frac{\text{満点の 5 割の点}}{\text{中央値}}\times\text{素点}$$

②素点（元点）≧中央値の場合

$$\text{補正点}=\frac{\text{満点の 5 割の点}}{\text{満点}-\text{中央値}}\times(\text{素点}-\text{中央値})+\text{満点の 5 割の点}$$

募集要項（出願書類）の入手方法

一般選抜入学試験要項は関西学院大学ホームページ（https://www.kwansei.ac.jp）から請求できるほか，FAX，テレメールからも請求できます。

発行時期・請求方法は大学ホームページなどでご確認ください。

問い合わせ先

〒662-8501　兵庫県西宮市上ケ原一番町1番155号
関西学院大学 入学センター
TEL （0798）54-6135（直通）
FAX （0798）51-0915

関西学院大学のテレメールによる資料請求方法

スマートフォンから　QRコードからアクセスしガイダンスに従ってご請求ください。

パソコンから　教学社 赤本ウェブサイト(akahon.net)から請求できます。

気になること、聞いてみました！

在学生メッセージ

大学ってどんなところ？ 大学生活ってどんな感じ？
ちょっと気になることを，在学生に聞いてみました。

以下の内容は 2020～2022 年度入学生のアンケート回答に基づくものです。ここで触れられている内容は今後変更となる場合もありますのでご注意ください。

メッセージを書いてくれた先輩 ［社会学部］N.N. さん ［法学部］A.N. さん

大学生になったと実感！

自己責任で主体的に行動しなければいけないことです。授業の選択や出席欠席を自己責任で行わなければいけないのはもちろんのこと，休講の連絡や課題の提出，試験の日程などは自分でホームページを開いてお知らせを見なければ知ることができないのが，高校までと大きく違うところだと思います。（N.N. さん／社会）

大学生になったなと実感したことは，所属学部の学問を修めていることです。私は人文系の学部に所属しています。国語の現代文で扱われる文章を思い出してもらうとわかりやすいと思いますが，学問は基本的に，ある事象が存在していて，それらが論理的につなげられて，１つの理論として導かれるという流れがあります。人文系の学問の場合は，人間的な活動が言語化されたときの特有のおもしろさがあります。また，異なる考え同士が衝突したり，時代とともに主流である考えが変遷したりします。この興味深さに気づき，学び，自分の意見はどうかと考えるときに，大学生であることを実感します。（A.N. さん／法）

大学生活に必要なもの

パソコンが必要だったので，新たに用意しました。必ず購入しなければいけないということはないのですが，レポートやプレゼン資料の作成，オンライン授業の受講など，パソコンがないと不便なことが多いです。大学が推奨するパソコンのスペックを参考にして購入しました。（N.N. さん／社会）

この授業がおもしろい！

私は必修のキリスト教学が好きです。もともと倫理が好きだったことや，高校でお世話になった日本の神話に詳しい先生の影響を受けたこともあり，とても興味深い授業です。現代にもつながるキリスト教思想を学べたり，映画のワンシーンに織り込まれたキリスト教思想を知ることができたりします。高校で学んだ日本の神話と照らし合わせることで，キリスト教と日本の神話との類似点を見つけることもできて，とてもおもしろいです。（N.N. さん／社会）

大学の学びで困ったこと＆対処法

大学のポータルサイトを使いこなせず，困りました。テストを受けたり，レジュメをパソコンにダウンロードしたりと使用頻度が高いのですが，どのリンクをクリックすればよいのかわからないなど，慣れるまで大変でした。（N.N. さん／社会）

大学で学ぶために最低限必要な教養に不足があることです。私が受験した入試の科目数は 3 つでした。しかし，大学での学びは，高校までの教養を土台にして，発展的に行われています。ここに，受験対象科目以外の知識も必要であることを痛感しています。対処法としては，勉強しかありません。しかし，目的意識が不明瞭な勉強ではなく，必要に迫られた実感の

ある勉強であるため，モチベーションは高いです。（A.N. さん／法）

部活・サークル活動

私はよさこいのサークルに入っています。授業がある期間は週 3 回 3 時間，夏季休暇中は大きな大会があったので，週 4 回 8 時間ほど練習していました。サークルにしては練習時間が多いかもしれませんが，それだけの熱を入れる価値はあると思っています。（N.N. さん／社会）

交友関係は？

おもに少人数授業やサークルで交友関係を築きました。私の所属する社会学部は人数が多いため先輩と関わりをもつのが難しかったのですが，サークルに入ってから他学部の先輩とも関われるようになりました。また，他のキャンパスの友人もできました。（N.N. さん／社会）

いま「これ」を頑張っています

今はよさこいに熱中しています。練習量も多く，大変なことも多いのですが，夏にある大きな大会のキラキラしたステージで踊れたり，他学部の先輩や他大学の人など多くの人と交流をもてたりします。何よりも同じ目標に向かって頑張れる仲間ができてやりがいを感じています。（N.N. さん／社会）

普段の生活で気をつけていることや心掛けていること

普段の生活で心掛けていることは，なるべくゆとりをもった予定を立てることです。自分の周りには時間にルーズな人が多いので，周りに流されず基本的なことだけはしっかりしようと心掛けています。（N.N. さん／社会）

おススメ・お気に入りスポット

西宮上ケ原キャンパス前にある大学生のためのカフェです。アプリをインストールして設定をすれば，１時間に１杯無料で飲み物を飲むことができ，無料 Wi-Fi やコンセントの使用も自由なので，空きコマを使って課題をやるには最適な場所です。オシャレで落ち着くので，よくお世話になっています。（N.N. さん／社会）

入学してよかった！

歩いているだけで色々なところから色々な言語が聞こえてくることです。文化も出身も違う人たちが日本語で話していたり，英語や中国語で話していたりしておもしろいです。私は外国から来た友達や先輩と，文化の違いについての話で盛り上がっています。そして何より勉強になります。（N.N. さん／社会）

高校生のときに「これ」をやっておけばよかった

英語の勉強をもっとしておくべきだったと思います。受験英語だけではなく，人とコミュニケーションを取るための英語を勉強すればよかったと後悔しています。先生や学生同士のコミュニケーションが全て英語で行われる授業を取っているのですが，すぐに単語が出てこなくて困っているので，会話にも力を入れておけばよかったです。（N.N. さん／社会）

みごと合格を手にした先輩に，入試突破のためのカギを伺いました。
入試までの限られた時間を有効に活用するために，ぜひ役立ててください。

（注）ここでの内容は，先輩方が受験された当時のものです。2025年度入試では当てはまらないこともありますのでご注意ください。

・アドバイスをお寄せいただいた先輩・

H.M. さん　文学部（文化歴史学科〈西洋史学専修〉）
全学部日程 2024 年度合格，愛媛県出身

「受験勉強は，過去問に始まり，過去問で終わる」というのは正しいと思います。そのため，合格のためには，過去問の復習・分析を怠らず，粘り強く取り組むことが大切です。模試の結果で一喜一憂せず，過去問の分析を徹底しましょう！

その他の合格大学　近畿大（文芸）

M.I. さん　法学部（法律学科）
全学部日程・学部個別日程・共通テスト併用日程
2024 年度合格，大阪府出身

関西学院大学は英語に力を入れているので，英語を頑張ったことです！　毎日，英語に触れることが大切だと思います。体調に気をつけて，最後まであきらめずに頑張ってください。

その他の合格大学　近畿大（法）

K.Y. さん　法学部（法律学科）
全学部日程・学部個別日程 2024 年度合格，大阪府出身

合格にとって最大のカギは，赤本の分析だと考えています。というのも，傾向をつかんで出題傾向を把握できると，勉強の道筋が開けてくるからです。たくさん勉学に励むのはもちろんのこと，効率を覚えることも大事です。これを踏まえて勉強すればきっと合格できます。頑張れ，未来の関学生！

その他の合格大学　近畿大（法）

N.N. さん　社会学部（社会学科）
全学部日程 2022 年度合格，愛知県出身

数多ある情報に惑わされないことです。情報が溢れている時代ですので，良いと思ったものを取捨選択して，自分に合っているかどうかを見極めることが大事だと思います。それがうまくできれば，志望校に合格できるはずです。

その他の合格大学　近畿大（総合社会〈推薦〉）

A.K. さん　商学部
学部個別日程 2022 年度合格，兵庫県出身

合格の最大のポイントは赤本をうまく活用することができたことでした。受験は最後までどうなるのかはわからないので，体調に気をつけて志望大学に向けて頑張ってください！！

その他の合格大学　関西学院大（経済）

K.W. さん　商学部
共通テスト併用／英数日程（共通テスト併用型・数学）2022 年度合格，沖縄県出身

少しでも可能性があるならばあきらめずに最後までやり抜くことです。やり始めはなかなか結果が出ず苦しいと思いますが，努力を積み重ねることで着実に力はついてきます。この大学に行きたいという気持ちを強くもち，あきらめずに最後までやり抜いてください！

その他の合格大学　甲南大（経営），武庫川女子大（経営），大阪経済法科大（経営）

入試なんでもQ&A

受験生のみなさんからよく寄せられる，
入試に関する疑問・質問に答えていただきました。

「赤本」の効果的な使い方を教えてください。

A 自分の受験する日程に合わせた対策を行うために購入しました。特に，英語と国語は日程によっては記述形式もあったので，学校や塾の先生に答案を添削してもらっていました。赤本を効果的に使うポイントは，問題を解いてみて思ったことや注意しておきたいことを，傾向と対策や解説のページにどんどん書き込んでいくことです。そうすると，自分のオリジナルの赤本ができて，試験当日の安心材料になると思います。

（M.I. さん／法）

A 赤本は，傾向を知ることに焦点を当てて使いました。というのも，傾向を知らずして学習をすると，必ず関学合格へは遠回りになるという確信があったからです。一番もったいないのが，実力はあるのに対策を怠り落ちてしまうパターンです。そうならないためにも，赤本は傾向を知る，すなわち自分の解き方を確立するために使いましょう。しっかり把握すると普段の勉強がやりやすくなります。 （K.Y. さん／法）

1年間のスケジュールはどのようなものでしたか？

A 私の場合，真剣に受験勉強を始めたのは4月からでした。まず4月～8月中旬にかけて，『システム英単語』（駿台文庫）や600語ある古文単語帳を1周でもいいので，しっかりと頭に染みつくように覚えました。その他に，英文法は『スクランブル英文法・語法』（旺文社）などを活用して各単元ずつ勉強し直したり，古典文法も『ステップアップノート』（河合出版）を活用して一からやり直したりしました。また，世界史は教科書を徹底的に読み込みました。そうすることにより基礎が固まります。そして8月中旬〜9月下旬にかけては，固まった基礎を基に基礎レベルの英語長文や現代文，古文の問題を解きました。同時に，この時期から世界史の一問一答をやるのがおすすめです。なぜかというと，教科書で押さえた流れに用語を乗せて覚えることができるからです。10月からは自分の受験する大学の過去問を解いて，傾向をつかみました。このようにして積み重ねができると，あとは本番で普段通りにしていれば受かると思います。頑張ってください。 （K.Y. さん／法）

A 夏前までに単語と文法を固め，夏休みから共通テストの対策を始めました。共通テストやセンターの過去問を解いて苦手だと思った分野の問題集を解いて苦手を克服していました。10月頃からは受験する大学を明確に決め，過去問を解いていきました。できなかったところはできるまで繰り返しました。12〜1月の直前期はできなかった問題を解き直したり，本番と同じ時間で過去問を解いて時間配分の感覚をつかんだりしていました。 （K.W. さん／商）

Q どのように受験勉強を進めていましたか？

A 1日ごとに科目を変えて勉強しました。全体のページ数から1日あたりのページ数を決めて苦手な分野には時間をかけるようにしていました。1日あたりの目標ページ数を決めることで毎日コツコツ続けることができ，参考書を何周も繰り返し学ぶことができました。赤本は一度解き始めたら中断したり解答を見ないようにして緊張感を出して解くようにしました。計画の立て方は人それぞれなので自分に合ったやり方を早く探すことをおすすめします。 （A.K. さん／商）

時間をうまく使うためにしていた工夫を教えてください。

A 私は朝に早起きすることが得意だったので，冬休みに入ってからは3時半に起床して勉強を始めていました。朝早くに起きると周りも静かで勉強するのにとてもいい環境が整っていますし，ご飯を食べる時間などを除いても昼までには8時間以上勉強していることになるので，少し優越感もあり，勉強のモチベーションを保つのも容易でした。何より生活習慣が整うので，体調を崩すこともなく健康に試験当日を迎えることができました。 (N.N. さん／社会)

関西学院大学を攻略するうえで特に重要な科目は何ですか？

A 英語だと思います。時間が限られているなかで，問題量の多い長文をたくさん読んでいかなければいけません。単語や構文の復習と文法事項の再確認など，毎日英語の対策は欠かさないようにしていました。過去問を解いた後，いつも使っている単語帳や文法書に戻って復習をするというサイクルも大切にしていました。また復習の一環として，速読力をつけるために，解いた後の長文を音読しました。 (M.I. さん／法)

A 私の場合は世界史でした。というのも，関学の世界史は少しクセがあり，細かい流れを問われることが多かったからです。その分，流れをしっかりつかめると，他の人と差をつけやすい科目であると思います。その意味で，私にとって世界史はとても重要な科目でした。受験の社会科目は教科書準拠で作られている性質上，一番の参考書は教科書そのものであると考えています。私が使っていたのは山川出版社のもので，これを使うことで流れをつかむことができました。しかし，中国の次はヨーロッパで，また中国に戻るといったように，縦の流れで覚えづらいものもありました。その場合は書き出して覚えるなどの工夫が大切だと思いました。
(K.Y. さん／法)

苦手な科目はどのように克服しましたか？

A 苦手な科目は国語でした。特に，古文が苦手でしたが過去問を解くうちに大学の出題傾向などを無意識に分析し始め，得点が上昇しました。志望校の過去問を解いて傾向に慣れることが，苦手科目克服にもつながりました。また，古文の単語帳を 20 周近く周回したりして，基本的な古文単語や文法の知識を身につけたうえで，状況・背景をイメージしながら古文の文章を読むようにしました。古文は多く読んだほうがいいです。僕は共通テストの古文なども解いて，多くの古典常識を吸収していました。　（H.M. さん／文）

スランプに陥ったとき，どのように抜け出しましたか？

A スランプのときはポジティブな音楽を聴きながら単語帳や日本史の教科書を読んでいました。特に有効なのは，学校に行って友達と話すことだと思います。友達の勉強状況などを聞くと自分も刺激されて頑張ろうという気になれました。体を動かしたり，自分の趣味に没頭することもスランプの時にはとても有効です。また僕は受験期には自分が満足するまで寝るようにしていました。そうすることで心のモヤモヤや不満が軽減した状態で勉強に取り組むことができました。　（A.K. さん／商）

模試の上手な活用法を教えてください。

A 自分の受験科目は特に集中して受けましょう。そして，模試終了後の復習は欠かせません。英語・国語ではなぜこのような答えになるのかと解答根拠を明確にしておくことが大切です。また，社会科目では，用語を間違った意味で覚えていないか，そもそもその用語を知らない知識抜けであったのかという分析も大切です。そういった復習が次の模試に良い影響を及ぼします。しかし，模試の復習に時間を取られすぎないようにすることも大切です。また，これは過去問を解いた後もそうでしたが，英語の場合，知らない単語は単語カードに単語と意味を書いたり，持っている単語帳の空欄に書き込んだりして，オリジナルの単語帳を作るようにしていました。いずれも反復して常々確認しておくことが大切だと思います。
（H.M. さん／文）

Q　併願をする大学を決めるうえで重視したことは何ですか？また，注意すべき点があれば教えてください。

A　私が重視したことは，２つあります。１つ目は配点です。英語が重視されるもの，高得点の教科が重視されるものなど，たくさんの配点方式があります。自分が得意な教科が有利にはたらく配点の方式を見つけることが大切だと思いました。２つ目は日程です。あまり詰め込みすぎた受験スケジュールだと，自分の実力を出し切れなかったり，対策できなかったりするかもしれません。受験は思っているよりも疲れてしまうものなので，できるだけ連続した日程を避けて，余裕をもった受験スケジュールを立てることに気をつけていました。
（M.I. さん／法）

A　第１志望校より前の日程で，安全校など確実に合格できる大学を１つ以上受けておくのがいいと思います。試験の雰囲気に慣れておくことで第１志望校に落ち着いて臨むことができます。また，第１志望校の１つ下のレベルが安全校とは限りません。必ず過去問を解いて，確実に合格できる大学を受けることが重要です。似たような出題傾向の大学だとより対策がしやすいです。私は１つ下のレベルだからと選んだ大学に英作文があり，対策に時間がかかったうえ，本番も手応えを感じられずにとても不安でした。
（K.W. さん／商）

普段の生活の中で気をつけていたことを教えてください。

A　眠い中やっていても身につかないので，１日のタスクが終わっていなくても，夜中の 12 時半を超えて勉強はしないようにしていました。また，特に夏は朝日が昇るのと同時に起きることで，涼しいうちに勉強を進めることができ，暑さでやる気が削がれることが少なかったです。早起きをできるようにしておくことで，受験の日も寝坊を心配せずに済みました。集中力が切れたらブドウ糖配合のラムネやタブレットを食べていました。甘いものを食べることでリフレッシュになりました。

（K.W. さん／商）

科目別攻略アドバイス

みごと入試を突破された先輩に，独自の攻略法や
おすすめの参考書・問題集を，科目ごとに紹介していただきました。

英 語

試験時間がタイトなので，文法・並べ替え問題を先に解き，長文問題を後に解くという順番がベストです。 (H.M. さん／文)

おすすめ参考書 **『関西学院大学（大学赤本シリーズ）』**（教学社）
『やっておきたい英語長文 500』（河合出版）
『THE GUIDE 関関同立の英語』（文英堂）

関西学院大学の英語の問題は限られた時間のなかで，多くの長文を読まなければなりません。単語や文法を復習するなど，毎日英語に触れることが攻略ポイントだと思います。過去問を解いた後に，使い慣れている参考書に戻って勉強しなおすことを大切にしていました。 (M.I. さん／法)

おすすめ参考書 **『イチから鍛える英語長文 500』**（Gakken）
『英語の構文 150』（美誠社）
『システム英単語』（駿台文庫）
『Bright Stage 英文法・語法問題』（桐原書店）

世界史

正誤問題が多いので，文章中の間違いを発見し，正確な内容に訂正できることが大切です。 （H.M. さん／文）

おすすめ参考書 『関西学院大学（大学赤本シリーズ）』（教学社）
『関関同立大世界史』（河合出版）
『共通テスト過去問レビュー世界史B』（河合塾）

関学の世界史は，特に流れをつかむことに焦点を当てるべきだと思いますが，同時にそれを理解するための専門用語の知識も必要です。ですので教科書をメインで使い，一問一答もやり込むことでたいていの問題に対応できる力はつくと思います。 （K.Y. さん／法）

おすすめ参考書 『世界史B一問一答』（ナガセ）
『タテから見る世界史』（Gakken）

数　学

まずは基本的な典型問題を繰り返し解いて慣れることです。何度も解くことで解くスピードはだんだん上がっていきます。二次関数や確率，微分積分はよく出題されるので，得点できるように演習を重ねるべきです。また，記述問題は私の字が大きすぎたのか，解答用紙が足りなくなりそうでした。字の大きさとバランスを考えて解答を書けるように練習しておくといいと思います。 （K.W. さん／商）

おすすめ参考書 『基礎問題精講』シリーズ（旺文社）

国　語

文学史が出題されることがあります。対策を忘れがちなので，少しだけでも教科書や参考書で確認しておいたほうがよいと思います。また，古文単語や現代文単語など基本的な知識をしっかりと押さえることも大切です。
（M.I. さん／法）

おすすめ参考書　『日々古文単語帳 365』（駿台文庫）
『読解を深める　現代文単語　評論・小説』（桐原書店）
『大学入試　頻出漢字 2500』（文英堂）

現代文は，学校の定期テストや模試などのレベルで十分に足りると思いますが，古文は単語帳や文法をしっかりやり込まないと，関学においては点数が稼ぎにくいです。基礎も怠らず固めましょう。　（K.Y. さん／法）

おすすめ参考書　『GROUP30 で覚える古文単語 600』（語学春秋社）
『岡本梨奈の古文ポラリス［3 発展レベル］』（KADOKAWA）

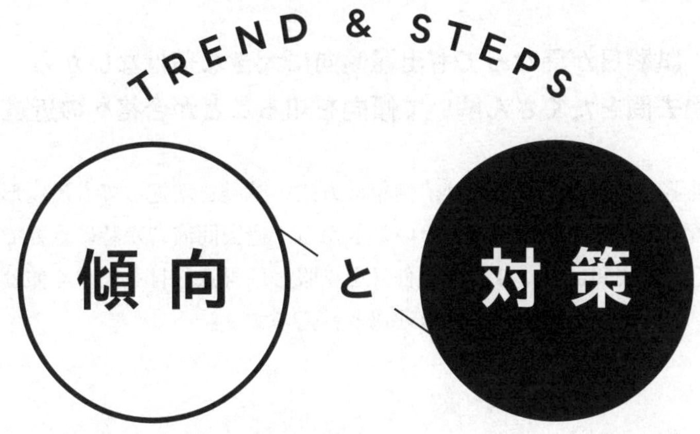

科目ごとに問題の「傾向」を分析し，具体的にどのような「対策」をすればよいか紹介しています。まずは出題内容をまとめた分析表を見て，試験の概要を把握しましょう。

注　意

「傾向と対策」で示している，出題科目・出題範囲・試験時間等については，2024 年度までに実施された入試の内容に基づいています。2025 年度入試の選抜方法については，各大学が発表する学生募集要項を必ずご確認ください。

掲載日程・方式・学部

2024 年度入試では，以下の変更がなされた。

- 入試名称の変更。
  「共通テスト併用型・数学」→「共通テスト併用日程（数学）」
  「英数日程（英語・数学型）」→「英数日程」
- 国際・教育学部においても「共通テスト併用日程（数学）」を実施。

試験日が異なっても出題傾向に大きな差はないから
過去問をたくさん解いて傾向を知ることが合格への近道

関西学院大学の一般選抜は，例年，方式・試験日が違っても出題形式・問題傾向に大きな差はみられないことから，過去問演習が特に重要です。

多くの過去問にあたり，苦手科目を克服し，得意科目を大きく伸ばすことが，関西学院大学の合格への近道と言えます。

英　語

年度	番号	項　目	内　容
2024 ◑	〔1〕	読　解	空所補充，同意表現，内容真偽，英文和訳
	〔2〕	読　解	同意表現，内容真偽，内容説明，英文和訳
	〔3〕	読　解	空所補充，同意表現，内容真偽，内容説明
	〔4〕	文法・語彙	空所補充
	〔5〕	文法・語彙 英 作 文	語句整序 和文英訳
	〔6〕	会 話 文	空所補充
2023 ◑	〔1〕	読　解	空所補充，同意表現，内容説明，内容真偽，英文和訳
	〔2〕	読　解	同意表現，内容真偽，英文和訳
	〔3〕	読　解	空所補充，同意表現，内容真偽
	〔4〕	文法・語彙	空所補充
	〔5〕	文法・語彙 英 作 文	語句整序 和文英訳
	〔6〕	会 話 文	空所補充
2022 ◑	〔1〕	読　解	空所補充，同意表現，内容説明，内容真偽，英文和訳
	〔2〕	読　解	同意表現，内容真偽，英文和訳
	〔3〕	読　解	空所補充，同意表現，内容真偽
	〔4〕	文法・語彙	空所補充
	〔5〕	文法・語彙 英 作 文	語句整序 和文英訳
	〔6〕	会 話 文	空所補充
2021 ◑	〔1〕	読　解	空所補充，同意表現，内容説明，内容真偽，英文和訳
	〔2〕	読　解	同意表現，内容真偽，英文和訳
	〔3〕	読　解	空所補充，同意表現，内容真偽
	〔4〕	文法・語彙	空所補充
	〔5〕	文法・語彙 英 作 文	語句整序 和文英訳
	〔6〕	会 話 文	空所補充

（注）●印は全問，◑印は一部マークセンス方式採用であることを表す。

読解英文の主題

年度	番号	主　題
2024	〔1〕	パンデミックとワクチン開発の歴史
	〔2〕	悲しみの機能
	〔3〕	多すぎる選択肢が与える心理的影響
2023	〔1〕	原理か応用か
	〔2〕	赤ん坊が持つ数感覚と計算能力
	〔3〕	史実の本質と歴史家の役割
2022	〔1〕	高地が人体に及ぼす影響と人間の適応能力
	〔2〕	不確かな状況に対応するには
	〔3〕	人間生態学とは
2021	〔1〕	フンボルトの学際的手法
	〔2〕	優れた作家になるためには
	〔3〕	科学研究・科学教育の意義

読解主体のバランスのとれた問題
英作文も必出

01　出題形式は？

例年，試験時間 90 分で大問 6 題の出題。大部分がマークセンス方式であるが，英文和訳と和文英訳（部分英訳）が記述式となっている。過去には記述式の内容説明が出されたこともある。

02　出題内容はどうか？

読解問題のウエートが高い。英文の内容は文化・社会・科学技術・心理・言語などバラエティーに富んでいる。読解問題は空所補充，同意表現，内容説明，内容真偽，英文和訳など多様な形式をとる。読解問題以外に文法・語彙の空所補充と語句整序，英作文の和文英訳と会話文の空所補充の出題がある。

03 難易度は？

中には難度の高い出題も散見されるが，全体的には標準的な問題が多く，受験生の基礎学力をまんべんなく試す問題となっている。試験時間に対して問題の分量が多いため，長文読解の内容真偽などの難しい問題に時間をとられすぎず，文法・語彙などの難易度の低い問題に優先的に取り組むと同時に，正確かつ素早く読み解く能力が必要である。

対策

01 読　解

出題されるテーマが多岐にわたるため，どのようなテーマが出題されても読み解ける力を養う必要がある。語彙・構文だけでなく，内容理解力が問われるため，苦手な分野の英文があれば，その分野の英文を集中的に読むなどして，背景知識も養っておく必要がある。スタンダードなテーマから比較的新しいテーマまで，幅広い内容の英文を正確に読みつつ，段落ごとに内容を把握しながら設問を解く練習を行おう。

02 文法・語彙

文法については，〔4〕のように純粋な文法問題として問われる場合にせよ，読解問題の中で問われる場合にせよ，標準的なものが大部分なので，『竹岡の英文法・語法 ULTIMATE 究極の600題』(Gakken) など，誤答の多い項目を中心に構成している文法問題集を1冊，丁寧に解いて知識を定着させておけば対応できるだろう。単語やイディオムについては，その語法やニュアンスまでしっかり調べながら，ひとつひとつ確実に覚えていくことを心がけよう。

03 英作文

和文英訳では標準的な問題が出題されている。「基本例文」と呼ばれるものを確実に身につけた上で，問題文の日本語を簡単な日本語に置き換え，自信のある表現で英文を正確につくれるよう普段から練習をしておきたい。また細かいミスで減点されないように気をつけたい。

関西学院大「英語」におすすめの参考書

- ✓『大学入試 ぐんぐん読める英語長文』（教学社）
- ✓『竹岡の英文法・語法 ULTIMATE 究極の 600 題』（Gakken）
- ✓『関西学院大の英語』（教学社）

数　学

年度		番号	項目	内容
2024	文系	〔1〕	小問2問	(1)2次関数の最小値，解の範囲　(2)正八面体の頂点を移動する点の確率
		〔2〕	小問2問	(1)三角関数の最大値，解の和　(2)空間ベクトルの内積，長さ
		〔3〕	微・積分法	3次関数のグラフと円および x 軸で囲まれた部分の面積
	理系	〔1〕	小問3問	(1)2次方程式の解と係数の関係　(2)場合の数　(3)対数関数のグラフ
		〔2〕	数列，極限	2でも3でも割り切れない正の整数の数列に関する問題
		〔3〕	微・積分法	媒介変数で表された曲線と x 軸で囲まれた部分の面積，回転体の体積
		〔4〕	ベクトル	平面ベクトル，三角形の辺の内分点，線分の交点，内積
2023	文系	〔1〕	小問2問	(1)四角錐の体積，内接球，外接球　(2)2枚のカードを取り出したときの確率
		〔2〕	小問2問	(1)4次方程式の解　(2)2でも3でも割り切れない正の整数の数列
		〔3〕	微・積分法	3次関数の最大値，曲線と直線とで囲まれる部分の面積
	理系	〔1〕	小問3問	(1)3次方程式の解　(2)領域における最大・最小　(3)部分分数分解
		〔2〕	ベクトル	平面ベクトルの大きさの最小値，三角形の面積
		〔3〕	確率	さいころを3回投げたときの出た目についての確率
		〔4〕	微・積分法	微・積分の計算，2曲線が共有点をもつ条件，面積，回転体の体積
2022	文系	〔1〕	小問2問	(1)2次関数のグラフと軸との交点　(2)4点の間を移動する点に関する確率
		〔2〕	小問2問	(1)対数と最大・最小　(2)空間ベクトル，四面体の体積
		〔3〕	微・積分法	放物線の接線，放物線・円・直線で囲まれる領域の面積
	理系	〔1〕	小問5問	(1)倍数の個数とその和　(2)対数関数の極大値　(3)三角方程式　(4)因数分解　(5)第2次導関数の計算
		〔2〕	数列，極限	1次不定方程式の整数解の個数を一般項とする整列，数列の和，極限
		〔3〕	微・積分法	関数の極小値，曲線で囲まれる部分の面積，回転体の体積
		〔4〕	図形と方程式	円と直線が異なる2点で交わる条件，中点の軌跡

2021	文系	〔1〕	小問2問	(1)絶対値記号を含む2次関数　(2)3枚のカードを取り出す試行についての確率
		〔2〕	小問2問	(1)円の中心の軌跡，領域　(2)数列の和と一般項
		〔3〕	微分法	3次関数の極値，3次方程式の解と取りうる値の範囲
	理系	〔1〕	小問3問	(1)さいころを2回投げたときの確率　(2)三角関数の最大・最小　(3)式の値
		〔2〕	ベクトル	三角形とベクトル，内積，面積，交点の位置ベクトル
		〔3〕	数列，極限	群数列，数列の和，無限級数の和
		〔4〕	微・積分法	三角関数のグラフの接線，2曲線に囲まれた部分の面積

出題範囲の変更

2025年度入試より，数学は新教育課程での実施となります。詳細については，大学から発表される募集要項等で必ずご確認ください（以下は本書編集時点の情報）。

	2024年度（旧教育課程）	2025年度（新教育課程）
文系	数学Ⅰ・Ⅱ・A・B（数列，ベクトル）	数学Ⅰ・Ⅱ・A（図形の性質，場合の数と確率）・B（数列）・C（ベクトル）
理系	数学Ⅰ・Ⅱ・Ⅲ・A・B（数列，ベクトル）	数学Ⅰ・Ⅱ・Ⅲ・A（図形の性質，場合の数と確率）・B（数列）・C（ベクトル，平面上の曲線と複素数平面）

旧教育課程履修者への経過措置

2025年度一般選抜志願者のうち，旧教育課程履修者に対しては，出題する教科・科目の内容によって配慮を行うものとする。

基本から標準レベルの問題が中心
頻出タイプの問題に習熟することが重要

01　出題形式は？

文系学部は3題の出題で，〔1〕〔2〕が小問集合の空所補充形式，〔3〕が記述式である。理系学部は4題の出題で，〔1〕～〔3〕が空所補充形式でそのうち〔1〕が小問集合，〔4〕のみ記述式である。試験時間は，文系学部・理系学部ともに90分である。問題冊子の計算スペース，記述式の解答スペースはいずれも十分ある。

02 出題内容はどうか？

文系学部・理系学部とも微・積分法の出題が目立つが，場合の数と確率，数列，ベクトル，三角関数からの出題もあり，全範囲について注意しておく必要がある。

03 難易度は？

いずれも基本から標準レベルの問題が中心で，試験時間も問題内容に対して適切であるが，文系学部は，文系としてはややレベルの高い問題も出題されている。理系学部については小問が親切な誘導になっており，理系としては標準的なレベルで，学力の差がはっきりと得点の差となって表れるだろう。

対策

01 基礎学力の充実

基本から標準レベルの頻出タイプの問題が中心であるので，教科書の例題や章末問題，受験参考書の重要例題など，代表的な問題は確実に自力で解けるようにしておくこと。また，全範囲からの出題に対応できるよう，偏りのない学習を心がけ，苦手分野をつくらないようにしたい。

02 計算力の強化

空所補充形式の問題では計算ミスは致命的なので，計算の練習を十分にしておく必要がある。問題を解く際，解法は正しいが計算でミスをした場合には，必ず計算ミスの箇所をチェックし，計算結果が合うまでやり直すように心がけたい。

03 グラフ・図の利用

図示問題でなくても図を描いて考えると解ける問題は数多くある。図を描くことは，題意の把握，解法の探究に大いに役立つので，問題を解く際には，常にグラフや図を描く習慣をつけるようにしよう。

04 他日程の問題に挑戦

文系学部・理系学部とも他日程の問題と傾向がよく似ているので，それらの過去問に挑戦することはよい実戦演習となるだろう。さらに，標準的な良問が多く含まれている問題集（『標準問題精講』シリーズ（旺文社）など）に取り組むと，より実力が確実なものとなるだろう。

関西学院大「数学」におすすめの参考書

✓『標準問題精講』シリーズ（旺文社）

2024年度

問題と解答

共通テスト併用日程〈数学〉・英数日程

問題編

▶試験科目

方式	学部	教科	科目
英数日程	法，経済，商，人間福祉，国際，総合政策	外国語	コミュニケーション英語Ⅰ・Ⅱ・Ⅲ，英語表現Ⅰ・Ⅱ
		数学	数学Ⅰ・Ⅱ・A・B
	理，工，生命環境，建築	外国語	コミュニケーション英語Ⅰ・Ⅱ・Ⅲ，英語表現Ⅰ・Ⅱ
		数学	数学Ⅰ・Ⅱ・Ⅲ・A・B
共通テスト併用日程(数学)	社会，法，経済，商，国際，教育，総合政策	数学	数学Ⅰ・Ⅱ・A・B
	理，工，生命環境，建築	数学	数学Ⅰ・Ⅱ・Ⅲ・A・B

▶配　点

方　式	学　部	外国語	数　学
英　数　日　程	法，経済，商，総合政策	200	200
	人間福祉	200	150
	国際	250	150
	理，工，生命環境，建築	200	200
共通テスト併用日程（数　学）	社会，法，経済，商，国際，教育，総合政策	—	200
	理，工，生命環境，建築	—	200

（注）　共通テスト併用日程は大学独自試験のみの配点。

▶備　考

- 希望する方式・学部（学科・課程・専修・コース・専攻）を１つ選んで出願。
- 共通テスト併用日程では，大学独自試験と各学部が指定する大学入学共通テストの指定教科科目との総合点で判定する。
- 「数学Ｂ」は「数列，ベクトル」から出題する。

英　語

(90分)

〔Ⅰ〕次の英文を読み、下記の設問（A～D）に答えなさい。

At the beginning of the COVID-19 pandemic, the question "When will there be a vaccine*?" (ア)came to occupy the minds of many. The question implies a double assumption that a vaccine would come about relatively quickly and that it would (1) to the pandemic. That assumption is shaped by relatively recent historical developments: first, the appearance of novel influenza viruses, some of which have produced pandemics, and second, advances in virus research to understand those viruses and in vaccine production to (2) them.

The pandemic era we live in today began in 1918. The "Spanish influenza" virus that spread across the globe that year (3) a series of influenza viruses with varying genetic structures. The 1918 virus likely originated in birds and mutated** along the way. In 1918, however, (イ)little was known about the virus that would kill an estimated 50–100 million people around the world. The pandemic spread during the First World War. It got its name because Spain—neutral during the war—had reported on the disease in newspapers while other countries banned the release of information that might hurt soldiers' spirits. War allowed not only for such misunderstandings to flourish, but also for influenza's sudden and rapid spread with traveling troops and in crowded army camps. When the war ended, influenza continued its worldwide spread. Recent advances in the study of bacteria were of little use, as viruses largely escaped scientific observation before the invention of electron microscopes*** in the 1930s. An unsuccessful race for a vaccine made non-medical measures necessary to lighten the impact, (4) the closure of schools, theaters, churches, and other crowded gathering spaces, as well as the use of face masks.

In the decades following the Spanish influenza, medical experts and political leaders promised to prevent another disastrous pandemic from happening again. The League of Nations Health Organization (LNHO) was created in the wake of both a global war and a pandemic (5) that "the prevention and control of disease" were "matters of international concern," requiring international cooperation. Although the LNHO itself was short-lived, its work would continue with the creation of the WHO in 1948 following the end of World War II. The WHO was supported by the hopeful atmosphere of the postwar period, in which revolutionary medical technologies and conditions of peaceful cooperation made the goal of eliminating infectious disease from the world seem both possible and urgent.

As the WHO started programs for the global elimination of major infectious diseases such as malaria, it also funded the World Influenza Center. Established in 1948, the World Influenza Center's work (6) on research and observation rather than on distributing medical resources. Scientists had begun to recognize the complexity of influenza viruses and how small mutations led to new types and new diseases. Scientists understood that even if influenza had disappeared from one country, it was always (7) somewhere in the world. Closely tracking the emergence of new influenza types through a network of more than 60 watch laboratories cooperating with the WHO would allow international health workers to break the chain of events that led to a pandemic.

As researchers made progress in understanding the nature of viruses, (ウ)<u>the prospect of a vaccine became an increasingly achievable goal</u>. When scientist Jonas Salk developed an experimental vaccine for polio in 1953, the widely publicized discovery earned him great fame. The polio virus had been perhaps the most dreaded virus in postwar America, causing life-threatening and disabling disease in those (8). That polio mainly affected children added to the fears of parents, who did not let them play outside during the wave of infections that (エ)<u>swept</u> the nation prior to Salk's discovery. So when Salk needed to prove the vaccine's quality and safety, parents eagerly volunteered their children in field experiments. A total of 1.6 million schoolchildren participated in what became one of the largest clinical trials**** ever undertaken in American history. <u>The vaccine was ultimately determined safe and up to 90% effective in preventing the disease.</u> A program of mass vaccination followed, and annual polio cases dropped dramatically—from around 15,000 cases in the 1950s to fewer than 100 in the 1960s.

*vaccine：ワクチン
**mutate：突然変異する
***electron microscope：電子顕微鏡
****clinical trial：臨床試験

設　問

A. 本文中の空所（1～8）に入れるのに最も適当なものを、それぞれ下記（a～d）の中から1つ選び、その記号をマークしなさい。

出典追記：Post-Pandemic Social Studies: How COVID-19 Has Changed the World and How We Teach edited by Wayne Journell, Teachers College Press

(1) a. be inclined　b. be traced back
c. make its way　d. put an end

(2) a. confront　b. support　c. apply　d. manufacture

(3) a. went through　b. hit on
c. brought forth　d. turned in

(4) a. in spite of　b. due to
c. including　d. admitting

(5) a. in the fear　b. despite the fact
c. with the aid　d. on the premise

(6) a. focused　b. attended　c. impressed　d. conducted

(7) a. obvious　b. present　c. lost　d. absent

(8) a. hopes　b. fears　c. suffered　d. infected

B. 本文中の下線部（ア〜エ）を置き換えるものとして最も適当なものを、それぞれ下記（a〜d）の中から1つ選び、その記号をマークしなさい。

(ア) came to occupy the minds of many
a. was gradually filled with people
b. started to permit common mistakes
c. was uttered by wealthy people
d. became a matter of public concern

(イ) little was known
a. quite a few points were clear
b. hardly anything was discovered
c. some amount of information had been lost
d. almost no one had cared

(ウ) the prospect of a vaccine became an increasingly achievable goal
a. the advance in vaccine technology enlarged the range of medical practice
b. the success in inventing a vaccine finally brought about an effective remedy
c. it began to look more likely that the objective of creating a vaccine could be attained
d. the number of scientists working on the development of a vaccine increased

(エ) swept
a. acted for　b. moved out　c. summed up　d. expanded across

C. 次の英文（a～h）の中から本文の内容と一致するものを3つ選び、その記号を各段に1つずつマークしなさい。ただし、その順序は問いません。

a. The name "Spanish influenza" derived from the fact that the virus's genetic structure had its origin in species of birds nested in Spain.

b. Faced with the continuous spread of influenza after World War I, rapid development in the research of bacteria contributed to the discovery of viruses.

c. The invention of a new research device in the 1930s increased the opportunities for scientists to observe viruses.

d. The WHO was established in 1948 when the postwar world considered that controlling infectious disease was not only an immediate concern but also a practical option.

e. It was not until the World Influenza Center was established that scientists discovered the influenza viruses.

f. The WHO gave permission for international health workers to organize several events aimed at directing people's attention to the danger of viruses.

g. The widespread dread of the polio virus led many parents to allow their children to become trial subjects in the experiments with Jonas Salk's vaccine.

h. Though Jonas Salk's vaccine greatly contributed to the suppression of polio, the number of vaccinated children rapidly declined in the following decade.

D. 本文中の二重下線部 The vaccine was ultimately determined safe and up to 90% effective in preventing the disease. を日本語に訳しなさい。答えは記述式解答用紙の所定欄に記入しなさい。

〔Ⅱ〕次の英文を読み、下記の設問（A～D）に答えなさい。

Sadness is not an emotion any of us welcome. What is its role? People feel happy when they attain their goals, angry when they perceive an obstacle to goal attainment, and sad when they perceive a loss or an inability to maintain or attain a goal. Sadness seems to serve two key functions. First, a person with a sad expression on their face (ア)conveys a convincing message, and their unhappy facial expression has a prominent effect on observers. That communication of sadness to others signals that the person needs assistance, and because we are a social species, that assistance often comes. We all know that when someone cries, (イ)it creates a soft spot in our hearts and we want to help them, even if they are adults.

The other function of sadness is to promote changes in thinking that help one adapt. As a mental state, sadness motivates us to do the difficult mental work of rethinking beliefs and resetting goals. It broadens the scope of our information processing in order to help us understand the causes and consequences of our loss or failure, and the obstacles to our success. And it is suitable for reassessing our strategies and accepting new conditions that might not be desirable but that we cannot (ウ)modify.

Our manner of processing information when we are sad helps us figure out why things are going badly, which can help us to change course. Such thinking helps us abandon unrealistic expectations and goals, leading to better outcomes. In one study that supports that conclusion, researchers simulated* foreign exchange trading** based on historical market data for a certain time period. The researchers chose economics and finance students as subjects and they were given market information related to a certain point in the middle of that period. Then they were asked to make trading decisions while they were being played music to steer them toward feeling either happy or sad. Because this was a simulation and the researchers had data on how the foreign exchange market actually performed, they were able to judge the success of the student-traders. The sad participants made more accurate judgments and more realistic trading decisions than the happy ones and as a result profited more.

*simulate：模擬実験をする

**foreign exchange trading：外国為替取引

設　問

A. 本文中の下線部（ア～ウ）を置き換えるものとして最も適当なものを、それぞれ下記（a～d）の中から1つ選び、その記号をマークしなさい。

出典追記：Emotional：The New Thinking About Feelings by Leonard Mlodinow, Penguin Books Ltd.

（ア） <u>conveys</u>

a．communicates　b．transforms　c．perceives　d．receives

（イ） <u>it creates a soft spot in our hearts</u>

a．we are disappointed to hear them cry
b．we feel sympathy for them
c．we are ashamed of their ignorance
d．we get angry about their helplessness

（ウ） <u>modify</u>

a．maintain　b．bear　c．change　d．fashion

B．次の問い（ⅰ、ⅱ）の答えとして最も適当なものを、それぞれ下記（a～d）の中から1つ選び、その記号をマークしなさい。

（ⅰ） Which of the following is NOT true about the function of sadness?

a．It leads us to carefully examine our current situation, discouraging us from achieving reasonable goals.
b．It urges us to lend a hand to others expressing their sadness regardless of their age.
c．It prompts us to take a more sensible approach to a problem, and eventually brings about more successful outcomes.
d．It helps us deal with an unfamiliar, unpleasant situation we encounter in pursuing goals.

（ⅱ） Some of the subjects in the experiment are referred to as "sad participants." What was the cause of their sadness?

a．They tended to take a pessimistic view of life by nature.
b．They were students who majored in economics or finance.
c．They were told that their activities were only a simulation.
d．They were listening to music which affected their emotions.

C．次の英文（a～e）の中から本文の内容と一致するものを2つ選び、その記号を各段に1つずつマークしなさい。ただし、その順序は問いません。

a. Sadness has attracted many scientists' attention because it is a welcomed sort of emotion.

b. One of the reasons why people often offer help to someone expressing sadness is that humans are social animals.

c. Two key functions of sadness are that it seldom plays a positive role in communication and that it does not make us think twice about our expectations and goals.

d. The participants in the experiment were able to successfully carry out the trading simulation without any market information.

e. The result of the experiment is in line with the idea that sadness helps us handle problems from realistic perspectives.

D. 本文中の二重下線部 Our manner of processing information when we are sad helps us figure out why things are going badly を日本語に訳しなさい。答えは記述式解答用紙の所定欄に記入しなさい。

〔Ⅲ〕次の英文を読み、下記の設問（A〜C）に答えなさい。

The ability to choose well seems to depend in no small part upon our knowing our own minds. And when we ask for more choice, we seem to be saying, "I know what I want, so (　1　) much choice you give me, I will be able to pick out the thing that I want." We firmly believe that no matter how many alternatives we're given, ultimately we'll (ア)know which door we prefer to walk through. (　2　), paradoxically, asking for more choice is also an admission that we don't always know what we want, or that we are so changeable that we cannot know what we want until we are in the moment of choosing. And it's clear that after a certain point, the amount of time and energy directed toward choosing cancels out the benefits of the choice. So why do we (　3　) in our pursuit of greater choice?

In many cases we'd suffer from being limited to any single item, no matter how much we enjoy it. Imagine eating your favorite food, (イ)whatever it might be, for breakfast, lunch, and dinner 365 days a year. You would eventually become sick and tired of it, a process known as satiation*. Satiation applies only to the specific option and ones similar to it, though. So other foods would remain just as delicious and would (　4　) eventually become preferred, at least for a while until you recovered your appetite for your original favorite. Indeed, decades of research involving everything from pudding to pizza have shown that people will eat more and enjoy it more when given a variety of foods and flavors to choose among than when given a single option.

However, valuing the presence of options over the quality of options can sometimes lead to decisions that don't serve us well. (ウ)The "muchness" that so attracts us is often not to our advantage. In some cases, we might give up the best options for a wider range of inferior options. Even when we have no trouble identifying the best choices from a very large set, we still have to struggle with another problem. The more choice you have, the greater the number of appealing options, no matter how particular you are about tastes. At some point, you simply won't have (5) space or money or time to enjoy all those options. So you'll have to make some sacrifices, and each of these carries (エ)a psychological cost. Your enjoyment of the chosen options will be reduced by your regret over what you had to give up. (6), the sum total of the regret over all the "lost" options may end up being greater than your joy over your chosen options. This leaves you less satisfied than you would have been if you had had less choice to begin with.

*satiation：飽満

設 問

A．本文中の空所（1～6）に入れるのに最も適当なものを、それぞれ下記（a～d）の中から1つ選び、その記号をマークしなさい。

(1)	a．whatever	b．however	c．wherever	d．whenever
(2)	a．While	b．Or	c．Since	d．Yet
(3)	a．avoid	b．oppose	c．persist	d．result
(4)	a．therefore	b．nevertheless	c．further	d．likewise
(5)	a．various	b．many	c．other	d．enough
(6)	a．Still	b．In fact	c．Rather	d．Even so

B．本文中の下線部（ア～エ）が文中で表している内容に最も近いものを、それぞれ下記（a～d）の中から1つ選び、その記号をマークしなさい。

(ア) know which door we prefer to walk through

a．reach a conclusion on where we want to go

b．notice a change in our preferences

c. be able to pick our favorite option

d. find a way to get through a difficult time

（イ） whatever it might be

a. everything but food　　b. any type of food

c. all sorts of foods　　d. one and only food

（ウ） The "muchness"

a. Having numerous options　　b. Knowing an excellent choice

c. Showing strong preferences　　d. Making a favorable selection

（エ） a psychological cost

a. a financial crisis　　b. a mental burden

c. an emotional habit　　d. an additional payment

C. 次の問い（i、ii）の答えとして最も適当なものを、それぞれ下記（a～d）の中から1つ選び、その記号をマークしなさい。

（i） Which of the following is NOT true about the research mentioned by the author?

a. Many kinds of food have been the subject of the research.

b. People are less pleased when they do not have many dining options.

c. The research started within the last ten years.

d. Lack of food choices does not promote people's appetites.

（ii） Even though people are not bothered by the abundance of options, the author thinks there is still a problem. What is that problem?

a. The number of attractive options increases as the number of options increases.

b. It is assumed that having plenty of options is of no use when cooking.

c. With more choices, people's preferences become more conventional.

d. Having so many choices gives people the illusion that they are doing great.

〔Ⅳ〕次の英文（1～10）の空所に入れるのに最も適当なものを、それぞれ下記（a～d）の中から1つ選び、その記号をマークしなさい。

（1） I did my best to persuade William to come back with us, but (　　) he will not.
a. in all likelihood　b. on the whole
c. on top of that　d. just as well

（2） According to the spokesperson for the company, the opening of the new factory will be delayed for (　　) two years.
a. other　b. another　c. few　d. certain

（3） Our conversation lasted over an hour, then we said goodbye to each other and (　　) ways.
a. quitted　b. carved　c. released　d. parted

（4） As (　　) as I could see, there was nobody on the beach.
a. far　b. long　c. much　d. little

（5） The 1980s was the most (　　) period for Japan's economy in the 20th century.
a. prosperous　b. postponed
c. subsequent　d. contemporary

（6） My mother and grandmother sound (　　) on the phone.
a. liking　b. like　c. likely　d. alike

（7） I'd be interested (　　) how other people feel about this movie.
a. in having known　b. for knowing
c. by knowledge　d. to know

（8） The red fox has a wide (　　) worldwide, but is especially common in North America, Europe and Asia.
a. division　b. contribution　c. distribution　d. extension

（9） Emily's strength (　　) in her ability to communicate in five languages.
a. lied　b. lay　c. lie　d. lain

(10) The city has spent a (　　　) amount of time and money to build the new highway.

a. calm　　b. considerable　　c. capable　　d. conscious

〔V〕次の設問（A、B）に答えなさい。

設 問

A. 次の日本文（1、2）に相当する意味になるように、それぞれ下記（a～h）の語句を並べ替えて正しい英文を完成させたとき、並べ替えた語句の最初から２番目と６番目に来るものの記号をマークしなさい。

（1） 午後７時発の神戸行きの便に間に合った。

We (　　　　　　) to Kobe.

a. 7 p. m.　　b. made　　c. the　　d. for
e. flight　　f. time　　g. in　　h. it

（2） 異文化を尊重することは、異なる国出身の従業員との信頼を築く上で最重要のステップだ。

Respecting different cultures is the most important step (　　　　　　).

a. trust　　b. countries　　c. building　　d. different
e. with　　f. from　　g. toward　　h. employees

B. 次の日本文に相当する意味になるように英文の空所を埋めなさい。答えは、空所に入れる部分のみを記述式解答用紙の所定欄に記入しなさい。

技術の急速な発達により、かつては人間が苦労して行っていた仕事を機械がこなすようになってきている。

With the rapid development of technology, (　　　　　　).

〔Ⅵ〕次の会話文を読み、空所（1～10）に入れるのに最も適当なものを、それぞれ下記（a～d）の中から1つ選び、その記号をマークしなさい。

Mami and Sakura are friends. They meet by chance on the street.

Mami: Hey! I've been looking for some scenery to paint for an art contest, but I'm having trouble thinking of one. If you have time, can you help me find something?

Sakura: Sure! I'd be (1) happy to help. Let's search together for the perfect spot!

Mami: I really appreciate it. I'm interested in a place with natural beauty or amazing architecture. (2) that sparks my creativity.

Sakura: Well, (3), how about the old post office? I think it is a beautiful building with a long history.

Mami: Fantastic idea, but (4) the exterior of the building is currently undergoing restoration. We can't see it from the outside.

Sakura: (5) Too bad... Then I have another idea. How about the prefectural natural park? It has a lovely lake and paths that could inspire your art.

Mami: That sounds great! I never thought of that. The park isn't that far from here, so I'll (6).

Sakura: I'll go with you! Maybe we'll discover some hidden areas or unique angles that have been overlooked until now.

Mami: Thanks! Your help means (7) to me. It'll be nice to have a friend to keep me company.

Sakura: (8) Let's make this an adventure and find a great spot for your painting.

Mami: Yes, I'm getting excited to explore the park. Actually, I haven't been there in a long time, so this will be a good opportunity.

Sakura: I (9) wait to see your creativity come alive. I feel like this plan is going to work out really well.

Mami: (10) I look forward to painting a great picture in the park, and hopefully I'll win the contest!

Sakura: I'm sure you will!

（1） a. no less than b. no more than c. less than d. more than

（2） a. Somewhere b. Sometime c. There d. Then

(3) a. just in case　b. that is　c. let's see　d. once again

(4) a. hopefully　b. accordingly　c. generally　d. unfortunately

(5) a. Is that so?　b. What's up?　c. How is it?　d. Why not?

(6) a. put it aside　b. check it out　c. walk it off　d. make it up

(7) a. the world　b. the planet　c. the arm　d. the heart

(8) a. Well done!　b. Here you are!
c. Don't mention it!　d. Yes, please!

(9) a. won't　b. don't　c. can't　d. mustn't

(10) a. Take care.　b. So do I.　c. I'm good.　d. No way.

2024年度 共テ併用(数学)・英数 数学

数 学

◀数学Ⅰ・Ⅱ・A・B▶

(90 分)

〔1〕 次の文章中の □ に適する式または数値を，解答用紙の同じ記号のついた □ の中に記入せよ．途中の計算を書く必要はない．

(1) k は実数とし，x の関数 $y=x^2+2x-4|x|+k$ ……① を考える．

(i) $k=0$ のとき，関数 ① の最小値は ア である．

(ii) 方程式 $y=0$ が異なる 4 つの実数解をもつとき，k の取りうる値の範囲は イ である．このとき，2 番目に小さい解を α とすると，α の取りうる値の範囲は ウ である．

(2) 動点 P が下の図のような正八面体 OABCDE の頂点 O から出発して，正八面体の辺上を動くものとする．点 P がある頂点にあるとき，1 秒後にはその頂点と 1 辺で結ばれた頂点のいずれか 1 つに等しい確率で移動していく．なお，解答は既約分数にすること．

(i) 2 秒後に点 P が頂点 O にある確率は エ であり，3 秒後に点 P が頂点 O にある確率は オ である．

(ii) 4 秒後に点 P が頂点 O にある確率は カ である．このとき，点 P が同じ辺を通過しなかった条件付き確率は キ である．

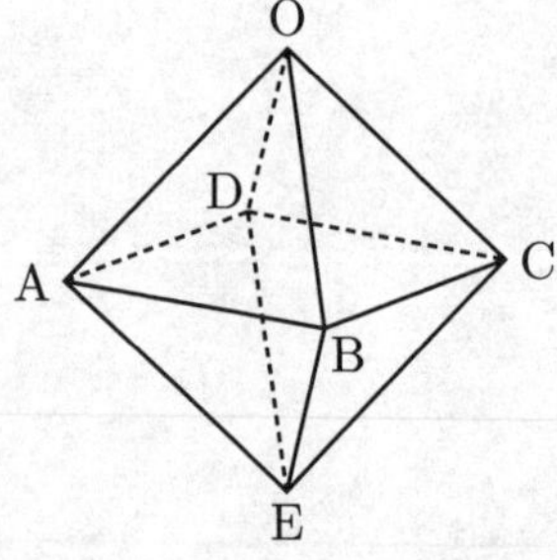

〔2〕 次の文章中の $\boxed{}$ に適する式または数値を，解答用紙の同じ記号のついた $\boxed{}$ の中に記入せよ．途中の計算を書く必要はない．

(1)　2 つの関数 $f(\theta)$，$g(\theta)$ をそれぞれ

$$f(\theta)=(3\sin\theta+\cos\theta)^2\quad(0\leqq\theta\leqq\pi),\quad g(\theta)=f(\theta)-\sin^4\theta+\cos^4\theta\quad(0\leqq\theta\leqq\pi)$$

とする．

(i) $f(\theta)$ を $\sin 2\theta$，$\cos 2\theta$ を用いて表すと，$f(\theta)=$ $\boxed{\text{ア}}$ である．

(ii) $g(\theta)$ の最大値は $\boxed{\text{イ}}$ である．また，$g(\theta)=9$ となるような θ の値の総和は $\boxed{\text{ウ}}$ である．

(2)　正方形 ABCD を底面とする正四角錐 OABCD において，各辺の長さは 1 であるとする．また，$\overrightarrow{\mathrm{OA}}=\vec{a}$，$\overrightarrow{\mathrm{OB}}=\vec{b}$，$\overrightarrow{\mathrm{OC}}=\vec{c}$ とおく．

(i) $\overrightarrow{\mathrm{OD}}$ を $\vec{a}$，$\vec{b}$，$\vec{c}$ を用いて表すと，$\overrightarrow{\mathrm{OD}}=$ $\boxed{\text{エ}}$ である．また，内積 $\vec{a}\cdot\vec{c}=$ $\boxed{\text{オ}}$ である．

(ii) $\triangle$OCD の重心を G とする．$\overrightarrow{\mathrm{AG}}$ を $\vec{a}$，$\vec{b}$，$\vec{c}$ を用いて表すと，$\overrightarrow{\mathrm{AG}}=$ $\boxed{\text{カ}}$ であり，線分 AG の長さは $\boxed{\text{キ}}$ である．

〔3〕 a，b，c を実数とする．x の関数 $f(x)=ax^3+bx+c$ は，$f(-1)=f(1)=3f'(-1)=3$ を満たす．また，点 A(1, 3) における曲線 $C: y=f(x)$ の接線を ℓ とする．このとき，次の問いに答えよ．

(1)　a，b，c の値を求めよ．また，曲線 C と x 軸の共有点の x 座標を求めよ．

(2)　接線 ℓ の方程式を求めよ．

(3)　円 $K: x^2+y^2+px+q=0$ が接線 ℓ と点 A で接するとき，定数 p，q の値を求めよ．

(4)　p，q を (3) で求めた値とするとき，曲線 C と，(3) の円 K および x 軸で囲まれた部分の面積 S を求めよ．

◀数学Ⅰ・Ⅱ・Ⅲ・A・B▶

(90分)

〔1〕 次の文章中の □ に適する式または数値を，解答用紙の同じ記号のついた □ の中に記入せよ．途中の計算を書く必要はない．

(1) x についての2次方程式 $x^2-bx+c=0$ の2つの解を α, β とするとき，2次方程式 $x^2+cx+b=0$ の2つの解は $\alpha-1, \beta-1$ である．このとき，$b=$ [ア], $c=$ [イ] であり，$\alpha^2+\beta^2=$ [ウ] である．

(2) 1から20までの整数から選んだ異なる3つの数の組合せのうち，奇数だけからなる組は [エ] 個あり，3の倍数を全く含まない組は [オ] 個あり，3の倍数を少なくとも1つ含む組は [カ] 個ある．

(3) 関数 $y=\log x$ のグラフを x 軸方向に $-3e$，y 軸方向に -1 だけ平行移動した曲線は関数 $y=\log\left(\boxed{キ}\,x+\boxed{ク}\right)$ のグラフである．
これら2つのグラフの共有点の座標は $\left(\boxed{ケ}, \boxed{コ}\right)$ である．

〔2〕 次の文章中の □ に適する式または数値を，解答用紙の同じ記号のついた □ の中に記入せよ．途中の計算を書く必要はない．

2の倍数でも3の倍数でもない正の整数を小さい順に並べてできる数列を $\{a_n\}$ とする．

(1) 正の整数 k に対して，$a_{2k-1}=6k-$ [ア], $a_{2k}=6k-$ [イ] である．

(2) $a_n \leqq 1000$ を満たす a_n のうちで最大のものを求めると，$a_n=$ [ウ] であり，このとき $n=$ [エ] である．

(3) $S_n=\sum_{k=1}^{n} a_{2k}$ を n の式で表すと，$S_n=$ [オ] である．また，$T_n=\sum_{k=1}^{n} a_{2k-1}$ とすると，$\lim_{n\to\infty}\left(\sqrt{S_n}-\sqrt{T_n}\right)=$ [カ] である．

(4) $U_n=a_1a_2+a_3a_4+a_5a_6+\cdots+a_{2n-1}a_{2n}$ を n の式で表すと，$U_n=$ [キ] である．また，$U_{2n}-2U_n$ が2700で割り切れる n のうちで最小のものは，$n=$ [ク] である．

(5) $\dfrac{1}{a_1a_3}+\dfrac{1}{a_3a_5}+\dfrac{1}{a_5a_7}+\cdots+\dfrac{1}{a_{199}a_{201}}=$ [ケ] である．

(6) $b_n=\dfrac{a_n+a_{n+1}}{2}$ $(n=1,2,3,\ldots)$ とするとき，無限級数 $\sum_{n=1}^{\infty} 2^{-b_n}$ の和は [コ] である．

〔3〕 次の文章中の $\boxed{}$ に適する式または数値を，解答用紙の同じ記号のついた $\boxed{}$ の中に記入せよ．途中の計算を書く必要はない．

$n=1,2$ に対して, $x=\sin t$, $y=\sin 2nt$ $\left(0 \leqq t \leqq \dfrac{\pi}{2}\right)$ で表される曲線を C_n とする．また，C_n と x 軸とで囲まれた部分を D_n とする．

(1) $\dfrac{dx}{dt}=\boxed{\text{ア}}$, $\dfrac{dy}{dt}=\boxed{\text{イ}}$ である．

(2) $0<x<1$ において，曲線 C_2 と x 軸の共有点の x 座標は $x=\boxed{\text{ウ}}$ である．

(3) 曲線 C_1 上の点で，y 座標が最大となる点の座標は $\left(\boxed{\text{エ}}, \boxed{\text{オ}}\right)$ である．

(4) 実数 k が ± 1 でないとき，$\displaystyle\int \sin kt \cos t\,dt=\boxed{\text{カ}}+C$, $\displaystyle\int \cos kt \cos t\,dt=\boxed{\text{キ}}+C'$ である．ただし，C, C' は積分定数である．

(5) D_1 の面積は $\boxed{\text{ク}}$, D_2 の面積は $\boxed{\text{ケ}}$ である．

(6) D_1 を x 軸の周りに1回転させてできる立体の体積は $\boxed{\text{コ}}$ である．

〔4〕 三角形 OAB において，$\overrightarrow{\mathrm{OA}}=\vec{a}$, $\overrightarrow{\mathrm{OB}}=\vec{b}$ とおく．$0<p<1$, $0<q<1$ とし，辺 OA を $p:(1-p)$ に内分する点を C，辺 OB を $q:(1-q)$ に内分する点を D とする．線分 AD と線分 BC の交点を E とし，また，線分 AB, OE, CD の中点をそれぞれ F，G，H とする．

(1) $\overrightarrow{\mathrm{OF}}$ を $\vec{a}, \vec{b}$ で表せ．また，$\overrightarrow{\mathrm{OH}}$ を $\vec{a}, \vec{b}, p, q$ で表せ．

(2) $\overrightarrow{\mathrm{OE}}, \overrightarrow{\mathrm{GF}}, \overrightarrow{\mathrm{GH}}$ をそれぞれ $\vec{a}, \vec{b}, p, q$ で表せ．

(3) $\mathrm{OA}=3, \mathrm{OB}=2, \angle\mathrm{AOB}=\dfrac{2}{3}\pi$ とするとき，内積 $\vec{a}\cdot\vec{b}$ の値を求めよ．さらに，AB と GF は垂直で $\mathrm{GF}:\mathrm{GH}=7:2$ とする．このとき，p の値と GF の長さを求めよ．

解答編

英語

I　解答

A. (1)—d　(2)—a　(3)—c　(4)—c　(5)—d
(6)—a　(7)—b　(8)—d

B. (ア)—d　(イ)—b　(ウ)—c　(エ)—d

C. c，d，g

D. 最終的に，このワクチンは安全で，その病気を予防する効果が90％に達することが確認された。

全訳

《パンデミックとワクチン開発の歴史》

1　コロナウイルスが世界に蔓延した初期，「ワクチンはいつになったらできるのか？」という問いが多くの人々の心を占有した。この問いが含意するのは，ワクチンは比較的早く登場するだろう，そして，それがこのパンデミックに終止符を打つだろう，という2つの憶測である。こうした憶測は比較的最近の歴史的な展開によって形成された。つまり，1つは，かつてパンデミックを引き起こしたこともある新型インフルエンザウイルスの出現であり，そしてもう1つが，それを理解しようとするウイルス研究および，それに対抗するためのワクチン生産の進歩であった。

2　今日我々が生きるパンデミック時代は1918年に始まった。その年に全世界に広がった「スペイン風邪」と呼ばれるインフルエンザウイルスは，遺伝的構造が異なる一連のインフルエンザウイルスを生み出した。この1918年に出現したウイルスはおそらく鳥から発生し，途中で突然変異したものである。しかし，1918年には，世界で推定5千万人から1億人の死者を出すことになるこのウイルスについては，ほとんど何もわかっていなかった。このときのパンデミックが広がったのは，第一次世界大戦中であった。スペイン風邪という名前が付けられたのは，大戦時に中立を保っていたスペインが新聞でこの病気について報道したのに対し，他の国々は兵士の士気を損なうかもしれない情報の公開を禁じたためである。戦争のせいで，このような誤解が広まっただけでなく，移動する兵士部隊や混雑した軍の野営地において，インフルエンザが突発的かつ急速に蔓延した。戦争が終わった後も，インフルエンザは世界中に広がり続けた。細菌研究の分野において進歩はあったものの，1930 年代に電子顕微鏡が発明されるまでは，ウイルスは大半が科学的観察から逃れていたため，ほとんど役に立たなかった。ワクチン開発が間に合わなかったことで，蔓延の影響を軽減するために，マスクの使用に加えて，学校，劇場，教会，その他の混雑した集会場所の閉鎖といった非医療的な措置が必要とされた。

3 スペイン風邪以降の数十年，医療専門家と政治指導者は，甚大なパンデミックの再来を防ぐことを約束した。「疾病の予防と管理」は「国際的な関心事」であり，国際協調を必要とするものである，という前提のもと，国際連盟保健機関（LNHO）が世界大戦とパンデミックの後に創設された。LNHO 自体は短命であったが，その任務は第二次世界大戦終結後の 1948 年に設立された WHO によって引き継がれることとなった。WHO は戦後の希望に満ちた雰囲気に支えられ，そこでは革新的な医療技術と講和条件のおかげで，感染症根絶という目標が達成可能なものであり，同時に喫緊の課題であると捉えられるようになっていた。

4 WHO は，マラリアなどの主要な感染症の世界的な撲滅プログラムを開始すると同時に，世界インフルエンザセンターに出資した。1948 年に設立された世界インフルエンザセンターの任務は，医療資源の配布よりもむしろ，研究と観察に焦点を絞ったものだった。科学者はインフルエンザウイルスの複雑さと，小さな変異が新しいタイプや新しい病気をもたらす方法を認識し始めていた。科学者は，インフルエンザがある国から消え去ったとしても，常に世界のどこかにそれが存在している，ということを理解した。WHO と協力する 60 以上の監視研究所のネットワーク網を通じて新型インフルエンザの出現を入念に追跡することで，国際医療従事者たちは，パンデミックに至る出来事の連鎖を断ち切れるのである。

5 研究者らがウイルスの性質の理解を深めていくのに伴い，ワクチンの展望はますます達成可能な目標となっていった。1953 年に科学者ジョナス=

ソークがポリオ用の実験的ワクチンを開発したとき，広く公表されたこの発見は彼に大きな名声をもたらした。ポリオウイルスは，感染者の生命を脅かし，障害を引き起こす病気をもたらす，戦後のアメリカでおそらく最も恐れられたウイルスであった。ポリオの主な罹患者は子供たちであったために親たちは一層恐れ，ソークの発見以前に全米を襲った感染の波が押し寄せている間，彼らは子供たちを外で遊ばせなかった。したがって，ソークがワクチンの品質と安全性を証明する必要に迫られたとき，親たちは熱心に自分の子供たちを野外実験に参加させた。合計160万人の学童が参加し，それはアメリカ史上最大の臨床試験の1つとなった。最終的に，このワクチンは安全で，その病気を予防する効果が90％に達することが確認された。大規模なワクチン接種プログラムが続き，年間のポリオ症例数は劇的に減少し，1950年代の約15,000症例から1960年代には100症例未満にまで減少した。

解説

A. (1)　空所のある文は，a double assumption that S V ～ and that S′ V′…「～と…という2重の前提」のように，2つのthat節がandによって並列された構造をしている。1つ目のthat節は「ワクチンは比較的早く登場するだろう」という内容であり，andが内容的に似たもの同士を接続するという性質をもつことを考慮すると，2つ目のthat節もワクチンに対する肯定的な考えを示す内容が続くはず。したがって，「それ（＝ワクチン）がこのパンデミックに終止符を打つだろう」という意味になる，dのput an endが正解。*A* put an end to *B*で「*A*が*B*に終わりをもたらす」の意味になる。

(2)　空所直前のtoは，その直前にある名詞句vaccine productionを修飾する不定詞（形容詞的用法）であるため，ここは「～するためのワクチン生産」という意味になる。したがって，空所にはワクチンを生産する目的を表す動詞句が入る。空所直後のthemは，同文中のthose virusesを指していることから，空所には，ワクチン生産の目的を表し，かつウイルスを目的語に取る動詞が入る。したがって，「ウイルスに対抗するためのワクチン生産」の意味となるように，aのconfront「～に対抗する」を補うのが正解。

(3)　空所にはThe “Spanish influenza” virus「『スペイン風邪』と呼ばれ

るインフルエンザウイルス」を主語とする動詞が入る。また，空所直後にある a series of influenza viruses with varying genetic structures「遺伝的構造が異なる一連のインフルエンザウイルス」を目的語としていることから，スペイン風邪のウイルスが変異したウイルスを「生み出した，もたらした」という動詞が入ると考えられる。正解である c は，bring forth「〜を生み出す」の過去形で，他にも「〜を提出する」という意味がある（forth は「前のほうへ」を表す）。

(4) 空所がある文の前半で，An unsuccessful race for a vaccine made non-medical measures necessary とあり，これは無生物主語構文で「ワクチン開発が間に合わなかったことで非医療的な措置が必要とされた」と訳せる（make O C「O を C の状態にする」の構文が使われている）。この中の non-medical measures「非医療的な措置」の具体例として，空所直後の the closure of schools, … spaces「学校，劇場，教会，その他の混雑した集会場所の閉鎖」が挙げられていると判断できる。具体例を導く表現としては，c の including「〜を含めた」が適切。

(5) 空所がある文の前半（The League of Nations … a global war and a pandemic）の和訳は「国際連盟保健機関（LNHO）が世界大戦とパンデミックの後に創設された」（in the wake of 〜「〜が起こったすぐ後で，〜の余波として」）となる。空所の後ろ（that “the prevention … international cooperation.）は，「『疾病の予防と管理』は『国際的な関心事』であり，国際協調を必要とするものである（ということ）」と訳せる。この両者を端的に結びつけると，「感染症を予防することが国際的な関心事である」から，それを根拠に「国際連盟保健機関（LNHO）が創設された」となる。このように，空所の後ろの部分が国連機関創設の根拠となっていることから，d の on the premise (that)「(〜という) 前提で」が正解。

(6) 空所直後の on と結びつけて，それぞれの選択肢を検討すると，a の focus on「〜に焦点を当てる〔集中する〕」は問題ないが，b の attend on「(人) に仕える〔付き添う〕」と，c の impress on「(人) に印象を与える」は，on の後ろに人を表す語句が続くべきものであるため不可。また，d の conduct は，「〜を実施する」の意味では他動詞となるべきものであるため，前置詞の on が続く時点で不適切。したがって，正解は a 。

(7) 空所は，even if influenza had disappeared from one country「インフルエンザがある国から消え去ったとしても」という譲歩表現に続く形になっているため，「消え去る」の反対である「残存する，存在する」を意味する語が空所に入るはず。したがって，b の present「存在している」が正解。

(8) 空所直前の those は「(〜な) 人々」を意味する用法で，直後には形容詞や分詞を伴うことが多い。ここでは，cause *A* in *B*「*A*（病気など）を *B*（人）にもたらす」の *B* の位置に当たるため，「感染した人々」を意味する語句にするのが適切。したがって，d の infected が正解（infect「〜に感染させる」)。

B. (ア) 下線部の直訳は「(ワクチンはいつになったらできるのか，という問いが) 多くの人々の心を占有した」であり，これと置き換えられるのは d の became a matter of public concern「大衆の関心事〔懸念事項〕となった」である。a の filled with people だと「人々で満ち溢れた」の意味になるため，同意にはならない。したがって，d が正解。

(イ) 下線部中の little は「ほとんど（のこと）が〜ない」という否定主語となっているため，下線部の直訳は「ほとんどのことが知られていない〔わかっていない〕」。これは 1918 年当時のインフルエンザウイルスについて言及したものである。下線部と意味が同じになるのは，b の hardly anything was discovered「ほとんど何も発見されていなかった」である。hardly any＋名詞で「ほとんど〜ない」という意味の準否定の表現。a の quite a few は「かなり多く（の〜)」の意味で否定表現になっていない。また，d の no one については人を表す表現であるため，下線部の主語が「事柄」である点に合致していない。

(ウ) 下線部中の prospect は「見通し，展望，見込み」，increasingly は「ますます」，achievable は「達成可能な」という意味なので，下線部を和訳すると，「ワクチンの展望はますます達成可能な目標となった」となる。ここでの prospect は「ワクチン開発の可能性」を意味しており，それを達成する可能性が「ますます」高まった，という内容なので，It is likely that 〜「〜する可能性が高い」の構文の変形を使っている c が正解。c の the objective「目的」は，下線部中の goal「目標」の言い換え，同様に，could be attained「達成され得る」が achievable の言い換えになっている。

(エ)　下線部 swept は，動詞 sweep の過去形。sweep は「(ほうきなどで)さっと～を掃く，～を一掃する」という意味の他にも，比喩的に用いて，sweep＋場所で「(病気などが)～を通過する，～に広がる」の意味になる。ここでは，ポリオウイルス感染症の波が「広がる」という意味であるため，expand「広がる」が使われている d が正解。

C.　a.「『スペイン風邪』という名前は，そのウイルスの遺伝子構造がスペインに生息する鳥の種に起源をもつという事実から由来している」

誤り。第2段第6文（It got its …）で説明されている通り，「スペイン風邪」という名前は，大戦中に中立を保っていたスペインがこの病気について新聞で報道したのに対し，他の国々が情報公開を禁じたためにつけられたもの。

b.「第一次世界大戦後のインフルエンザの継続的な拡散に直面し，細菌の研究の急速な発展がウイルスの発見に貢献した」

誤り。第2段第9文（Recent advances in …）によると，細菌の研究の進歩は「ほとんど役に立たず（be of little use)」，1930年代に電子顕微鏡が発明されるまで，ウイルスの大部分は科学的観察から逃れていた，と説明されている。

c.「1930年代に新しい研究装置が発明されたことで，科学者がウイルスを観察する機会が増えた」

正しい。第2段第9文（Recent advances in …）によると，「1930年代に電子顕微鏡が発明された」ことがわかり，また，「電子顕微鏡の発明前はウイルスの大部分は科学的観察から逃れていた」という記述から，この技術革新によって，その後ウイルスを科学的に観察することが可能になった，ということが間接的に示唆されている。

d.「WHO は1948年に設立されたが，それは，戦後の世界では感染症を制御することが差し迫った関心事であるだけでなく，実行可能な選択肢であると考えられていたときだった」

正しい。第3段第3文（Although the LNHO …）に，WHO が1948年に設立されたとある。また，第3段最終文（The WHO was …）で，WHO の設立が戦後の希望に満ちた雰囲気の中，革新的な医療技術と講和条件に支えられ，世界から感染症を排除する目標が可能かつ緊急であると見なされたときに行われたことが述べられている。

e.「世界インフルエンザセンターが設立されるまで，科学者はインフルエンザウイルスを発見していなかった」

誤り。世界インフルエンザセンターの設立に関する具体的な言及は，第4段第2文（Established in 1948,…）にあるが，インフルエンザウイルスの発見とセンターの設立を結びつける記述は本文中に存在しない。

f.「WHO は国際医療従事者に，ウイルスの危険性に人々の注意を向けることを目的としたいくつかのイベントを組織する許可を与えた」

誤り。WHO と国際医療従事者の活動に関する言及は第4段最終文（Closely tracking…）のみに見られるが，そこには「新型インフルエンザの出現を入念に追跡することで，国際医療従事者たちはパンデミックに至る出来事の連鎖を断ち切れる」とある。WHO がキャンペーンのようなイベントを組織する許可を与えた，という記述はどこにもない。

g.「ポリオウイルスへの広範な恐怖のせいで，多くの親は，ジョナス=ソークのワクチン実験の被験者（trial subjects）に自分の子供たちがなるのを認めることになった」

正しい。第5段第4・5文（That polio mainly…in field experiments.）で，ポリオウイルスに対する恐怖から，親は子供たちを臨床試験に参加させる決断をしたことが述べられている。

h.「ジョナス=ソークのワクチンはポリオの抑制に大きく貢献したが，その後の10年間でワクチン接種を受けた子供の数は急速に減少した」

誤り。第5段最終文（A program of mass…）で，大規模なワクチン接種プログラムが実施され，ポリオ症例が劇的に減少したことが述べられているが，接種を受けた子供の数が減少したという記述は存在しない。

D. determine O C「O は C であると判定〔確定〕する」が受動態の形で使われている（O には名詞，C には主に形容詞がくる）。文構造を捉えるために，能動態で簡易的に表すと，They determined the vaccine safe and effective「(人は) そのワクチンは安全で効果があると判定した」。ultimately は「最終的に」，up to＋数詞は「～(に達する) まで」の意味。in *doing* は「～することにおいて」の意味であるため，in preventing the disease の直訳は「この病気を防ぐことにおいて」となり，ここでは直前の effective「有効で」を修飾している。

Ⅱ **解答**

A. (ア)― a　(イ)― b　(ウ)― c

B. (i)― a　(ii)― d

C. b，e

D. 私たちが悲しみを感じているときの情報処理の仕方は，物事がなぜうまくいかないのかを理解するのに役立つ

全訳

《悲しみの機能》

1 悲しみは，私たちの誰もが歓迎する感情ではない。その役割は何だろうか。人々は，目標を達成したときに幸せを感じ，目標達成への障壁を認識したときに怒り，損失，あるいは，目標の維持やそれを達成する能力がないと認識したときに悲しみを感じる。悲しみは，2つの重要な機能を果たすと思われる。第一に，悲しい表情をした人は説得力のあるメッセージを伝え，その悲しげな表情はそれを目にする相手に顕著な影響を与える。このように悲しみを相手に伝えることで，その人が支援を必要としていることが伝わり，そして私たちが社会的な種であるために，その支援はしばしば提供されることになる。私たちは皆，誰かが泣くと，心に柔らかい部分が生まれ，たとえ相手が大人であっても，その人を助けたくなることを知っている。

2 悲しみのもう1つの機能は，人が適応するための思考の変化を促すことである。心理状態として，悲しみは信念の見直しや，目標の再設定という難しい知的作業をする気にさせる。悲しみは，損失や失敗の原因と結果，そして成功への障害を理解するのを助けるために，私たちの情報処理の射程範囲を広げてくれる。また，戦略を見直したり，望ましくないかもしれないが自分ではどうすることもできない新しい状況を受け入れたりするのにも，それは適している。

3 私たちが悲しみを感じているときの情報処理の仕方は，物事がなぜうまくいかないのかを理解するのに役立ち，それにより私たちが方向転換するのを助ける。そのような思考は，非現実的な期待や目標を放棄するのを助け，より良い結果へと導く。この結論を裏付けるある研究では，研究者たちが，一定期間の過去の市場データに基づいた外国為替取引の模擬実験を行った。研究者は，経済学や金融学の学生を被験者として選び，その期間の中ほどのある時点に関連する市場情報を彼らに与えた。そして，喜び，

あるいは，悲しみの感情を誘発する音楽を聴かせながら，彼らに取引の意思決定をするように要求した。これは実際の状況を模した実験であり，研究者はこの外国為替市場が実際にどのように振る舞ったかについてのデータをもっていたため，彼らは学生トレーダーの成功を判断することができた。その結果，悲しげな参加者のほうが，楽しげな参加者よりも，より正確な判断とより現実的な取引の決断を下し，結果として，より多くの利益を得たのである。

解説

A. ㋐ convey には「運ぶ」の意味以外に，メッセージや感情を他者に「伝達する」という意味がある。a の communicate (s) もまた，「伝達する」という意味があり，情報や感情の伝達に関連する動詞である。下線部の conveys は，直後の a convincing message「説得力のあるメッセージ」を目的語としているため，ここでは「伝達する」の意味で用いられていると判断できる。b の transform (s) は「変形させる」，c の perceive (s) は「知覚する」，d の receive (s) は「受け取る」の意味。したがって，a が正解。

㋑ it creates a soft spot in our hearts「それは私たちの心に柔らかな場所を作る」は，その直後に and we want to help them とあるため，泣いている人を「手助けしたくなる」ような心理状態を表すものであると判断できる。選択肢の中では，sympathy という「同情，共感」を表す語が含まれている，b の we feel sympathy for them「彼らに対して共感する」が，これに該当する。その他の選択肢，a「彼らが泣くのを聞いて失望する」，c「彼らの無知を恥じる」，d「彼らの無力さに怒る」は，いずれも同情や共感という感情とは異なるため，不適切。したがって，b が正解。

㋒ modify の置き換えとして適切なのは，c の change。modify は「修正する，変更する」という意味で，何かを現状から変える行為を示す。c の change もまた「変える」という意味であり，下線部をこれと置き換えても，文全体の和訳は，「それ（＝悲しみの感情）は，戦略を再評価し，望んだものとは違うかもしれないが，自分では変更しようのない新たな条件を受け入れるのに適している」であり，同じ意味を保持している。a の maintain は「維持する」，b の bear は「耐える」，d の fashion は動詞の場合に「形成する」という意味。

B. (i)「次のうち，悲しみがもつ働きについて正しく『ない』ものはどれか」

a.「それ（=悲しみ）は私たちに慎重に現在の状況を検討させ，合理的な目標を達成することを私たちに思いとどまらせる」

第2段第2文（As a mental …）によれば，「悲しみは私たちが信念を再考し，目標を再設定する難しい知的作業を行うよう動機付ける」という前向きな内容が示されており，「合理的な目標を達成することを私たちに思いとどまらせる」という否定的な内容はこれに矛盾するため，aは正しくない。したがって，aが正解。

b.「それは，年齢にかかわらず，悲しみを表現している他者に手を差し伸べるよう私たちに促す」

第1段の最後から2文目（That communication of …）で，「悲しみを他者に伝えることは支援が必要であるという信号であり，私たちは社会的な種であるため，その支援がしばしば提供される」と述べられている。また，続く第1段最終文（We all know …）の中で，even if they are adults「たとえ彼ら（=悲しんでいる人）が大人であったとしても」とあり，これがbの「年齢にかかわらず」の部分と一致しているため，bは正しい。

c.「それは，問題に対してより賢明な方法をとるよう私たちを促し，最終的にはより成功した結果をもたらす」

第3段最終文（The sad participants …）で，「悲しい参加者がより正確な判断とより現実的な取引決定を行い，結果としてより多くの利益を得た」ことが述べられているため，正しい。

d.「それは，目標を追求する中で遭遇する，見慣れない，不愉快な状況に対処するのを助ける」

「見慣れない，不愉快な状況（an unfamiliar, unpleasant situation）」という表現は，第2段最終文（And it is …）中にある，new conditions that might not be desirable「望ましくないかもしれない，新しい状況」を言い換えたものとなっており，正しい。

(ii)「実験において『悲しい参加者』と呼ばれる被験者がいた。彼らの悲しみの原因は何であったのか」

「悲しい参加者」の悲しみの原因は，d「彼らは，感情に影響を与える音楽を聴いていた」である。これは，第３段第５文（Then they were …）で，「彼ら（＝実験の参加者）は，幸せまたは悲しい感情に導くための音楽を聴きながら取引決定を行うよう求められた」ことが述べられているため。a「彼らは本質的に人生を悲観的に見る傾向があった」，b「彼らは経済学または金融を専攻する学生だった」，c「彼らの活動が単なるシミュレーションであると告げられた」については，被験者の悲しみの原因とする記述は本文にないため，いずれも不適切。先述の通り，被験者の悲しみは音楽によって誘発されたと明示されている。

C. a.「悲しみは多くの科学者の注目を集めているが，それは歓迎される種類の感情であるためだ」

誤り。第１段第１文（Sadness is not …）によると，悲しみは私たちの誰もが「歓迎する感情ではない」と述べられている。

b.「人々が悲しみを表す人にしばしば助けを提供する理由の１つは，人間が社会的動物であるからだ」

正しい。第１段の最後から２文目（That communication of …）で，「悲しみを他者に伝えることが支援が必要であるという信号であり，私たちは社会的な種であるため，その支援がしばしば提供される」と述べられており，この内容に一致している。That communication of sadness to others の部分は，communicate sadness to others「悲しみを他者に伝える」という動詞句を，名詞形である communication を用いて表現したもの。

c.「悲しみの２つの重要な機能は，それがコミュニケーションにおいてほとんど肯定的な役割を果たしていないこと，そして，私たちが期待と目標について再検討することを促さないことである」

誤り。悲しみの１つ目の機能については，第１段の最終２文（That communication of … they are adults.）によれば，悲しみの表出により他者からの手助けを得られる，という肯定的な役割を果たしている。また，２つ目の機能については，第２段第２文（As a mental …）で sadness motivates us to do the difficult mental work of rethinking beliefs and resetting goals「悲しみは信念の見直しや，目標の再設定という難しい精神作業をする気にさせる」とある。

d.「実験の参加者は，市場情報なしに取引シミュレーションを成功させることができた」

　誤り。第3段第4文（The researchers chose …）の中に，they were given market information「参加者は市場情報を与えられた」とあるため，市場情報なしに実験を行ったのではない。

e．「実験の結果は，悲しみは私たちが現実的な視点から問題を扱うのを助けるという考えと一致している」

　正しい。第3段最終文（The sad participants …）に，実験で悲しい感情を誘発された被験者は「より正確な判断とより現実的な取引決定を行い，結果としてより多くの利益を得た」と述べられている。これは，悲しみによって，より現実的な視点で問題を扱うことができたということである。選択肢の内容と一致している。

D. manner of ～は「～の仕方」の意味（日本語で礼儀作法を意味する「マナー」を英語で言うときは manners と複数形にする）。processing は，process「～を処理する」の動名詞。この文の主語は，Our manner of processing information when we are sad までで，動詞が helps である。help *A do*「*A* が～するのを助ける」の構文である点に注意する。figure out は「～を解明する」という意味の熟語。

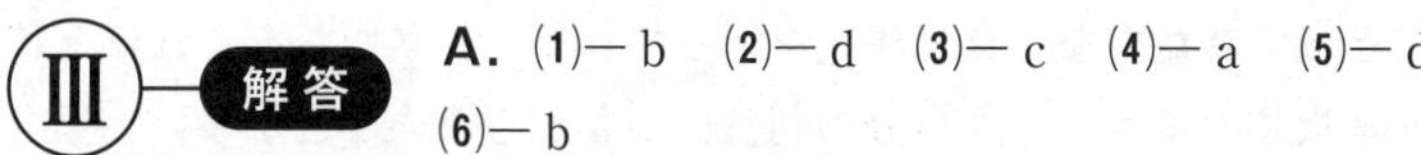

III　解答　**A.** (1)— b　(2)— d　(3)— c　(4)— a　(5)— d　(6)— b

B. (ア)— c　(イ)— b　(ウ)— a　(エ)— b

C. (i)— c　(ii)— a

全訳

《多すぎる選択肢が与える心理的影響》

1　上手に選択できる力は，私たちが自分自身の心をどれほど知っているかということに大きく左右されるようである。そして，私たちがより多くの選択肢を求めるとき，それは「私は自分が何を欲しているかわかっているので，どれだけ多くの選択肢を与えられても，自分が欲するものを選び出すことができる」と言っているようなものである。私たちは，どれだけ多くの選択肢を与えられても，どの扉を自分が通り抜けたいかは結局自分でわかるはずだと確信している。しかし，逆説的に，より多くの選択肢を求めることは，自分が何を欲しているかを常に知っているわけではない，つまりは，選択の瞬間まで自分が何を欲しているかを知ることができないほど私たちは移り気である，ということを認めることでもある。そして，ある時点を過ぎると，選択に向けられた時間とエネルギーの量が選択の利益を相殺することは明らかだ。では，なぜ私たちはより多くの選択肢を追求することに固執するのか。

[2]　多くの場合，どれだけそれを楽しんだとしても，ある単一の品のみに限定されることはつらいものである。1年365日，朝食，昼食，夕食に，どんなものであれ自分の好物を食べ続けることを想像してみよう。ついには気持ち悪くなってそれにうんざりしてしまうわけだが，これが飽満として知られる過程である。飽満と言っても，それは特定の選択肢とそれに類似したものに限られる。したがって，それ以外の食べ物は同様に美味しいままであり，その結果，少なくとも元の好物に対する食欲を回復するまでの間は，最終的には他の食べ物のほうをより好むことになる。実際，プリンからピザに至るまであらゆる食べ物について実施された数十年にわたる研究から，単一の選択肢を与えられたときよりも，選べる品数や味つけが豊富に与えられたときのほうが，人々はより多く食べ，より満足感を得られるということがわかっている。

[3]　しかし，選択肢の質よりも選択肢の存在を重視することで，私たちは時に自分にとって有益でない意思決定を行ってしまう。私たちをこれほど魅了する「選択肢の多さ」は，自分の利益につながらないことが多い。場合によっては，種類は豊富でも質の劣る選択肢のために，最良の選択肢を諦めてしまうこともある。非常に広範囲の選択肢から最良の選択肢を特定することに問題がない場合であっても，別の問題に直面することになる。選択肢が多いほど，どれだけ自分が好みにうるさくても，魅力的な選択肢が増える。ある時点から，すべての選択肢を楽しめるだけの十分な空間やお金や時間が単純になくなる。したがって，何かを犠牲にしなければならず，それぞれの犠牲について心理的な代償が伴う。諦めなければならなかったものへの後悔の気持ちのせいで，選んだものから得られる喜びは減少するだろう。それどころか，「失われた」すべての選択肢に対する後悔の総和が，選んだものから得られる喜びを上回ってしまう可能性さえある。こうして，最初から選択肢が少なかった場合よりも満足度が低くなってしまうのである。

解説

A. **(1)** 空所の後に続く文（We firmly believe …）が，同じ内容を別の表現で言い換えている。この中の no matter how many alternatives we're given「私たちはどれだけ多くの選択肢を与えられても」の部分が，（ 1 ）much choice you give me とほぼ同じ意味を表すためには，「(たとえ) どれほど～しても」の意味をもつｂの however を補えばよい。however much choice で「(たとえ) どれほどたくさんの選択肢を（～しても)」の意味になる。したがって，ｂが正解。

(2) 空所直前の２文（And when we … to walk through.）で，より多くの選択肢を求めることは，自分が何を望んでいるかを知っているという自信の表れであると述べられている。しかし，空所の直後には，この信念とは逆の主張，つまり多くの選択肢を求めることは，実は「自分たちが何を本当に望んでいるのかを知らないということを認めること（an admission that we don't always know what we want)」でもあると指摘されている。このような肯定的な主張と否定的な主張とをつなぐ接続詞として機能し，両者の間の対比を際立たせるのは，ｄの Yet である。ａの While も対比の構造をつくるが，While S′ V′ ～, S V … の形（従属節と主節とを連結する形）が正しい用法であるため不可。したがって，ｄが正解。

(3) 空所直前の文（And it's clear …）では，選択肢の量が増えると，「選択に費やす時間とエネルギーがその利益を相殺する（the amount of time and energy directed toward choosing cancels out the benefits of the choice)」ことになる，と述べている（cancel out が「～を相殺する〔打ち消す〕」の意味)。空所直後の in our pursuit of ～ は「(私たちが) ～を追求すること」の意味で，それにもかかわらず，私たちはなぜ選択肢を増やそうとするのかと，空所文で問いかけていると考えられる。ｃの persist は，persist in の形で用いて「～に固執する」という意味であるため，空所に補うことで，「利益を打ち消すことになるような状況下でも，私たちは選択肢を増やすことを求め続ける」という行動を示せる。したがって，ｃが正解。

(4) 空所に至る前では，第２段第１～４文（In many cases … to it, though.）の箇所で，好物である単一の食品に限定されることの不利益を説明し，好物だけを食べ続けた場合には，好物への飽きが生じるとある。

すると，空所直前で説明されているように，「好物以外の食べ物は変わらず美味しい（other foods would remain just as delicious)」という理由から，空所直後のように「好物以外の食べ物のほうがより好まれるようになる（eventually become preferred)」という結果に至る。このように，文脈を追っていくことで，空所前後が原因〔理由〕と結果〔結論〕の関係になっていることがわかる。したがって，結論づける際に用いられる接続副詞である，aの therefore が正解。

(5)　空所直前の文（The more choice …）では，選択肢が増えることで，どれだけ好みが特定的（particular）であっても，魅力的な選択肢の数がその分ますます増えていく，と述べられている。空所を無視しても，いずれはスペース，お金，時間が不足するため，すべての選択肢を楽しむことはできなくなるという文脈になると判断できる。ここでは，enough が空所に入ることで，利用可能な資源がいずれは「十分」でなくなってしまう状況を示し，その結果としてどれかを捨てなければならない（So you'll have to make some sacrifices）とつながる。enough *A* to *do*「～するのに十分な（数量の）*A*（名詞)」の構文であり，空所の後ろに to enjoy … と不定詞が続いている点にも着目したい。したがって，dの enough が正解。

(6)　bの In fact には，「実際に（は)」以外に，「それどころか」という意味があり，これは前に述べられた内容を強調し，さらに重要な情報を加える際に用いられる。空所の直前では，選択したものから得られる楽しみが，諦めたものへの後悔によって「減少する（be reduced)」と述べられている。空所の後ろでは，諦めた選択肢への後悔の総和が，選択したものに対する喜びを「上回ってしまう（end up being greater)」となっている。喜びが「減少する」どころか，むしろ後悔が「上回ってしまう」，のように前述の内容を強化あるいは深化させているため，空所にはbの In fact が入る。cの Rather にも「むしろ」という意味があるが，一般的には2つのものを比較して，「*A* ではない。むしろ，*B* だ」のように前述した内容を否定や訂正する場合に多く用いられる。

B. **(ア)**　know which door we prefer to walk through は，文字通りのドアを選ぶことではなく，選択肢の中から自分の好みに最も合致するものを選ぶ能力を比喩的に表現している。aは「自分たちがどこに向かうべきかについての結論に至る」こと，bは「自分の好みの変化に気づく」こと，dは「困難な時期を乗り越える方法を見つける」ことを意味し，これらは「自分の好きなものは自分で選択肢から選べるはずだという自覚」を直接表すものではない。したがって，c の be able to pick our favorite option「自分の好みに合った選択肢を選ぶことができる」が正解。

(イ) whatever it might be「たとえそれが何であったとしても」は，具体的なものを指定せず，あらゆる種類の食品を含む可能性を示している。また，下線部直前の your favorite food「自分の好物」や，下線部中の it から，単数の食べ物を指していることがわかる。a の「食べ物以外のすべてのもの」，c の「あらゆる食べ物」は，それぞれ複数のものを指している点からも誤り。d は「ただ1つの食べ物」を意味しており，単数の食べ物ではあるが，下線部中の whatever がもつ「何であろうとも」という意味はない。したがって，b の any type of food「どんな種類の食品であっても」が正解。

(ウ) The "muchness"「この『豊富さ〔多さ〕』」は，ここでは選べる種類の豊富さ〔多さ〕を指している。b は「優れた選択肢を知ること」，c は「強い好みを示すこと」，d は「好ましい選択をすること」を意味するが，これらは「多さ」そのものを指しているわけではない。したがって，a の Having numerous options「多数の選択肢があること」が正解。

(エ) psychological cost「心理的な代償」は，選択をする際に経験する精神的な負担やストレスのことを指している。a は「財政〔経済的〕危機」，c は「感情的な習慣」，d は「追加の支払い」を意味するが，いずれも精神的な負担を示すものではない。b の a mental burden「精神的負担」が，選択の結果として生じる精神的な負担，つまり，「心理的な代償」を指しているため正解。

C. (i)「著者が言及した研究について，次のうち正しく『ない』ものはどれか？」

正しくない選択肢は c「この研究は過去10年以内に始まった」である。問題文の the research「研究」とは，第2段最終文（Indeed, decades of …）にある decades of research involving …「プリンからピザまであらゆるものを含む数十年にわたる研究」のことであり，過去10年以内に始まったわけではない。a「多くの種類の食品が研究の対象となっている」

は，同じ文においてプリンからピザまで多様な食品が研究対象であると述べられており，正しい。また，同じ文中で people will eat more and enjoy it more when given a variety of foods and flavors「食品や風味が多様なときに人々はより多く食べ，それをより楽しむ」と述べられており，逆に言えばｂ「食べ物の選択肢があまり多くないとき，人々は満足度が低い」，ｄ「食品の選択肢が欠如していると人々の食欲を促進しない」ということであるため，ｂとｄは正しい。

(ii)「人々が豊富な選択肢に困らないとしても，著者はまだ問題があると考えている。その問題とは何か？」

問題文中の a problem，that problem とは，第３段第４文（Even when we …）の中にある，another problem「もう１つの問題」のことを指す。これが具体的にはどのような問題であるかは，その直後にある第３段第５文（The more choice …）で説明されており，「選択肢が増えるにつれて，魅力的な選択肢の数も増える」という内容である。したがって，ａ「選択肢の数が増えると，魅力的な選択肢の数も増える」が正解。ｂ「たくさんの選択肢があることが料理に役立たないと仮定されている」，ｃ「選択肢が増えると，人々の好みがより伝統的〔型にはまったもの〕になる」，ｄ「そんなに多くの選択肢があることで，人々は自分たちがうまくいっているという幻想を抱く」については，文中で直接的に言及されていない。著者が指摘する「もう１つの問題」の全体像は，魅力的な選択肢の多さが心理的な代償を伴い，選択による満足度が減少することである。

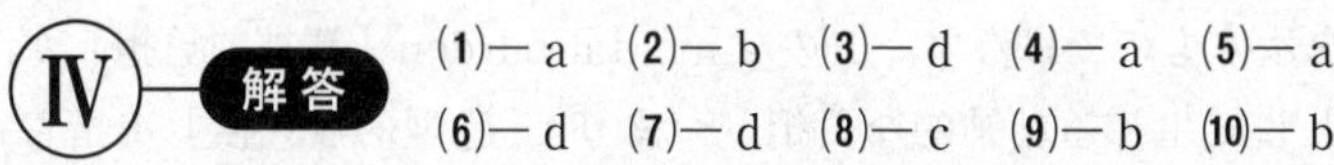

Ⅳ 解答 (1)—ａ (2)—ｂ (3)—ｄ (4)—ａ (5)—ａ (6)—ｄ (7)—ｄ (8)—ｃ (9)—ｂ (10)—ｂ

解説

(1)「私は，ウィリアムに私たちと一緒に戻るよう説得するために最善を尽くしたが，ほとんど間違いなく彼は戻らないだろう」

正解はａの in all likelihood で，「ほとんど間違いなく，十中八九」という意味の熟語。前半で「ウィリアムに私たちと一緒に戻るように説得した，しかし…」とあるので，後半の空所を除く和訳は「彼は（ ）戻ってこないだろう」となる。この空所の位置には「おそらく」などの可能性を示す修飾語句が入ることが予想できる。ｂの on the whole「全体としては」，

c の on top of that「それに加えて」, d の just as well「同じように，変わらず」は，いずれも可能性を表す語句ではないため不適切。

(2) 「会社の広報担当者によると，新工場の開設はさらに2年遅れることになる」

正解は b の another。another two years で「さらにもう2年」という意味になり，the opening of the new factory will be delayed for another two years で「新工場の開設がさらに2年遅れる」という意味になる。another には「もう1つの」,「さらに追加の」という意味があるが，a の other は「他の」という意味でしかないため，other two years は「他の2年」という意味でしかないうえに，other を直接数詞と使うのは文法上一般的でない。c の few「少数の」, d の certain「ある特定の」も数詞の前に直接置くことはできないため，不適切。

(3) 「私たちの会話は1時間以上続き，それからお互いに別れを告げて別々の道を歩んだ」

正解は d の parted。part ways は「別れる，それぞれの道を行く」という意味の熟語。part ways with ～「(人) と別れる，別々の道を行く」の形でも用いられる。a の quit は「辞める」, b の carve は「彫る」, c の release は「解放する」の意味で，ここでは不適切。

(4) 「私が見渡せる限りでは，浜辺には誰もいなかった」

正解は a の far。as far as S V ～ の形で「～する限りは」を意味するが，これはある動作の範囲を表す。問題文のように，as far as I could see であれば,「私が見渡せる限りでは」の意味で,「見える範囲」を表している。類似した表現に as long as S V ～「～する限りは」があるが，これは You can stay here as long as you need.「必要な限りここに滞在してよい」のように，時間の長さや条件を表す際に使用される。よって，b の long は不適切。

(5) 「1980年代は20世紀における日本経済にとって最も繁栄していた時期であった」

正解は a の prosperous。prosperous は「繁栄した」という意味の形容詞。b の postponed は「延期された」, c の subsequent は「その後の」, d の contemporary は「同時代の」という意味であり,「日本経済」がどのような時代であったかを形容する言葉として適切なものを選ばなければならないため，これらは不適切。

(6) 「私の母と祖母は電話では声が似ている」

正解はdのalike。sound alikeは「声が似ている」という意味。「似ている」という意味を表すものは，alikeの他にもbのlike「～のような，～に似た」があるが，この意味のlikeは前置詞であるため，空所の位置には補えない。aのlikingは「好む」の現在分詞，cのlikelyは「可能性が高い」という意味。

(7) 「私は他の人々がこの映画についてどう感じているか知りたい」

正解はdのto know。be interested to know ～で「～を知りたい」の意味。to不定詞は「これから先～すること」のように，未来のことを指す。また，be interested in ～「～に興味がある」の形で表現することも可能だが，aのin having knownのように，have *done*（完了形）を用いると「すでに～したこと」を意味し，未来のことを指せないため，不適切。

(8) 「アカギツネは世界中に広範な分布をもっているが，特に北アメリカ，ヨーロッパ，アジアで一般的である」

正解はcのdistributionで，この語には「配布」の意味の他にも，「分布」の意味がある。aのdivision「分割，区分」，bのcontribution「貢献，寄付」，dのextension「拡張」では，いずれもこの動物が世界中に分布しているという文意を表せないため不適切。

(9) 「エミリーの強みは，5つの言語でコミュニケーションを取る能力にあった」

正解はbのlay。これは「(～が)（場所などに）ある，存在する」という意味の動詞lieの過去形である（不規則変化：lie―lay―lain)。aのliedは,「嘘をつく」という動詞lieの過去形（規則変化：lie―lied―lied)。cのlieは，現在形として用いるなら，主語であるEmily's strengthが単数名詞であることから，三人称単数現在形のliesとするべきであるため文法的に誤り。dのlainは，lieの過去分詞形であるが，空所の位置は完了形でも，分詞形容詞でもないため不適切。

(10) 「市は新しい高速道路を建設するためにかなりの時間とお金を費やした」

正解はbのconsiderableで，この語は「かなりの，相当な」という意味。空所直後のamount of time and money「時間とお金の量」を形容する語として適切なものは，選択肢の中では considerable「相当な」しかない。他の選択肢，a の calm「穏やかな」，c の capable「能力がある」，d の conscious「意識的な」はいずれも，amount「量」を修飾する語として不適切。

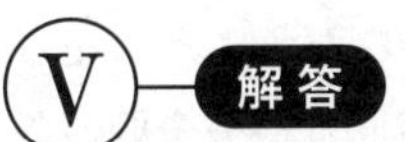

A.（２番目・６番目の順に）(1)― h ・ c
(2)― c ・ f

B.〈解答例１〉(With the rapid development of technology,) machines are now doing jobs that humans once struggled to perform.

〈解答例２〉(With the rapid development of technology,) machines have started performing tasks that used to require considerable human effort.

解説

A. (1) (We) made it in time for the 7 p. m. flight (to Kobe.)（b ― h ― g ― f ― d ― c ― a ― e）

「(〜に) 間に合う」には，make it in time (for 〜) という熟語を用いる。make it だけでも「間に合う，うまくいく」という意味をもつ熟語で，たとえば，Despite the heavy traffic, we managed to make it to the airport on time.「激しい交通の中でも，私たちは時間通りに空港に到着することができた」のように使われる。in time (for 〜) も「(〜に) 間に合って」という熟語であり，He ran as fast as he could to catch the train and arrived just in time.「彼は列車に間に合うようにできる限り速く走り，ぎりぎり間に合った」のように使われる。「7時発の飛行機〔列車，バス〕」は 7 p. m. flight〔train, bus〕のように，時間を表す表現を形容詞的に用いて，公共交通手段を表す名詞の直前に置く。

(2) (Respecting different cultures is the most important step) toward building trust with employees from different countries.（g ― c ― a ― e ― h ― f ― d ― b）

日本文では「信頼を築く上で (最重要のステップ)」となっているが，step の直後には方向を表す前置詞の toward を置いて，step toward 〜「〜に向けてのステップ」と表現されるため，「信頼を築くことに向けての (最重要のステップ)」と言い換えたほうがわかりやすい。前置詞

(toward) の直後には，名詞の仲間が置かれるべきであるため，「信頼を築く」という動詞句は，building trust「信頼を築くこと」のように動名詞を用いた形が正しい。あとは，trust with ～「(人) との信頼」と繋げていけばよい。「異なる国出身の従業員」は，出身を表す前置詞の from を用いて，employees from different countries とする。

B.「かつては人間が苦労して行っていた仕事を機械がこなすようになってきている」の部分を英訳する。主語となるべき「機械」は機械全般のことなので，machines と無冠詞・複数形で用いる。主語の次にくる動詞「(～を) こなすようになってきている」の箇所は，進行形や完了形で表現する。「こなす」という動作には単純に do を使ってもよいし，これに相当する perform などの動詞も可能。「～な仕事」のように，名詞に対して比較的長めの修飾語句が付く場合は，関係詞を用いて tasks that〔which〕～の語順で表現するのが一般的（tasks や jobs などの名詞が先，直後に修飾語句が続くため，日本語と逆の語順になる)。したがって，「人間が行っていた仕事」は，tasks that humans did でよいのだが，ここでは「かつては」や「苦労して（行っていた)」という表現を英訳する必要がある。「かつては（～していた)」は，S once V（過去形)「S はかつて V した」や，used to *do*「昔は～したものだ（が，今はそうではない)」で表現可能。「苦労して」は with difficulty や with great efforts で表せる。また，解答例で示したように，struggle to *do*「～するのに奮闘する」を用いる，あるいは，関係詞節内の主語を tasks にして，required considerable human effort「かなりの苦労を要した」と表現することもできる。

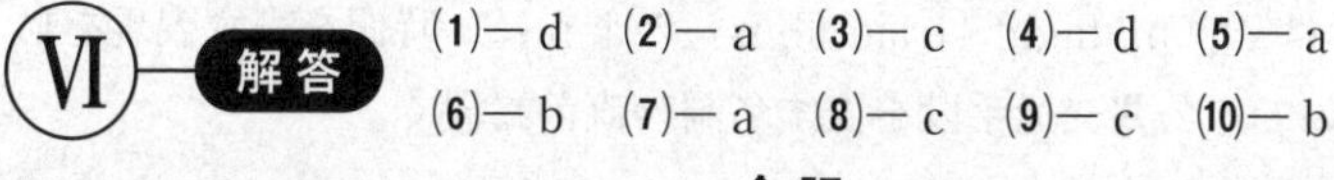

(1)— d (2)— a (3)— c (4)— d (5)— a
(6)— b (7)— a (8)— c (9)— c (10)— b

全訳

《絵画用の風景探しについての会話》

マミとサクラは友人同士である。彼らは道で偶然に出会ったところである。

マミ：やぁ！ 美術コンテスト用に描く風景を探してるんだけど，なかなかいいのが思いつかなくて。もし時間があったら，一緒に探してくれない？

サクラ：もちろん！　喜んで手伝うよ。完璧な場所を一緒に探そうね！

マミ：ありがとう，助かるよ。自然の美しさや素敵な建物のある場所がいいんだけど。創造性が刺激されるような場所ね。

サクラ：えっと，古い郵便局はどうかな？　長い歴史があって美しい建物だと思うよ。

マミ：いいね，素敵なアイデアだけど，残念ながら今，その建物の外装は修復中なんだ。外から建物が見られないの。

サクラ：そうなの？　残念ね…。じゃあ，別の考えがあるよ。県立自然公園はどう？　あなたの芸術にインスピレーションを与えるような素敵な湖と散策路があるよ。

マミ：それいいね！　思いつかなかったよ。公園はここからそう遠くないし，行ってみるね。

サクラ：一緒に行くよ！　今まで見落とされていた隠れた場所や変わった角度を発見できるかもしれないね。

マミ：ありがとう！　あなたの助けは本当にありがたいよ。友達が一緒だと心強いね。

サクラ：どういたしまして。これを冒険にして，絵を描くのにぴったりな場所を見つけようね。

マミ：うん，公園を探検するのが楽しみになってきた。実は，ずっと行ってなかった場所だから，いい機会になるね。

サクラ：あなたの創造性が湧き出すところを見られるのが楽しみ。この計画，うまくいきそうな気がする。

マミ：私もそう思う。公園で良い絵が描けるのが楽しみ，うまく行けばコンテストにも勝てるかも！

サクラ：きっと勝てるよ！

解説

(1)　d の more than が正解。(be) more than happy (to *do*) は「(非常に) 喜んで (～する)」という意味で，提案に対する積極的な同意を示す会話表現。a の no less than は「少なくとも～」，b の no more than は「せいぜい～」，c の less than は「～未満」という意味で，いずれも同意を示す表現にはならない。

(2)　a の Somewhere が正解。空所を含んだマミの発言を受けた直後に，サクラが「古い郵便局はどうかな？」と，絵を描く場所について提案をしている。したがって，場所を表す Somewhere を空所に入れて，Somewhere that sparks my creativity「私の創造性を刺激するどこか」と，場所について言及した発言にする。

(3)　c の let's see が正解。let's see は，考え中や提案をする際に使われる表現で，「ええと，うーんと」という意味の間投表現。a の just in case は「念のため」，b の that is は「つまり」，d の once again は「再び」という意味。

(4)　d の unfortunately が正解。unfortunately は「残念ながら」という意味で，空所直後の「建物の外観が修復中である」という否定的な情報を伝えるものとして適切である。a の hopefully は「願わくば」，b の accordingly は「それに応じて」，c の generally は「一般的に」の意味。

(5)　a の Is that so? が正解。Is that so? は，相手の言ったことに対する驚きや興味を示すフレーズで，「そうなの？」という意味。ここではサクラ自身が提案した建物（古い郵便局）が修復中であるという知らせに対しての驚きを示している。b の What's up? は「どうしたの〔何かあったの〕？」という意味で，相手の状況や気分，何か新しいことが起こっていないかを尋ねる際の表現。c の How is it? は「どう？」という意味で，特定の事柄に対して相手の意見や感想を求めるときに用いられる。d の Why not? は「どうしていけないの〔なぜだめなの〕？」という意味で，反対意見に対して疑問を投げかける表現であり，また，「もちろん」という意味で何かをすることに対しての積極的な同意を示す際にも用いられる。

(6)　b の check it out が正解。check it out は「それを調べてみる」という意味で，ここでは興味がある場所を実際に見に行く意向を示す。空所直前の「公園はここからそう遠くないから…」に続く発言として適切であり，また空所の発言を受けてサクラが「一緒に行くよ」と返している点との整合性も取れる。a の put it aside は「それを脇に置く」の意味。c の walk it off には，「歩いてそれを振り払う」の意味から派生して，「歩いて気を紛らわせる」などの意味がある。d の make it up は「それを作り上げる，その埋め合わせをする」の意味。

(7)　a の the world が正解。mean the world to *A* は「*A*（人）にとって非常に大切だ，かけがえのない」という意味の慣用表現。また，空所がある文の直後の台詞，It'll be nice to have a friend to keep me company の，keep me company は「私に付き合ってくれる」という意味。

(8)　c の Don't mention it! が正解。Don't mention it! の直訳は「それについては言わないで」だが，それから派生して「どういたしまして」という意味になり，感謝の言葉に対する謙虚な返答として用いられる。直前のマミの台詞が Thanks! で始まり，全体として感謝を表しており，それに対する返答として適切。a の Well done! は「よくやった！」，b の Here you are! は「はい，どうぞ！」，d の Yes, Please! は「はい，お願いします！」の意味。

(9)　c の can't が正解。I can't wait to see your creativity come alive で「あなたの創造性が現れるのを見るのが待ちきれない」の意味になる。can't wait to *do* で，「〜するのが待ちきれない」，つまり，「非常に楽しみにしている」という肯定的な意味の会話表現。他の選択肢，a の won't「〜しないだろう」，b の don't「〜しない」，d の mustn't「〜してはいけない」は，純粋な否定表現にしかならないため，いずれも不適切である。

(10)　b の So do I. が正解。So do I は「私もそうだ」という意味で，直前が肯定文のときに使われる。ここでは，空所の直前で，サクラが I feel like this plan is going to work out really well「この計画はうまくいきそうな気がする」と述べており，これを受けてマミが「私もそういう気がする」と同調している。I feel so, too. と表現することも可能で，So do I の do は，前の台詞で使われていて重複する feel が代動詞化したものと捉えてもよい。a の Take care. は「気をつけて」，c の I'm good. は「私は大丈夫」，d の No way. は「とんでもない」の意味。

講評

2024年度は大問6題の出題で，Ⅰ〜Ⅲの3題が長文読解問題，Ⅳが文法語彙問題，Ⅴが語句整序と英作文問題，Ⅵが会話文であり，2023年度と同じ出題構成であった。

Ⅰはパンデミックとワクチンの歴史を題材としていて，空所補充，下線部の言い換え，内容一致，下線部和訳が出題されている。長文の内容は，概ね，歴史的・科学的な話題であるため，具体的で流れを追いやすい題材と言える。文法学習よりも長文演習中に出合うことの多い表現（assumption, in the wake of ～, matters of ～ concern など）の意味が取れるか，という点は内容一致など諸々の出題形式で問われることになるので，過去問演習で鍛錬しておきたい。また，無生物主語構文が実際に使用されている箇所（第４段第５文：Closely tracking… など）を，実践で意識できるレベルが必要である。空所補充では，put an end や bring forth といった熟語力も問われている。下線部の言い換えは，hardly any の知識が必要になるもの（設問Ｂ．(イ)）を除けば，標準レベルと言える。内容一致は，８つの選択肢それぞれについて，本文の該当箇所を見極めて正誤を判断する必要があり，差がつきやすい箇所である。下線部和訳は標準的な語彙力を身につけていれば問題ない。

Ⅱは悲しみの感情が果たす２つの役割について論じた文章。２つ目の役割についての説明はやや抽象的であるが，最終段で言及されている実験内容を手掛かりに，その役割を見極めることもできる。本文の中で使用されている単語・熟語で特に難しいものはないが，「被験者」の意味で用いられる subject など頻出の実験用語にも注意しておくべきだろう。問題形式は，下線部の言い換え，内容真偽，内容説明，内容一致，下線部和訳となっている。和訳は標準レベルであり，その他の設問は，本文の言い換え表現を判別できるかどうかが決め手となる。特に難しい構文なども使われていないため，しっかり得点しておきたい箇所である。

Ⅲは選べるオプションが多過ぎると満足度が下がるという内容の読解問題。Ⅱの読解と比較すると分量がやや多くなっており，内容の抽象度も，本文で使用されている単語・熟語・構文のレベルも比較的高いものとなっている（admit that ～ を名詞で表現した an admission that ～や，cancel out, to *one's* advantage など）。ただし，設問Ａ．(6)の空所補充はやや難しいが，その他の設問は標準的である。

Ⅳは(1)，(3)の熟語の知識にばらつきが予想されるが，その他は全体的に標準的な文法・語法・熟語の知識を問う問題であった。ここで全問正解を狙う必要はないが，８割程度の正答率を目標として設定しておくべきだろう。

Ⅴの設問Ａは与えられた日本文を元に英文を完成させる語句整序問題が２問で，基本的な構文や熟語力が問われている。(1)の the 7 p.m.

flightの語順は英作文の問題集などで，交通に関わる表現として取り上げられていることが多い基本的なものである。設問Bの和文英訳（記述式）は，「苦労して行う」や「仕事をこなす」といった表現を正しい英語表現に置き換えられるかがカギとなっている。

Ⅵの会話文問題は，10カ所の空所補充問題であるが，(1)のmore than happyや(7)のmeans the worldはやや難。その他は標準的なレベルの熟語や口語表現と言える。空所前後の情報を元に文脈を捉える力も必要だが，会話の流れは捉えやすかった。

90分の試験時間であるが，全体的には分量が多めで余裕はあまりない。内容一致の問題で，解答の根拠を探すのに時間をかけすぎることがないように注意が必要であろう。過去問演習や模試においては，難しい問題は後で戻って再考するような方法を意識的に取り入れておきたい。

数　学

◀数学Ⅰ・Ⅱ・A・B▶

1 解答 **(1)ア.** -9　**イ.** $0<k<1$
ウ. $-3+2\sqrt{2}<\alpha<0$

(2)エ. $\dfrac{1}{4}$　**オ.** $\dfrac{1}{8}$　**カ.** $\dfrac{3}{16}$　**キ.** $\dfrac{5}{12}$

解説

《2次関数の最小値，解の範囲，正八面体の頂点を移動する点の確率》

(1)　(i)　$k=0$ のとき

$$y=x^2+2x-4|x|=\begin{cases}x^2-2x & (x\geqq 0)\\ x^2+6x & (x<0)\end{cases}$$
$$=\begin{cases}(x-1)^2-1 & (x\geqq 0)\\ (x+3)^2-9 & (x<0)\end{cases}$$

よって，$y=x^2+2x-4|x|$ の最小値は，$x=-3$ のとき　　-9　→ア

(ii)　$x^2+2x-4|x|+k=0$　……②　より

$x^2+2x-4|x|=-k$

よって，②の異なる実数解の個数は，$y=x^2+2x-4|x|$ のグラフと直線 $y=-k$ の異なる交点の個数と一致する。

$y=x^2+2x-4|x|$ のグラフの概形は次図のようになるので，②が異なる4つの実数解をもつとき，k の取りうる値の範囲は

$-1<-k<0$

より　　$0<k<1$　→イ

また，$y=x^2+6x$ と $y=-1$ の交点を求めると

$x^2+6x=-1$

$x^2+6x+1=0$

$x=-3\pm 2\sqrt{2}$

よって，次図より，2番目に小さい解 α の取りうる値の範囲は

$-3+2\sqrt{2}<\alpha<0$　→ウ

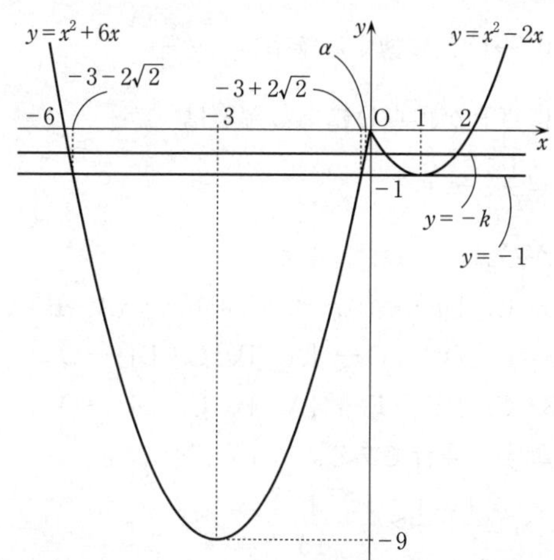

(2) **(i)**　ある頂点と１辺で結ばれた頂点は４つあるので，ある頂点から１辺で結ばれた１つの頂点へ移動する確率は $\dfrac{1}{4}$ である。

２秒後に点Ｐが頂点Ｏにあるのは，１秒後に頂点Ａ，Ｂ，Ｃ，Ｄのいずれかに移り２秒後にＯに移る場合である。ＯからＡ，Ｂ，Ｃ，Ｄのいずれかに移る確率は

$$4\times\frac{1}{4}=1$$

また，Ａ，Ｂ，Ｃ，Ｄのいずれかにある点がＯに移る確率は $\dfrac{1}{4}$ であるので，２秒後に点Ｐが頂点Ｏにある確率は

$$1\times\frac{1}{4}=\frac{1}{4}\quad\rightarrow\text{エ}$$

このことを

$$\text{O}\rightarrow\{\text{A, B, C, D}\}\rightarrow\text{O}$$

のように書くことにすると，３秒後にＰがＯにあるのは，Ｐが

$$\text{O}\rightarrow\{\text{A, B, C, D}\}\rightarrow\{\text{A, B, C, D}\}\rightarrow\text{O}$$

と移動する場合である。

$\text{O}\rightarrow\{\text{A, B, C, D}\}$ と移動する確率は　　1

$\{\text{A, B, C, D}\}\rightarrow\{\text{A, B, C, D}\}$ と移動する確率は，正方形 ABCD において，隣りあっている２つの頂点に移動する場合なので　　$2\times\dfrac{1}{4}=\dfrac{1}{2}$

{A, B, C, D} →Oと移動する確率は　$\frac{1}{4}$

よって，3秒後に点Pが頂点Oにある確率は

$$1\times\frac{1}{2}\times\frac{1}{4}=\frac{1}{8}\quad \to オ$$

(ii)　4秒後にPがOにあるのは，Pが

(a)　O→ {A, B, C, D} → {A, B, C, D} → {A, B, C, D} →O

(b)　O→ {A, B, C, D} →O→ {A, B, C, D} →O

(c)　O→ {A, B, C, D} →E→ {A, B, C, D} →O

のいずれかで移動する場合である。

(a)の確率は　$1\times\frac{1}{2}\times\frac{1}{2}\times\frac{1}{4}=\frac{1}{16}$

(b)の確率は　$1\times\frac{1}{4}\times1\times\frac{1}{4}=\frac{1}{16}$

(c)の確率は　$1\times\frac{1}{4}\times1\times\frac{1}{4}=\frac{1}{16}$

これらは排反であるので，4秒後に点Pが頂点Oにある確率は

$$\frac{1}{16}+\frac{1}{16}+\frac{1}{16}=\frac{3}{16}\quad \to カ$$

このうち，Pが同じ辺を通過しないときを考える。

(a)の場合，最初にAに移動したときは

O→A→B→C→O　または　O→A→D→C→O

の2通りあり，最初にB，C，Dに移動した場合も同様なので，全部で $2\times4=8$ 通りある。確率はそれぞれ $\left(\frac{1}{4}\right)^4$ であるので，(a)の場合で同じ辺を通過しない確率は

$$8\times\left(\frac{1}{4}\right)^4=\frac{1}{32}$$

(b)の場合，O→ {A, B, C, D} →Oの段階で同じ辺を通るので，同じ辺を通過しない確率は　0

(c)の場合，最初にAに移動したときは

O→A→E→ {B, C, D} →O

と移動したときであり，確率は

$$\frac{1}{4}\times\frac{1}{4}\times\frac{3}{4}\times\frac{1}{4}=\frac{3}{256}$$

最初にB，C，Dに移動した場合も同様なので，確率は

$$4\times\frac{3}{256}=\frac{3}{64}$$

以上より，4秒後にPがOにあり，かつ同じ辺を通過しない確率は

$$\frac{1}{32}+0+\frac{3}{64}=\frac{5}{64}$$

「4秒後に点Pが頂点Oにある」という事象をF,「同じ辺を通過しない」という事象をGとすると，求める条件付き確率は$P_F(G)$と表され

$$P(F)=\frac{3}{16},\ P(F\cap G)=\frac{5}{64}$$

より

$$P_F(G)=\frac{P(F\cap G)}{P(F)}=\frac{\frac{5}{64}}{\frac{3}{16}}=\frac{5}{12}\quad\to キ$$

2 **解答** (1)**ア．** $3\sin 2\theta-4\cos 2\theta+5$　**イ．** $5+3\sqrt{2}$　**ウ．** $\frac{3}{4}\pi$

(2)**エ．** $\vec{a}-\vec{b}+\vec{c}$　**オ．** 0　**カ．** $-\frac{2}{3}\vec{a}-\frac{1}{3}\vec{b}+\frac{2}{3}\vec{c}$　**キ．** 1

解説

《三角関数の最大値，解の和，空間ベクトルの内積，長さ》

(1) (i) $f(\theta)=(3\sin\theta+\cos\theta)^2$

$$=9\sin^2\theta+6\sin\theta\cos\theta+\cos^2\theta$$

$$=9\cdot\frac{1-\cos 2\theta}{2}+6\cdot\frac{\sin 2\theta}{2}+\frac{1+\cos 2\theta}{2}$$

$$=3\sin 2\theta-4\cos 2\theta+5\quad\to ア$$

(ii) $g(\theta)=f(\theta)-\sin^4\theta+\cos^4\theta$

$$=3\sin 2\theta-4\cos 2\theta+5+(\cos^2\theta+\sin^2\theta)(\cos^2\theta-\sin^2\theta)$$

$$=3\sin 2\theta-4\cos 2\theta+5+\cos 2\theta$$

$$=3\sin 2\theta-3\cos 2\theta+5$$

$$=3\sqrt{2}\sin\left(2\theta-\frac{\pi}{4}\right)+5$$

$0\leqq\theta\leqq\pi$ より　　$-\dfrac{\pi}{4}\leqq 2\theta-\dfrac{\pi}{4}\leqq\dfrac{7}{4}\pi$

よって，$2\theta-\dfrac{\pi}{4}=\dfrac{\pi}{2}$，すなわち，$\theta=\dfrac{3}{8}\pi$ のとき，$g(\theta)$ は最大となり，最大値は

$$5+3\sqrt{2}\quad\rightarrow イ$$

また，$g(\theta)=9$ とおくと

$$3\sqrt{2}\sin\left(2\theta-\frac{\pi}{4}\right)+5=9$$

$$\sin\left(2\theta-\frac{\pi}{4}\right)=\frac{2\sqrt{2}}{3}\quad\cdots\cdots①$$

$0<\dfrac{2\sqrt{2}}{3}<1$ であるので，

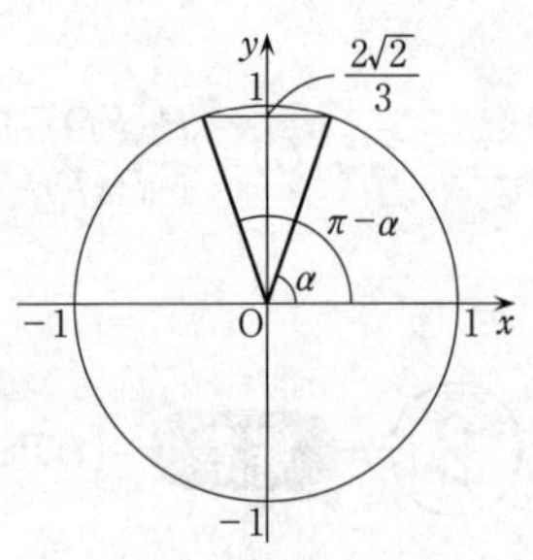

$\sin x=\dfrac{2\sqrt{2}}{3}$ $\left(0<x<\dfrac{\pi}{2}\right)$ の解を α とおくと，

$-\dfrac{\pi}{4}\leqq 2\theta-\dfrac{\pi}{4}\leqq\dfrac{7}{4}\pi$ より①の解は

$$2\theta-\frac{\pi}{4}=\alpha,\ \pi-\alpha$$

すなわち　　$\theta=\dfrac{\alpha}{2}+\dfrac{\pi}{8},\ -\dfrac{\alpha}{2}+\dfrac{5}{8}\pi$

よって，和は

$$\left(\frac{\alpha}{2}+\frac{\pi}{8}\right)+\left(-\frac{\alpha}{2}+\frac{5}{8}\pi\right)=\frac{3}{4}\pi\quad\rightarrow ウ$$

(2)　(i)　$\overrightarrow{OD}=\overrightarrow{OA}+\overrightarrow{AD}=\overrightarrow{OA}+\overrightarrow{BC}$

$$=\vec{a}-\vec{b}+\vec{c}\quad\rightarrow エ$$

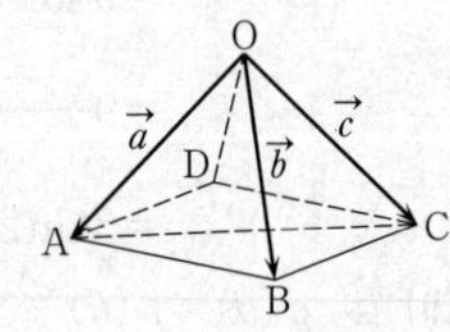

三角形OACにおいて

$$OA=OC=1$$

$$AC=\sqrt{AB^2+BC^2}=\sqrt{2}$$

よって，三角形OACは $\angle AOC=\dfrac{\pi}{2}$ の直角二等辺三角形であるので

$$\vec{a}\perp\vec{c}$$

ゆえに

$$\vec{a}\cdot\vec{c}=0 \quad \to オ$$

(ii) $\overrightarrow{\mathrm{OG}}=\dfrac{1}{3}(\overrightarrow{\mathrm{OC}}+\overrightarrow{\mathrm{OD}})=\dfrac{1}{3}(\vec{a}-\vec{b}+2\vec{c})$

$$\overrightarrow{\mathrm{AG}}=\overrightarrow{\mathrm{OG}}-\overrightarrow{\mathrm{OA}}=\frac{1}{3}(\vec{a}-\vec{b}+2\vec{c})-\vec{a}$$

$$=-\frac{2}{3}\vec{a}-\frac{1}{3}\vec{b}+\frac{2}{3}\vec{c} \quad \to カ$$

$$|\overrightarrow{\mathrm{AG}}|^2=\left|-\frac{2}{3}\vec{a}-\frac{1}{3}\vec{b}+\frac{2}{3}\vec{c}\right|^2$$

$$=\frac{4}{9}|\vec{a}|^2+\frac{1}{9}|\vec{b}|^2+\frac{4}{9}|\vec{c}|^2+\frac{4}{9}\vec{a}\cdot\vec{b}-\frac{4}{9}\vec{b}\cdot\vec{c}-\frac{8}{9}\vec{c}\cdot\vec{a}$$

$|\vec{a}|=|\vec{b}|=|\vec{c}|=1$, $\vec{a}\cdot\vec{b}=\vec{b}\cdot\vec{c}=1\times1\times\cos\dfrac{\pi}{3}=\dfrac{1}{2}$, $\vec{c}\cdot\vec{a}=0$ であるので

$$|\overrightarrow{\mathrm{AG}}|^2=\frac{4}{9}+\frac{1}{9}+\frac{4}{9}+\frac{2}{9}-\frac{2}{9}+0=1$$

よって　$|\overrightarrow{\mathrm{AG}}|=1$

したがって，線分 AG の長さは　1　→キ

3 解答

(1) $f(x)=ax^3+bx+c$ より

$$f'(x)=3ax^2+b$$

$f(-1)=3$ より　$-a-b+c=3$　……①

$f(1)=3$ より　$a+b+c=3$　……②

$3f'(-1)=3$ より　$3(3a+b)=3$　$3a+b=1$　……③

①＋② より　$2c=6$　$c=3$

②に代入して　$a+b+3=3$　$a+b=0$　……④

③－④ より　$2a=1$　$a=\dfrac{1}{2}$

したがって　$b=-\dfrac{1}{2}$

よって

$$a=\frac{1}{2},\ b=-\frac{1}{2},\ c=3 \quad \cdots\cdots(答)$$

また，$f(x)=0$ とおくと

$$\frac{1}{2}x^3-\frac{1}{2}x+3=0$$

$$x^3-x+6=0$$

$$(x+2)(x^2-2x+3)=0$$

実数解は　$x=-2$

ゆえに，曲線 C と x 軸の共有点の x 座標は　-2　……(答)

(2)　$f(x)=\frac{1}{2}x^3-\frac{1}{2}x+3$，$f'(x)=\frac{3}{2}x^2-\frac{1}{2}$

$f'(1)=1$ より，点 A(1, 3) における接線 l の方程式は

$$y-3=1\cdot(x-1)$$

$$y=x+2 \quad \text{……(答)}$$

(3)　円 $K: x^2+y^2+px+q=0$ が A(1, 3) を通るので

$$1^2+3^2+p+q=0$$

$$q=-p-10 \quad \text{……⑤}$$

また，K と l の方程式から y を消去すると

$$x^2+(x+2)^2+px+q=0$$

$$2x^2+(p+4)x+q+4=0$$

判別式を D とすると，K と l が接することより　$D=0$

よって

$$D=(p+4)^2-8(q+4)=0$$

$$p^2+8p-8q-16=0$$

⑤を代入すると

$$p^2+8p-8(-p-10)-16=0$$

$$p^2+16p+64=0$$

$$(p+8)^2=0$$

$$p=-8$$

⑤より　$q=-10-(-8)=-2$

ゆえに　$p=-8$，$q=-2$　……(答)

(4)　(3)より，$K: x^2+y^2-8x-2=0$　$(x-4)^2+y^2=18$

よって，K の中心は (4, 0)，半径は $3\sqrt{2}$

また，$f'(x)=\frac{3}{2}x^2-\frac{1}{2}=\frac{3}{2}\left(x+\frac{1}{\sqrt{3}}\right)\left(x-\frac{1}{\sqrt{3}}\right)$ より $f(x)$ の増減表は次の

ようになるので，C，K，l は右図のようになる。

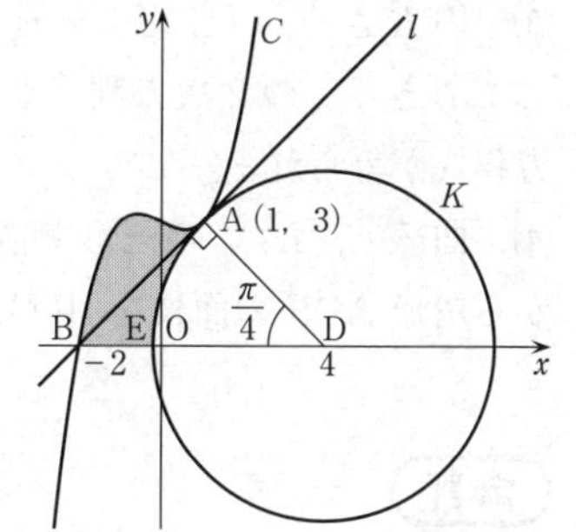

x	$\cdots$	$-\dfrac{1}{\sqrt{3}}$	$\cdots$	$\dfrac{1}{\sqrt{3}}$	$\cdots$
$f'(x)$	+	0	−	0	+
$f(x)$	↗	極大	↘	極小	↗

点B$(-2,\ 0)$，点D$(4,\ 0)$，点E$(4-3\sqrt{2},\ 0)$ とおくと，C と l で囲まれる部分の面積は

$$\int_{-2}^{1}\left\{\left(\frac{1}{2}x^3-\frac{1}{2}x+3\right)-(x+2)\right\}dx$$

$$=\int_{-2}^{1}\left(\frac{1}{2}x^3-\frac{3}{2}x+1\right)dx$$

$$=\left[\frac{1}{8}x^4-\frac{3}{4}x^2+x\right]_{-2}^{1}$$

$$=\left(\frac{1}{8}-\frac{3}{4}+1\right)-(2-3-2)=\frac{27}{8}$$

△ABD の面積は

$$\frac{1}{2}\cdot\{4-(-2)\}\cdot 3=9$$

扇形 ADE の面積は，半径 $3\sqrt{2}$，中心角 $\dfrac{\pi}{4}$ より

$$\frac{1}{2}\cdot(3\sqrt{2})^2\cdot\frac{\pi}{4}=\frac{9}{4}\pi$$

よって　　$S=\dfrac{27}{8}+9-\dfrac{9}{4}\pi=\dfrac{99}{8}-\dfrac{9}{4}\pi$　……(答)

解説

《3次関数のグラフと円および x 軸で囲まれた部分の面積》

(1)　条件から a，b，c についての連立方程式をたて，それを解く。x 軸との交点については，$y=0$ とおいた3次方程式を因数定理を用いて解けばよい。

(2)　一般に，点 $(t,\ f(t))$ における接線の方程式は $y-f(t)=f'(t)(x-t)$ である。

(3) 円Kが点A(1, 3) を通ることと，Kと直線lの方程式からyを消去してできるxの2次方程式が重解をもつことから，p，qについての連立方程式が得られる。

(4) 曲線C，K，lの概形を描き，Cとlが囲む部分と△ABDの面積の和から扇形ADEの面積を引けばよい。

講評

大問3題の出題で，1，2は独立した小問が2問ずつ出題されており，空所補充形式，3は記述式となっている。

1　(1)は絶対値を含む2次関数の最小値と絶対値を含む2次方程式の実数解の個数および解の取りうる値の範囲を求める問題。グラフを描いて考える標準的な問題である。(2)は正八面体の頂点を移動する点についての確率である。(i)は具体的に考えればよく，基本的である。(ii)はうまく場合分けができたかどうかで差がついたと思われる。

2　(1)は三角関数の最大値，方程式の解の和についての問題である。$\sin 2\theta$，$\cos 2\theta$で表し，合成を用いることがポイントとなる。(2)は空間ベクトルと図形に関する基本的な問題といえるだろう。計算ミスのないようにしたい。

3　(1)～(3)については，3次関数の接線，円と直線が接する条件についての基本的な問題である。(4)で図を正しく描くことがポイントとなる。

全体として，基本から標準レベルの問題中心の出題である。標準的な入試問題に多く取り組み，計算力，思考力を養っておくとよいだろう。

◀数学Ⅰ・Ⅱ・Ⅲ・A・B▶

1 解答　(1)ア．1　イ．1　ウ．-1

(2)エ．120　オ．364　カ．776

(3)キ．$\dfrac{1}{e}$　ク．3　ケ．$\dfrac{3e}{e-1}$　コ．$\log\dfrac{3e}{e-1}$

解説

《2次方程式の解と係数の関係，場合の数，対数関数のグラフ》

(1)　$x^2-bx+c=0$ の2つの解が α, β なので，解と係数の関係より

$$\begin{cases}\alpha+\beta=b & \cdots\cdots① \\ \alpha\beta=c & \cdots\cdots②\end{cases}$$

$x^2+cx+b=0$ の2つの解が $\alpha-1$, $\beta-1$ なので，解と係数の関係より

$$\begin{cases}(\alpha-1)+(\beta-1)=-c \qquad \alpha+\beta=-c+2 & \cdots\cdots③ \\ (\alpha-1)(\beta-1)=b \qquad \alpha\beta-(\alpha+\beta)=b-1 & \cdots\cdots④\end{cases}$$

①，②を③，④に代入して

$$\begin{cases}b=-c+2 & \cdots\cdots⑤ \\ c-b=b-1 \qquad c=2b-1 & \cdots\cdots⑥\end{cases}$$

⑤，⑥より　　$b=1$，$c=1$　→ア，イ

よって　　$\alpha+\beta=1$，$\alpha\beta=1$

$$\alpha^2+\beta^2=(\alpha+\beta)^2-2\alpha\beta=1^2-2=-1 \quad →ウ$$

(2)　1から20までの整数のうち，奇数は10個あるので，異なる3つの数の組のうち，奇数だけからなる組は

$${}_{10}C_3=\frac{10\cdot9\cdot8}{3\cdot2\cdot1}=120 個 \quad →エ$$

また，3の倍数は

3×1，3×2，…，3×6

の6個あるので，3の倍数でない数は

$20-6=14$ 個

したがって，3の倍数を全く含まない組は

$${}_{14}C_3=\frac{14\cdot13\cdot12}{3\cdot2\cdot1}=364 個 \quad →オ$$

1から20までの整数から選んだ異なる3つの数の組は全部で

$${}_{20}C_3=\frac{20\cdot19\cdot18}{3\cdot2\cdot1}=1140 \text{ 個}$$

あるので，3の倍数を少なくとも1つ含む組は

$1140-364=776$ 個　→カ

(3)　関数 $y=\log x$ のグラフを x 軸方向に $-3e$，y 軸方向に -1 だけ平行移動した曲線の方程式は

$$y-(-1)=\log\{x-(-3e)\}$$

$$y=\log(x+3e)-\log e$$

$$y=\log\left(\frac{1}{e}x+3\right)\quad \text{→キ，ク}$$

$\log x=\log\left(\frac{1}{e}x+3\right)$ とおくと

$$x=\frac{1}{e}x+3\qquad \frac{e-1}{e}x=3\qquad x=\frac{3e}{e-1}$$

$$y=\log\frac{3e}{e-1}$$

よって，共有点の座標は　$\left(\frac{3e}{e-1},\ \log\frac{3e}{e-1}\right)$　→ケ，コ

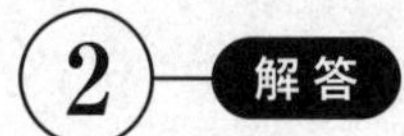

(1)ア． 5　**イ．** 1

(2)ウ． 997　**エ．** 333

(3)オ． $n(3n+2)$　**カ．** $\frac{2\sqrt{3}}{3}$

(4)キ． $n(12n^2-7)$　**ク．** 15

(5)ケ． $\frac{100}{601}$　**(6)コ．** $\frac{1}{7}$

解説

《2でも3でも割り切れない正の整数の数列に関する問題》

(1)　すべての正の整数は，k を正の整数として

$6k-l\quad (l=0,\ 1,\ 2,\ 3,\ 4,\ 5)$

と表され，このうち2の倍数でも3の倍数でもない正の整数は

$6k-1,\ 6k-5$

小さい順に並べると

$$6\times1-5,\ 6\times1-1,\ 6\times2-5,\ 6\times2-1,\ \cdots,\ 6k-5,\ 6k-1,\ \cdots$$

と交互に並ぶので

$$a_{2k-1}=6k-5,\ a_{2k}=6k-1 \quad \to ア，イ$$

(2)　$$1000=6\times166+4=6\times167-2$$

であるので，$a_n\leqq1000$ を満たす最大のものは

$$6\times167-5=997 \quad \to ウ$$

このとき　$a_{2\times167-1}=6\times167-5$

すなわち　$a_{333}=997$

であるので

$$n=333 \quad \to エ$$

(3)　$$S_n=\sum_{k=1}^{n}a_{2k}=\sum_{k=1}^{n}(6k-1)=6\sum_{k=1}^{n}k-\sum_{k=1}^{n}1$$

$$=6\cdot\frac{1}{2}n(n+1)-n=n(3n+2) \quad \to オ$$

$$T_n=\sum_{k=1}^{n}a_{2k-1}=\sum_{k=1}^{n}(6k-5)=6\sum_{k=1}^{n}k-\sum_{k=1}^{n}5$$

$$=6\cdot\frac{1}{2}n(n+1)-5n=n(3n-2)$$

$$\lim_{n\to\infty}(\sqrt{S_n}-\sqrt{T_n})$$

$$=\lim_{n\to\infty}\{\sqrt{n(3n+2)}-\sqrt{n(3n-2)}\}$$

$$=\lim_{n\to\infty}\frac{\{\sqrt{n(3n+2)}-\sqrt{n(3n-2)}\}\{\sqrt{n(3n+2)}+\sqrt{n(3n-2)}\}}{\sqrt{n(3n+2)}+\sqrt{n(3n-2)}}$$

$$=\lim_{n\to\infty}\frac{4n}{\sqrt{3n^2+2n}+\sqrt{3n^2-2n}}$$

$$=\lim_{n\to\infty}\frac{4}{\sqrt{3+\frac{2}{n}}+\sqrt{3-\frac{2}{n}}}=\frac{2\sqrt{3}}{3} \quad \to カ$$

(4)　$$U_n=a_1a_2+a_3a_4+a_5a_6+\ \cdots\ +a_{2n-1}a_{2n}$$

$$=\sum_{k=1}^{n}a_{2k-1}a_{2k}$$

$$=\sum_{k=1}^{n}(6k-5)(6k-1)$$

$$=\sum_{k=1}^{n}(36k^2-36k+5)$$

$$=36\sum_{k=1}^{n}k^2-36\sum_{k=1}^{n}k+\sum_{k=1}^{n}5$$

$$=36\cdot\frac{1}{6}n(n+1)(2n+1)-36\cdot\frac{1}{2}n(n+1)+5n$$

$$=n(12n^2-7)\quad\to キ$$

$$U_{2n}-2U_n=2n\{12\cdot(2n)^2-7\}-2n(12n^2-7)=72n^3=2^3\cdot3^2n^3$$

$2700=2^2\cdot3^3\cdot5^2$ であるので，$U_{2n}-2U_n$ が 2700 で割り切れるためには，n が 3 の倍数かつ 5 の倍数であればよい。

よって，最小の n は，3 と 5 の最小公倍数で

$$n=15\quad\to ク$$

(5)

$$\frac{1}{a_1a_3}+\frac{1}{a_3a_5}+\ \cdots\ +\frac{1}{a_{199}a_{201}}$$

$$=\sum_{k=1}^{100}\frac{1}{a_{2k-1}a_{2k+1}}$$

$$=\sum_{k=1}^{100}\frac{1}{(6k-5)(6k+1)}$$

$$=\sum_{k=1}^{100}\frac{1}{6}\left(\frac{1}{6k-5}-\frac{1}{6k+1}\right)$$

$$=\frac{1}{6}\left\{\left(\frac{1}{1}-\frac{1}{7}\right)+\left(\frac{1}{7}-\frac{1}{13}\right)+\ \cdots\ +\left(\frac{1}{595}-\frac{1}{601}\right)\right\}$$

$$=\frac{1}{6}\left(1-\frac{1}{601}\right)=\frac{100}{601}\quad\to ケ$$

(6)　$b_n=\dfrac{a_n+a_{n+1}}{2}$　$(n=1,\ 2,\ 3,\ \cdots)$ より，$k=1,\ 2,\ 3,\ \cdots$ として

$$b_{2k-1}=\frac{a_{2k-1}+a_{2k}}{2}=\frac{(6k-5)+(6k-1)}{2}=6k-3$$

$$2^{-b_{2k-1}}=2^{-6k+3}=8\cdot\left(\frac{1}{64}\right)^k$$

また

$$b_{2k}=\frac{a_{2k}+a_{2k+1}}{2}=\frac{(6k-1)+(6k+1)}{2}=6k$$

$$2^{-b_{2k}}=2^{-6k}=\left(\frac{1}{64}\right)^k$$

$V_n=\sum_{k=1}^{n}2^{-b_k}$ とおくと

$$V_{2n}=\sum_{k=1}^{2n}2^{-b_k}=\sum_{k=1}^{n}(2^{-b_{2k-1}}+2^{-b_{2k}})$$
$$=\sum_{k=1}^{n}\left\{8\left(\frac{1}{64}\right)^k+\left(\frac{1}{64}\right)^k\right\}=\sum_{k=1}^{n}9\left(\frac{1}{64}\right)^k$$
$$=\frac{\frac{9}{64}\left\{1-\left(\frac{1}{64}\right)^n\right\}}{1-\frac{1}{64}}=\frac{1}{7}\left\{1-\left(\frac{1}{64}\right)^n\right\}$$

よって

$$\lim_{n\to\infty}V_{2n}=\lim_{n\to\infty}\frac{1}{7}\left\{1-\left(\frac{1}{64}\right)^n\right\}=\frac{1}{7}\quad\cdots\cdots①$$

また

$$V_{2n-1}=V_{2n}-2^{-b_{2n}}=V_{2n}-\left(\frac{1}{64}\right)^n$$

であるので

$$\lim_{n\to\infty}V_{2n-1}=\lim_{n\to\infty}\left\{V_{2n}-\left(\frac{1}{64}\right)^n\right\}=\frac{1}{7}\quad\cdots\cdots②$$

①，②より　　$\lim_{n\to\infty}V_n=\frac{1}{7}$

ゆえに，無限級数 $\sum_{n=1}^{\infty}2^{-b_n}$ は収束し，和は　$\frac{1}{7}$　→コ

3 解答

(1)ア. $\cos t$　**イ.** $2n\cos 2nt$

(2)ウ. $\frac{\sqrt{2}}{2}$　**(3)エ.** $\frac{\sqrt{2}}{2}$　**オ.** 1

(4)カ. $-\frac{1}{2}\left\{\frac{\cos(k+1)t}{k+1}+\frac{\cos(k-1)t}{k-1}\right\}$　**キ.** $\frac{1}{2}\left\{\frac{\sin(k+1)t}{k+1}+\frac{\sin(k-1)t}{k-1}\right\}$

(5)ク. $\frac{2}{3}$　**ケ.** $\frac{4\sqrt{2}+4}{15}$　**(6)コ.** $\frac{8}{15}\pi$

解説

《媒介変数で表された曲線と x 軸で囲まれた部分の面積，回転体の体積》

(1)　$x=\sin t$，$y=\sin 2nt$ より

$$\frac{dx}{dt}=\cos t,\ \ \frac{dy}{dt}=2n\cos 2nt$$ →ア，イ

(2)　$C_2：x=\sin t,\ y=\sin 4t\ \left(0\leqq t\leqq\frac{\pi}{2}\right)$

$0<x<1$ より　$0<t<\frac{\pi}{2}$

$y=0$ とおくと　$\sin 4t=0$

$0<t<\frac{\pi}{2}$ より，$0<4t<2\pi$ であるので

$$4t=\pi\qquad t=\frac{\pi}{4}$$

ゆえに　$x=\sin\frac{\pi}{4}=\frac{\sqrt{2}}{2}$　→ウ

(3)　$C_1：x=\sin t,\ y=\sin 2t\ \left(0\leqq t\leqq\frac{\pi}{2}\right)$

$0\leqq t\leqq\frac{\pi}{2}$ より　$0\leqq 2t\leqq\pi$

よって，y が最大となるのは

$$2t=\frac{\pi}{2}\qquad t=\frac{\pi}{4}$$

のときで，最大値は　1

このとき　$x=\sin\frac{\pi}{4}=\frac{\sqrt{2}}{2}$

ゆえに，y 座標が最大となる点の座標は

$$\left(\frac{\sqrt{2}}{2},\ 1\right)$$ →エ，オ

(4)

$$\begin{aligned}\int\sin kt\cos t\,dt&=\int\frac{1}{2}\{\sin(kt+t)+\sin(kt-t)\}dt\\&=\frac{1}{2}\int\{\sin(k+1)t+\sin(k-1)t\}dt\\&=\frac{1}{2}\left\{-\frac{\cos(k+1)t}{k+1}-\frac{\cos(k-1)t}{k-1}\right\}+C\\&=-\frac{1}{2}\left\{\frac{\cos(k+1)t}{k+1}+\frac{\cos(k-1)t}{k-1}\right\}+C\end{aligned}$$ →カ

$$\int \cos kt \cos t\,dt = \int \frac{1}{2}\{\cos(k+1)t + \cos(k-1)t\}\,dt$$

$$= \frac{1}{2}\left\{\frac{\sin(k+1)t}{k+1} + \frac{\sin(k-1)t}{k-1}\right\} + C' \quad \rightarrow キ$$

(5) D_1 の面積について考える。

$$C_1 : x = \sin t,\ y = \sin 2t \quad \left(0 \leqq t \leqq \frac{\pi}{2}\right)$$

$0 < t < \frac{\pi}{2}$ のとき，$\frac{dx}{dt} = \cos t > 0$ であるので，t が 0 から $\frac{\pi}{2}$ まで変化するとき，x は 0 から 1 まで単調に増加する。

$y=0$ とおくと　$\sin 2t = 0$

$0 \leqq t \leqq \frac{\pi}{2}$ より，$0 \leqq 2t \leqq \pi$ なので

$$2t = 0,\ \pi \qquad t = 0,\ \frac{\pi}{2}$$

よって，C_1 と x 軸との共有点は $(0,\ 0)$，$(1,\ 0)$ で，$0 \leqq x \leqq 1$ のとき $y \geqq 0$

ゆえに，D_1 の面積は

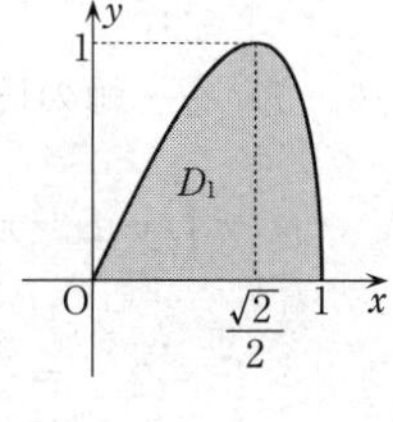

$$\int_0^1 y\,dx = \int_0^{\frac{\pi}{2}} \sin 2t \cos t\,dt$$

$$= \left[-\frac{1}{2}\left(\frac{\cos 3t}{3} + \frac{\cos t}{1}\right)\right]_0^{\frac{\pi}{2}} \quad ((4)より)$$

$$= \frac{1}{2}\left(\frac{1}{3} + 1\right) = \frac{2}{3} \quad \rightarrow ク$$

次に，D_2 の面積について考える。

$$C_2 : x = \sin t,\ y = \sin 4t \quad \left(0 \leqq t \leqq \frac{\pi}{2}\right)$$

C_1 と同様に，t が 0 から $\frac{\pi}{2}$ まで変化するとき，x は 0 から 1 まで単調に増加する。

また，$t=0,\ \frac{\pi}{2}$ のとき $y=0$ であるので，(2)から，C_2 と x 軸との共有点は $(0,\ 0)$，$\left(\frac{\sqrt{2}}{2},\ 0\right)$，$(1,\ 0)$ である。

$0 \leqq x \leqq \frac{\sqrt{2}}{2}$ のとき $0 \leqq t \leqq \frac{\pi}{4}$，つまり $0 \leqq 4t \leqq \pi$ より

$$y=\sin 4t \geqq 0$$

$\frac{\sqrt{2}}{2} \leqq x \leqq 1$ のとき $\frac{\pi}{4} \leqq t \leqq \frac{\pi}{2}$，つまり $\pi \leqq 4t \leqq 2\pi$ より

$$y=\sin 4t \leqq 0$$

ゆえに，D_2 の面積は

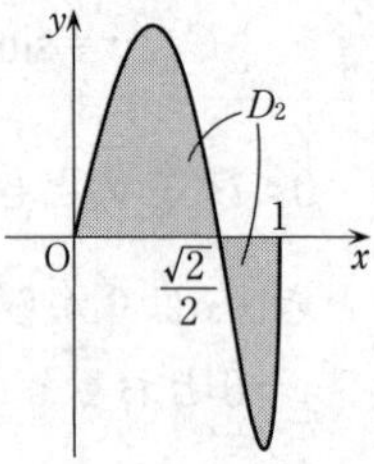

$$\int_0^{\frac{\sqrt{2}}{2}} y dx-\int_{\frac{\sqrt{2}}{2}}^1 y dx$$

$$=\int_0^{\frac{\pi}{4}} \sin 4t \cos t dt-\int_{\frac{\pi}{4}}^{\frac{\pi}{2}} \sin 4t \cos t dt$$

$$=\left[-\frac{1}{2}\left(\frac{\cos 5t}{5}+\frac{\cos 3t}{3}\right)\right]_0^{\frac{\pi}{4}}-\left[-\frac{1}{2}\left(\frac{\cos 5t}{5}+\frac{\cos 3t}{3}\right)\right]_{\frac{\pi}{4}}^{\frac{\pi}{2}} \quad ((4)\text{より})$$

$$=-\frac{1}{2}\left(-\frac{\sqrt{2}}{10}-\frac{\sqrt{2}}{6}\right)+\frac{1}{2}\left(\frac{1}{5}+\frac{1}{3}\right)-\left\{0+\frac{1}{2}\left(-\frac{\sqrt{2}}{10}-\frac{\sqrt{2}}{6}\right)\right\}$$

$$=\frac{4\sqrt{2}+4}{15} \quad \to ケ$$

(6)　D_1 を x 軸の周りに 1 回転させてできる立体の体積は

$$\pi\int_0^1 y^2 dx=\pi\int_0^{\frac{\pi}{2}} \sin^2 2t \cos t dt$$

$$=\frac{\pi}{2}\int_0^{\frac{\pi}{2}} (1-\cos 4t)\cos t dt$$

$$=\frac{\pi}{2}\left(\int_0^{\frac{\pi}{2}} \cos t dt-\int_0^{\frac{\pi}{2}} \cos 4t \cos t dt\right)$$

$$=\frac{\pi}{2}\left\{\left[\sin t\right]_0^{\frac{\pi}{2}}-\left[\frac{1}{2}\left(\frac{\sin 5t}{5}+\frac{\sin 3t}{3}\right)\right]_0^{\frac{\pi}{2}}\right\} \quad ((4)\text{より})$$

$$=\frac{\pi}{2}\left\{1-\frac{1}{2}\left(\frac{1}{5}-\frac{1}{3}\right)\right\}$$

$$=\frac{8}{15}\pi \quad \to コ$$

4 **解答** (1) 点Fは線分ABの中点なので

$$\overrightarrow{OF}=\frac{\overrightarrow{OA}+\overrightarrow{OB}}{2}=\frac{1}{2}\vec{a}+\frac{1}{2}\vec{b} \quad \cdots\cdots(答)$$

点Hは線分CDの中点であり，$\overrightarrow{OC}=p\vec{a}$，$\overrightarrow{OD}=q\vec{b}$ より

$$\overrightarrow{OH}=\frac{\overrightarrow{OC}+\overrightarrow{OD}}{2}=\frac{p}{2}\vec{a}+\frac{q}{2}\vec{b} \quad \cdots\cdots(答)$$

(2) 点Eは直線AD上にあるので，t を実数として

$$\overrightarrow{OE}=(1-t)\overrightarrow{OA}+t\overrightarrow{OD}=(1-t)\vec{a}+qt\vec{b} \quad \cdots\cdots①$$

と表される。これより

$$\overrightarrow{OE}=(1-t)\cdot\frac{1}{p}\cdot p\vec{a}+qt\vec{b}=\frac{1-t}{p}\overrightarrow{OC}+qt\overrightarrow{OB}$$

$\overrightarrow{OB}\neq\vec{0}$，$\overrightarrow{OC}\neq\vec{0}$，$\overrightarrow{OB}\not\parallel\overrightarrow{OC}$ であるので，Eが直線BC上にあることより

$$\frac{1-t}{p}+qt=1 \qquad (1-pq)\,t=1-p$$

$0<p<1$，$0<q<1$ より，$1-pq\neq0$ なので

$$t=\frac{1-p}{1-pq}$$

①に代入して

$$\overrightarrow{OE}=\left(1-\frac{1-p}{1-pq}\right)\vec{a}+\frac{q(1-p)}{1-pq}\vec{b}$$

$$=\frac{p(1-q)}{1-pq}\vec{a}+\frac{q(1-p)}{1-pq}\vec{b} \quad \cdots\cdots(答)$$

点Gは線分OEの中点であるので

$$\overrightarrow{OG}=\frac{1}{2}\overrightarrow{OE}=\frac{p(1-q)}{2(1-pq)}\vec{a}+\frac{q(1-p)}{2(1-pq)}\vec{b}$$

$$\overrightarrow{GF}=\overrightarrow{OF}-\overrightarrow{OG}$$

$$=\left(\frac{1}{2}\vec{a}+\frac{1}{2}\vec{b}\right)-\left\{\frac{p(1-q)}{2(1-pq)}\vec{a}+\frac{q(1-p)}{2(1-pq)}\vec{b}\right\}$$

$$=\frac{1-p}{2(1-pq)}\vec{a}+\frac{1-q}{2(1-pq)}\vec{b} \quad \cdots\cdots(答)$$

$$\overrightarrow{GH}=\overrightarrow{OH}-\overrightarrow{OG}$$

$$=\left(\frac{p}{2}\vec{a}+\frac{q}{2}\vec{b}\right)-\left\{\frac{p(1-q)}{2(1-pq)}\vec{a}+\frac{q(1-p)}{2(1-pq)}\vec{b}\right\}$$

$$=\frac{pq(1-p)}{2(1-pq)}\vec{a}+\frac{pq(1-q)}{2(1-pq)}\vec{b} \quad \cdots\cdots(\text{答})$$

別解 三角形OADと直線BCについて，メネラウスの定理より

$$\frac{\text{OC}}{\text{CA}}\cdot\frac{\text{AE}}{\text{ED}}\cdot\frac{\text{DB}}{\text{BO}}=1$$

$$\frac{p}{1-p}\cdot\frac{\text{AE}}{\text{ED}}\cdot\frac{1-q}{1}=1$$

$$\frac{\text{AE}}{\text{ED}}=\frac{1-p}{p(1-q)}$$

よって，Eは線分ADを $(1-p):p(1-q)$ に内分するので

$$\overrightarrow{\text{OE}}=\frac{p(1-q)\overrightarrow{\text{OA}}+(1-p)\overrightarrow{\text{OD}}}{(1-p)+p(1-q)}$$

$$=\frac{p(1-q)}{1-pq}\vec{a}+\frac{q(1-p)}{1-pq}\vec{b}$$

(3) $\vec{a}\cdot\vec{b}=|\overrightarrow{\text{OA}}||\overrightarrow{\text{OB}}|\cos\angle\text{AOB}=3\cdot2\cos\frac{2}{3}\pi=-3$ ……(答)

AB⊥GFより

$$\overrightarrow{\text{AB}}\cdot\overrightarrow{\text{GF}}=0$$

$$(\vec{b}-\vec{a})\cdot\left\{\frac{1-p}{2(1-pq)}\vec{a}+\frac{1-q}{2(1-pq)}\vec{b}\right\}=0$$

$$(\vec{b}-\vec{a})\cdot\{(1-p)\vec{a}+(1-q)\vec{b}\}=0$$

$$-(1-p)|\vec{a}|^2-(p-q)\vec{a}\cdot\vec{b}+(1-q)|\vec{b}|^2=0$$

$$-9(1-p)+3(p-q)+4(1-q)=0$$

$$12p-7q-5=0 \quad \cdots\cdots②$$

GF：GH＝7：2より

$$\text{GH}=\frac{2}{7}\text{GF} \quad \cdots\cdots③$$

(2)より $\overrightarrow{\text{GH}}=pq\overrightarrow{\text{GF}}$

よって，G，H，Fは一直線上にあり　GH＝pqGF

これと③より　$pq=\frac{2}{7}$ ……④

②より　$q=\frac{12p-5}{7}$

④に代入すると

$$p\cdot\frac{12p-5}{7}=\frac{2}{7}$$

$$12p^2-5p-2=0$$

$$(3p-2)(4p+1)=0$$

$0<p<1$ なので　$p=\dfrac{2}{3}$ ……(答)

したがって　$q=\dfrac{3}{7}$

$$\overrightarrow{GF}=\frac{7}{30}\vec{a}+\frac{2}{5}\vec{b}$$

$$|\overrightarrow{GF}|^2=\left|\frac{7}{30}\vec{a}+\frac{2}{5}\vec{b}\right|^2$$

$$=\frac{49}{900}|\vec{a}|^2+\frac{14}{75}\vec{a}\cdot\vec{b}+\frac{4}{25}|\vec{b}|^2$$

$$=\frac{49}{900}\cdot 9+\frac{14}{75}\cdot(-3)+\frac{4}{25}\cdot 4$$

$$=\frac{57}{100}$$

ゆえに　$|\overrightarrow{GF}|=\dfrac{\sqrt{57}}{10}$　$\mathrm{GF}=\dfrac{\sqrt{57}}{10}$ ……(答)

解説

《平面ベクトル，三角形の辺の内分点，線分の交点，内積》

(1)　中点の位置ベクトルの公式を用いる。

(2)　点Eは線分 AD 上にあることから，$\overrightarrow{OE}$ を実数 t を用いて表し，線分 BC 上にあることから，$\overrightarrow{OE}=u\overrightarrow{OB}+v\overrightarrow{OC}$ と表したとき $u+v=1$ となることを用いて，t を求める。2 つの実数 s, t を用いて，$\overrightarrow{OE}=(1-s)\overrightarrow{OA}+s\overrightarrow{OD}$，$\overrightarrow{OE}=(1-t)\overrightarrow{OB}+t\overrightarrow{OC}$ とし，それぞれ $\vec{a}$, $\vec{b}$ で表したときの係数から s, t を求めてもよい。また，〔別解〕のように，メネラウスの定理から AE：ED を求め，内分点の公式を用いてもよい。$\overrightarrow{GF}$，$\overrightarrow{GH}$ については，点Oを始点とするベクトルで表せばよい。

(3)　$\vec{a}\cdot\vec{b}$ については内積の定義から求める。条件 AB⊥GF については内積 $\overrightarrow{AB}\cdot\overrightarrow{GF}=0$ から p, q の方程式が得られる。また，(2)より $\overrightarrow{GH}=pq\overrightarrow{GF}$ であることがわかるので，これを利用する。

講評

大問4題の出題で，1～3が答えのみを記入する空所補充形式，4が記述式となっている。

1　独立した小問3問で，いずれも基本的な問題である。計算ミスやケアレスミスなどないようにして確実に解いておきたい。

2　2の倍数でも3の倍数でもない正の整数の数列 $\{a_n\}$ を扱った問題である。(1)は具体的に書き出してみればよい。(2)～(6)については，すべて(1)を用いるが，内容的には独立した小問である。順序にこだわらず解ける問題を確実に解きたい。

3　三角関数を用いて媒介変数表示された曲線についての問題。大問2とは違って小問が順に誘導となっている。面積，体積を求めるので，曲線の概形については，x 座標が単調に増加することから，y 座標の増減，x 軸との交点のみに着目すればよい。このことに気付くかどうかで時間的に差が出たかもしれない。

4　平面ベクトルで三角形に関する種々の問題を扱っている。内容的には難しいものはないが，計算力が試される問題といえるだろう。

全体として，基本から標準レベルの問題で構成されている。計算力が要求される問題もあるので，標準レベルの問題演習を数多くこなし，思考力，計算力をつけておくとよいだろう。

//////////////////// · memo · ////////////////////

/////////////////// ·memo· ///////////////////

2023年度

問題と解答

■共通テスト併用日程・英数日程

問題編

▶試験科目

方　式	学　　部	教 科	科　　目
英語・数学型	法，経済，商，人間福祉，国際，総合政策	外国語	コミュニケーション英語Ⅰ・Ⅱ・Ⅲ，英語表現Ⅰ・Ⅱ
		数　学	数学Ⅰ・Ⅱ・A・B
	理，工，生命環境，建築	外国語	コミュニケーション英語Ⅰ・Ⅱ・Ⅲ，英語表現Ⅰ・Ⅱ
		数　学	数学Ⅰ・Ⅱ・Ⅲ・A・B
共通テスト併用型・英語	神，文，社会，法，経済，商，人間福祉，国際，教育，総合政策	外国語	コミュニケーション英語Ⅰ・Ⅱ・Ⅲ，英語表現Ⅰ・Ⅱ
共通テスト併用型・英語（英語重視型）	国際	外国語	コミュニケーション英語Ⅰ・Ⅱ・Ⅲ，英語表現Ⅰ・Ⅱ
共通テスト併用型・数学	社会，法，経済，商，総合政策	数　学	数学Ⅰ・Ⅱ・A・B
	理，工，生命環境，建築	数　学	数学Ⅰ・Ⅱ・Ⅲ・A・B

▶配 点

方 式	学 部	外国語	数 学
英語・数学型	法，経済，商，総合政策	200	200*
	人間福祉	200	150
	国際	250*	150
	理，工，生命環境，建築	200	200
共通テスト併用型・英語	神，文，社会，法，経済，商，人間福祉，国際，教育，総合政策	200	—
共通テスト併用型・英語(英語重視型)	国際	200	—
共通テスト併用型・数学	社会，法，経済，商，総合政策	—	200*
	理，工，生命環境，建築	—	200

(注) 共通テスト併用型は大学独自試験のみの配点。

▶備 考

＊英語・数学型：法・経済・商・総合政策学部は数学の基本配点150点を200点に換算する。国際学部は英語の基本配点200点を250点に換算する。
共通テスト併用型・数学：社会・法・経済・商・総合政策学部は数学の基本配点150点を200点に換算する。

- 希望する方式・学部（学科・課程・専修・コース・専攻）を1つ選んで出願。
- 共通テスト併用型では，大学独自試験と各学部が指定する大学入学共通テストの指定教科科目との総合点で判定する。
- 「数学Ｂ」は「数列，ベクトル」から出題する。

英語

（90分）

〔Ⅰ〕次の英文を読み、下記の設問（A～D）に答えなさい。

*Principles-first reasoning** derives conclusions or facts from general principles or concepts. For example, we may start with a general principle like "All men die." Then we move to a more concrete example: "Justin Bieber is a man." This leads us to the conclusion, "Justin Bieber will, eventually, die." Similarly, we may start with the general principle "Electricity flows through silver more easily than through other metals." Then we show that the old vase your grandmother left you is 100 percent silver. Based on this observation, we arrived at the conclusion, "Electricity flows easily through your grandmother's vase." In both examples, we started with the general principle and moved from it to a practical conclusion.

On the other hand, with *applications-first reasoning*, general conclusions are reached based on a pattern of observations of facts from the real world. For example, if you travel to my hometown in Minnesota one hundred times during January and February, and you observe every visit that the temperature is considerably (　1　) zero, you will conclude that Minnesota winters are cold (and that on a winter visit to Minnesota you need a warm coat as well as a wool hat, gloves, and ear warmers). In this case, you observe data from the real world, and, based on these experiences and observations, you draw (ア)<u>broader</u> conclusions.

Most people are capable (　2　) practicing both principles-first and applications-first reasoning. But your pattern of reasoning is heavily influenced by the kind of thinking emphasized in your culture's educational structure. As a result, you can quickly run into problems when working (　3　) people who are most accustomed to other modes of reasoning.

Take math class as an example. In a course using the applications-first method, you first learn the formula and practice applying it. After seeing how this formula leads to the right answer (イ)<u>again and again</u>, you then move on to understand the concept or principle supporting it. This means you may spend 80 percent of your time focusing on the concrete tool and how to apply it and only 20 percent of your time considering its explanation of concepts or theories. School systems in English-speaking countries like the

United Kingdom and the United States tend to emphasize this method of teaching.

By contrast, in a principles-first math class, you first prove the general principle, and only then use it to develop a concrete formula that can be applied to various problems. As a French manager once told me, "We had to calculate the value of pi** as a class before we used pi in a formula." In this kind of math class, you may spend 80 percent of your time focusing on the concepts or theories supporting the general mathematical principles and only 20 percent of your time applying those principles to (4) problems. School systems in Latin Europe (France, Italy, Spain, Portugal), the Germanic countries (Germany, Austria), and Latin America (Mexico, Brazil, Argentina) tend to emphasize this method of teaching.

I felt the full force of the applications-first method when I studied Russian in my American high school. We walked into Mr. Tarasov's class on the first day of school, and he immediately (ウ)fired questions at us in Russian. We didn't understand a thing. But gradually we started to understand, and, after a few lessons, we began to speak, putting words together any which way we could. Then, with Mr. Tarasov's guidance, we began using sentences whose structure we did not understand to create a framework of grammar in the mind.

By contrast, in a principles-first language class, learning starts with understanding the principles of grammar supporting the language structure. (5) you have a solid initial understanding of grammar and words, you begin to practice using the language. This is the way my husband learned English in his French school, and ironically*** his knowledge of English grammar is far superior to that of many Americans. The disadvantage is that students spend less time practicing the language. Principles-first language teaching helps students to learn lots of grammar rules but doesn't help them to become fluent speakers.

In business, as in school, people from principles-first cultures generally want to understand the *why* behind their boss's request before they move to action. Meanwhile, applications-first learners tend (エ)to focus less on the *why* and more on the *how*. One of the most common stresses among French employees with American bosses is that the American tells them what to do without explaining why they need to do it. From the French perspective, this can feel not only unencouraging, but even rude. (6), American bosses may feel that French workers are not cooperative because, instead of acting quickly, they always ask "Why?" and are not ready to act until they have received a suitable response.

*reasoning：推論
**pi：円周率（π）
***ironically：皮肉にも

出典追記：The Culture Map by Erin Meyer, PublicAffairs

設　問

A. 本文中の空所（1〜6）に入れるのに最も適当なものを、それぞれ下記（a〜d）の中から1つ選び、その記号をマークしなさい。

（1）　a. above　　b. beyond　　c. beneath　　d. below
（2）　a. in　　b. of　　c. to　　d. with
（3）　a. together　　b. by　　c. with　　d. within
（4）　a. general　　b. unable　　c. average　　d. concrete
（5）　a. During　　b. Before　　c. Once　　d. Although
（6）　a. Fortunately　　b. By contrast　　c. For example　　d. Therefore

B. 本文中の下線部（ア〜エ）の文中での意味に最も近いものを、それぞれ下記（a〜d）の中から1つ選び、その記号をマークしなさい。

（ア）　broader
a. more concrete　　b. more special
c. more common　　d. more general

（イ）　again and again
a. one another　　b. many times
c. once again　　d. once and for all

（ウ）　fired questions at us
a. made us enthusiastically ask questions
b. asked us a lot of questions quickly
c. dismissed us for our questions
d. answered a lot of questions from us

（エ）　to focus less on the *why* and more on the *how*
a. to focus on the *why* as well as the *how*
b. to focus no more on the *how* than the *why*
c. to focus no less on the *why* than on the *how*
d. to focus not so much on the *why* as on the *how*

C. 次の問い（i〜iii）の答えとして最も適当なものを、それぞれ下記（a〜d）の中から1つ選び、その記号をマークしなさい。

(i) What does the author imply about language-learning?

a. The author implies that the principles-first approach is more practical when learning a language.

b. The author implies that the applications-first approach is more effective at teaching one to use a language.

c. The author implies that the principles-first approach can better teach one how to use a language.

d. The author implies that the applications-first approach is less practical in teaching one how to use a language.

(ii) Which of the following is NOT true about the passage?

a. Principles-first reasoning focuses more on the principles behind phenomena.

b. People might come into conflict if they are from cultures with different ways of reasoning.

c. Applications-first reasoning focuses more on observations based on experiences.

d. French employees are educated in a culture which puts more emphasis on applications-first reasoning.

(iii) Which of the following best explains why French workers find it difficult to work with American bosses?

a. American bosses often communicate the reasons for their demands.

b. French workers always ask "Why" but refuse to listen to reason.

c. In contrast to American bosses, who were not educated by applications-first reasoning, French workers are accustomed to it.

d. While American bosses expect people to work without really knowing the reasons for the work, French workers need to know the reasons for their work.

D. 本文中の二重下線部 we began using sentences whose structure we did not understand to create a framework of grammar in the mind を日本語に訳しなさい。答えは記述式解答用紙の所定欄に記入しなさい。

〔Ⅱ〕次の英文を読み、下記の設問（A～C）に答えなさい。

What could be more obvious than that babies have no understanding of mathematics? And yet, since the 1980s, experiments have shown quite the opposite. In one experiment, babies are repeatedly presented with slides showing two objects. After a while, they (ア)get bored until they are shown a picture with three objects: suddenly, they stare longer at this new scene, indicating that they detected the change. By controlling the nature, size, and number of objects in a place, one can prove that children are genuinely sensitive to the number itself, not another physical factor. The best (イ)proof that infants possess an abstract* "number sense" is that they generalize** from sounds to images: if they hear *tu tu tu tu*—that is, four sounds—they are more interested in a picture that has a matching number of four objects in it than in a picture that has twelve, and the opposite is also true. There are quite a lot of well-controlled experiments of this sort, and they show that, at birth, babies already possess the ability to recognize a rough number without counting, regardless of whether the information is heard or seen.

Experiments have shown that babies can calculate too. In today's brain science laboratories, experimenters have become magicians. In small theaters specially designed for babies, they play all sorts of tricks on the stage: objects (like balls and blocks) appear, disappear, and pass through walls. Suppose that children see an object move behind a screen, followed by a second one. The screen is then lifted, and look! Only one object there! (In reality, the first one escaped through a secret hole.) Babies express their surprise in a long investigation of the unexpected scene. If, however, they see the two expected objects, they look at them for only a brief moment. This behavior of surprise in reaction to the violation of a mental calculation shows that, as early as a few months of age, children understand that 1 + 1 should make 2. They build (ウ)an internal model of the hidden scene and know how to operate it by adding or removing objects. And such experiments work not only for 1 + 1 and 2 − 1, but also for 5 + 5 and 10 − 5. If the error is big enough, nine-month-old babies are surprised whenever a concrete display hints at a wrong calculation: they can (エ)tell that 5 + 5 cannot be 5, and that 10 − 5 cannot be 10.

*abstract：抽象的な
**generalize：一般化する

出典追記：How We Learn by Stanislas Dehaene, Viking Books

設　問

A．本文中の下線部（ア～エ）の文中での意味に最も近いものを、それぞれ下記（a～d）の中から1つ選び、その記号をマークしなさい。

（ア）<u>get bored</u>

a．are given birth　　b．become glad

c．lose interest　　d．are observed

（イ）<u>proof</u>

a．evidence　　b．advice　　c．safety　　d．freedom

（ウ）<u>an internal model</u>

a．a model inside another model

b．a model used only among the researchers

c．a model imagined in their head

d．a model that is available worldwide

（エ）<u>tell</u>

a．judge　　b．add　　c．disguise　　d．predict

B．次の英文（a～g）の中から本文の内容と一致するものを3つ選び、その記号を各段に1つずつマークしなさい。ただし、その順序は問いません。

a．Contrary to popular belief, even little babies have a basic ability to recognize the number of things which they see.

b．When counting things, babies get confused easily when one paints the things in different colors.

c．It was not until the late 1990s that experiments about infants' "number sense" began.

d．Babies are better at processing visual information about numbers rather than handling such information they receive through their ears.

e．One way of determining whether young children are surprised at an object is to measure the length of time they spend looking at it.

f．Infants can associate the number of sounds they hear with the number of things they see.

g. It is harder for infants to detect a decrease than an increase in the number of things they can see.

C. 本文中の二重下線部 This behavior of surprise in reaction to the violation of a mental calculation shows that, as early as a few months of age, children understand that 1 + 1 should make 2. を日本語に訳しなさい。答えは記述式解答用紙の所定欄に記入しなさい。

〔Ⅲ〕 次の英文を読み、下記の設問（A～C）に答えなさい。

What is a historical fact? This is an important question (1) which we must look a little more closely. According to the common-sense view, there are certain basic facts which are the same for all historians and which form the basis of history—the fact, for example, that the Battle of Hastings* was fought in 1066. But this view (ア)calls for two observations.

In the first place, it is not with facts like these that the historian is primarily concerned. It is no doubt important to know that the great battle was fought in 1066 and not in 1065 or 1067, and that it was fought at Hastings and not at Eastbourne or Brighton. The historian must not (2) these things wrong. But when points of this kind are raised, I am reminded of my teacher's remark that "to be accurate is a duty, not a virtue." To praise a historian for their accurate memory of historical years is like praising an architect for using the appropriate construction materials or properly mixed concrete in their building. It is a (3) condition of their work, but not their essential function. It is precisely for matters of this kind that the historian is allowed to rely on other areas of study. The historian is not required to have the special skills which enable the expert to determine the origin and period of a fragment of pots, to interpret ancient letters, or to make the elaborate complex calculations necessary to establish a precise date. These so-called basic facts, which are the same for all historians, clearly belong to the category of the raw materials of the historian (4) than that of history itself.

The second observation is that the necessity to establish these basic facts (イ)rests not on any quality in the facts themselves, but on a decision of the historian. The British journalist, C. P. Scott**, once said that "facts are sacred" to those who work for newspapers. However, (ウ)in spite of these words, every journalist knows today that the most effective way to influence opinion is by selecting and arranging the appropriate facts.

It used to be said that facts speak for themselves. This is, of course, untrue. The facts speak only when the historian calls on them: it is the historian who decides which facts to give (5), and in what order or context. It was, I think, one of Pirandello's*** characters who said that a fact is like a bag—it won't stand up (6) you've put something in it. The only reason why we are interested to know that the battle was fought at Hastings in 1066 is that historians regard it as a major historical event.

*the Battle of Hastings：11世紀にイングランドがノルマン人に征服される端緒となった戦い
**C. P. Scott：イギリスのジャーナリスト・新聞社社主
***Pirandello：イタリアの劇作家・小説家

設　問

A．本文中の空所（1～6）に入れるのに最も適当なものを、それぞれ下記（a～d）の中から1つ選び、その記号をマークしなさい。

（1） a．onto b．into c．for d．by
（2） a．get b．let c．make d．lead
（3） a．physical b．poor c．necessary d．incredible
（4） a．rather b．less c．more d．fewer
（5） a．an ear b．a voice c．a hand d．an eye
（6） a．though b．while c．by d．until

B．本文中の下線部（ア～ウ）の文中での意味に最も近いものを、それぞれ下記（a～d）の中から1つ選び、その記号をマークしなさい。

（ア） calls for
a．telephones b．requires c．permits d．terms

（イ） rests not on
a．is not subject on b．does not depend on
c．is not created on d．does not imply on

（ウ） in spite of
a．despite b．despite of c．regarding d．regarding of

出典追記：What Is History? by Edward Hallett Carr, Knopf Doubleday Publishing Group

C．次の英文（a～f）の中から本文の内容と一致するものを２つ選び、その記号を各段に１つずつマークしなさい。ただし、その順序は問いません。

a．The fact that the Battle of Hastings was fought in 1066 is not important for historians.

b．The remark “to be accurate is a duty, not a virtue” means that historians do not necessarily have to be precise about important historical events.

c．Historians must have an ability to read and interpret ancient letters.

d．Historians believe that history is a random collection of facts.

e．It is the task of a historian to decide which historical facts form the basis of historical events.

f．If historians did not think that the Battle of Hastings was important, then we would not care in what year it happened.

〔Ⅳ〕次の英文（1～10）の空所に入れるのに最も適当なものを、それぞれ下記（a～d）の中から１つ選び、その記号をマークしなさい。

（1） It's no use (　　　) call the customer service. The line is always busy.

a．try not to　　b．trying to　　c．trial to　　d．in try to

（2） We have made some changes to our website. (　　　) of them?

a．How do you think　　b．How about

c．What do you think　　d．How would you like

（3） She looked back and saw the little dog (　　　).

a．following her　　b．follow to her　　c．to follow her　　d．following to her

（4） This clock is really old now and doesn't even work most of the time. Why (　　　)?

a．don't we buy another　　b．shall we buy another

c．don't we buy the other　　d．shall we buy the other

（5） In that park, (　　　) senior citizens were exercising or dancing to the music.

a．any of　　b．almost of

c．the number of　　d．a lot of

(6) They need someone who ( ) the same task over and over again.

a. minds do b. minds to do

c. does not mind doing d. does not mind to do

(7) ( ) a fan of electronic payment systems. Some still prefer paying with cash.

a. None of everybody is b. Not everybody is

c. Anybody is not d. All of us isn't

(8) If you ( ) directly, there would have been less trouble.

a. have asked me b. will ask me

c. had asked me d. ask me

(9) Paris is one of the world's most visited cities, thanks ( ) part to the Louvre Museum.

a. for b. in c. to d. with

(10) My least favorite bag has ( ) in the closet for more than five years now.

a. laid b. been laying c. lied d. been lying

〔Ⅴ〕次の設問（A、B）に答えなさい。

設　問

A. 次の日本文（1、2）に相当する意味になるように、それぞれ下記（a～h）の語句を並べ替えて正しい英文を完成させたとき、並べ替えた語句の最初から３番目と７番目に来るものの記号をマークしなさい。

（1）英語の発達で最も重要な歴史的要因は、英語が他の言語から語を容易に借用してきたことである。

The most important historical factor in the development of the English language has been the ease (　　　　　　　) languages.

a. which　　b. other　　c. borrowed　　d. it

e. has　　f. with　　g. from　　h. words

（2）ヨーロッパの大学や高校は、以前はラテン語やギリシア語を現在よりもはるかに重視していた。

Colleges and high schools in Europe used to place (　　　　　　　) now.

a. they　　b. than　　c. emphasis　　d. Latin and Greek

e. on　　f. a　　g. do　　h. far greater

B. 次の日本文に相当する意味になるように英文の空所を埋めなさい。答えは、空所に入れる部分のみを記述式解答用紙の所定欄に記入しなさい。

人間生活において重要であるため、心理学をより深く研究する必要があるとますます多くの教員が認識している。

Because of its importance in human life, (　　　　　　　　　　　　　　　).

〔Ⅵ〕 次の会話文を読み、空所（1～10）に入れるのに最も適当なものを、それぞれ下記（a～d）の中から1つ選び、その記号をマークしなさい。

A conversation between a hotel clerk Carol and a customer David

Carol: Hello. London Garden Hotel. How can I help you?

David: Hello. I would like to (1) a room at your hotel.

Carol: Yes, sir. When will you be staying?

David: From June 11th to June 17th.

Carol: Certainly, sir. We have a number of rooms (2) for these dates. Would you like a single room or a double room?

David: Double. I'd (3) a non-smoking room.

Carol: Actually, all our rooms are non-smoking. Smoking is (4) in the building. You have the choice between a double room with a bath or with a shower.

David: With a bath, please.

Carol: OK. There is (5) charge of five dollars per night for a room with a view of the garden. Would that be of interest?

David: Oh, yes, it (6) fantastic. Um... and is breakfast included?

Carol: Absolutely. Breakfast is served between 6:30 and 9 AM in the dining room on the first floor.

David: OK. This is going to be a business trip, but could you (7) any places to visit near the hotel? I might have some free time. Maybe a five- or ten-minute walk from the hotel?

Carol: Yes, there is a famous flower garden, which is only a mile away from here.

David: Oh, good. I will have to check it (8). Also, does your hotel have a parking lot?

Carol: Yes, there is one right beside the building with over a hundred spaces.

David: Great. And another thing. Do you want me to pay the reservation (9) advance?

Carol: No. You'll pay (10) arrival when you check in.

David: OK, thanks. I think that's all for now.

Carol: OK, great. Thank you for the reservation. We'll be looking forward to welcoming you on June 11th. And it's a double room with a bath.

David: Yes, that's it. Thanks very much. Good-bye.

Carol: Good-bye.

(1) a. look　b. book　c. pay　d. call

(2) a. silent　b. economic　c. available　d. individual

(3) a. prefer　b. refer　c. offer　d. rent

(4) a. prohibited　b. prohibits　c. prohibiting　d. prohibit

(5) a. a few　b. a bit　c. an extra　d. a piece

(6) a. takes　b. sounds　c. goes　d. buys

(7) a. recognize　b. respond　c. remain　d. recommend

(8) a. out　b. on　c. in　d. at

(9) a. of　b. in　c. at　d. for

(10) a. while　b. during　c. without　d. upon

数学

◀数学Ⅰ・Ⅱ・A・B▶

(90分)

〔1〕　次の文章中の □ に適する式または数値を，解答用紙の同じ記号のついた □ の中に記入せよ．途中の計算を書く必要はない．

(1)　四角錐（すい） OABCD において，底面 ABCD は 1 辺の長さが 2 の正方形で，辺 OA, OB, OC, OD の長さは $\sqrt{6}$ であるとする．

(i) 四角錐 OABCD の体積は [ア]，四角錐 OABCD に内接する球の半径は [イ] である．

(ii) 四角錐 OABCD に外接する球の中心を E とする．このとき，$\cos\angle\mathrm{AEB}$ の値は [ウ] である．

(2)　袋の中に 10 枚のカードがあり，1 枚のカードは両面とも赤，3 枚は両面とも白，他の 6 枚のカードは片面は赤で片面は白である．この袋から 2 枚のカードを同時に取り出し，テーブルに置く．2 枚のカードの上面がともに赤である事象を A，2 枚のカードの下面がともに白である事象を B とする．

(i) 事象 A が起こる確率は [エ] である．また，事象 B が起こる確率は [オ] である．

(ii) 事象 A も B も起こらない確率は [カ] である．また，事象 A が起こらなかったとき，事象 B が起こる条件付き確率は [キ] である．

〔2〕 次の文章中の □ に適する式または数値を，解答用紙の同じ記号のついた □ の中に記入せよ．途中の計算を書く必要はない．

（1） p を実数とし，x の 4 次方程式 $x^4-2x^3+px^2-4x+4=0$ ……① を考える．$x=0$ は ① の解ではないので，$t=x+\dfrac{2}{x}$ とおくと，① は t の方程式 [ア] $=0$ と表される．

（i）$p=5$ のとき，x の方程式 ① は異なる 2 つの虚数解をもち，このうち虚部が正のものを β とすると，$\beta=$ [イ] である．

（ii）x の方程式 ① が異なる 4 つの実数解をもつとき，p の取りうる値の範囲は [ウ] である．

（2） 2 でも 3 でも割り切れない正の整数を小さいものから順に並べ，$a_1, a_2, a_3, \ldots$ とする．

（i）$a_3=$ [エ]，$a_{12}=$ [オ] である．

（ii）n を正の整数とすると，$a_{2n}=$ [カ]，$\displaystyle\sum_{k=1}^{2n} {a_k}^2=$ [キ] である．

〔3〕 $f(x)=x^3-2x^2+x$ とする．このとき，次の問いに答えよ．

（1） 関数 $f(x)$ の極大値 M を求めよ．

（2） a を正の実数とする．$a \leqq x \leqq 2a$ における関数 $f(x)$ の最大値が（1）で求めた M であるとき，a の取りうる値の範囲を求めよ．

（3） m を実数とする．曲線 $y=f(x)$ と直線 $y=mx$ は $x \geqq 0$ において異なる 3 点で交わるとし，原点以外の交点の x 座標を α, β $(\alpha<\beta)$ とする．このとき，$\displaystyle\int_0^{\beta}\{f(x)-mx\}\,dx=0$ となるような m の値を求めよ．

（4） m は（3）で求めた値であるとする．このとき，曲線 $y=f(x)$ と直線 $y=mx$ で囲まれる部分の面積 S を求めよ．

◀数学Ⅰ・Ⅱ・Ⅲ・A・B▶

(90分)

〔1〕 次の文章中の □ に適する式または数値を，解答用紙の同じ記号のついた □ の中に記入せよ．途中の計算を書く必要はない．

(1) p,q,r,s は実数とする．2次方程式 $x^2+px+2=0$ は異なる2つの虚数解 α,β をもち，3次方程式 $x^3+qx^2+rx+s=0$ は $\alpha,\beta,-2$ を解にもつとする． このとき，s の値は $s=$ [ア] であり，r を p のみの式で表すと $r=$ [イ] である．また，α の実部が正の数で，虚部が $\dfrac{\sqrt{7}}{4}$ であるとき，$p=$ [ウ] であり，$q=$ [エ] である．

(2) 連立不等式

$$y \geqq x^2+2x, \quad y \leqq x+2$$

の表す領域を点 $\mathrm{P}(x,y)$ が動くとする．このとき，$x-2y$ の最小値は [オ] であり，最大値は [カ] である．また，点 $(-2,1)$ を中心とし，点 $\mathrm{P}(x,y)$ を通る円の半径が最小になるのは，$(x,y)=$ [キ] のときである．

(3) $\dfrac{x^2+3x-1}{x^3-1}=\dfrac{1}{x-1}+\dfrac{a}{x^2+x+1}$，　$\dfrac{1}{x^4-1}=b\left(\dfrac{1}{x-1}-\dfrac{1}{x+1}\right)+\dfrac{c}{x^2+1}$ が成り立つような定数 a,b,c の値は $a=$ [ク]，$b=$ [ケ]，$c=$ [コ] である．

〔2〕 次の文章中の □ に適する式または数値を，解答用紙の同じ記号のついた □ の中に記入せよ．途中の計算を書く必要はない．

座標平面に $\mathrm{A}(4,3)$，$\mathrm{B}(6,2)$ がある．原点 O を通り直線 AB に垂直な直線を ℓ とし，直線 AB と ℓ の交点を C とする．また，実数 s と t に対して，点 P を

$$\overrightarrow{\mathrm{OP}}=s\,\overrightarrow{\mathrm{OA}}+t\,\overrightarrow{\mathrm{OB}}$$

で定める．

(1) 点 C の座標は [ア] である．また，$\overrightarrow{\mathrm{CP}}$ を s と t を用いて成分表示すると，$\overrightarrow{\mathrm{CP}}=($ [イ] , [ウ] $)$ である．

(2) s の値を固定し，t を $t\geqq 0$ の範囲で動かす．

i) $s<$ [エ] ならば，$|\overrightarrow{\mathrm{CP}}|^2$ は $t=$ [オ] のとき最小値 [カ] をとる．

ii) $s\geqq$ [エ] ならば，$|\overrightarrow{\mathrm{CP}}|^2$ は $t=$ [キ] のとき最小値 [ク] をとる．

(3) $s<$ [エ] を満たすような s の値を一つ選んで固定する．点 $(4s,3s)$ を通り，$\overrightarrow{\mathrm{OB}}$ に平行な直線を m とする．点 C を通り m に垂直な直線と直線 m の交点を H とするとき，H の座標は [ケ] である．また，三角形 OCH の面積は [コ] である．

〔3〕　次の文章中の □ に適する式または数値を，解答用紙の同じ記号のついた □ の中に記入せよ．途中の計算を書く必要はない．

一つのさいころを 3 回投げ，出た目を順に a, b, c とする．

（1）　$a=b=c=1$ となる確率は ア である．

（2）　$\dfrac{a}{b}=1$ となる確率は イ であり，$\dfrac{a}{b}>1$ となる確率は ウ である．また，$\dfrac{b}{ac}=1$ となる確率は エ である．

（3）　$ac \leqq 2$ となる確率は オ，$ac \leqq 4$ となる確率は カ，$ac \leqq 6$ となる確率は キ，$ac \leqq 9$ となる確率は ク である．

（4）　2 次方程式 $ax^2+bx+c=0$ が重解を持つ確率は ケ，実数解を持つ確率は コ である．

〔4〕　s は定数とする．$x \geqq 1$ において 3 つの関数 $f(x)$, $g(x)$, $h(x)$ を

$$f(x)=x\log x, \quad g(x)=sx^2, \quad h(x)=\frac{\log x}{x}$$

とし，2 つの曲線 C_1 と C_2 を $C_1: y=f(x)$, $C_2: y=g(x)$ とする．次の問いに答えよ．必要ならば $\displaystyle\lim_{x\to\infty} h(x)=0$ であることを証明なしに用いてよい．

（1）　$h(x)$ の導関数を求めよ．また，$x \geqq 1$ で $h(x)$ がとりうる値の範囲を求めよ．

（2）　2 つの曲線 C_1, C_2 が異なる 2 つの共有点を持つような定数 s の範囲を求めよ．また，これらの共有点の x 座標が n, n^2 となるとき，n と s の値を求めよ．

（3）　不定積分 $\displaystyle\int x\log x\,dx$ を求めよ．また，$ax^3(\log x)^2+bx^3\log x+cx^3$ の導関数が $x^2(\log x)^2$ となるような定数 a, b, c を求めよ．

（4）　s は（2）の後半で求めた値をとるとする．2 つの曲線 C_1, C_2 によって囲まれた部分を D とし，また，C_1 と x 軸と $x=e$ に囲まれた部分を E とする．このとき，D の面積 S と，E を x 軸の周りに 1 回転させてできる立体の体積 V を求めよ．

解答編

英語

I **解答** A. (1)—d　(2)—b　(3)—c　(4)—d　(5)—c　(6)—b

B. (ア)—d　(イ)—b　(ウ)—b　(エ)—d

C. (i)—b　(ii)—d　(iii)—d

D. 構造のわからない文章を使い始め，やがて頭の中に文法の骨格を作るようになった。

◆全　訳◆

≪原理か応用か≫

原理優先の推論は，一般的な原理や概念から結論や事実を導き出す。例えば，「人は皆，死ぬ」という一般原理から始めることにしよう。次により具体的な例に移る。「ジャスティン=ビーバーは人間だ」。そうすると，「ジャスティン=ビーバーはいずれ死ぬ」という結論に至る。同様に，「他の金属よりも銀の方が，電気が流れやすい」といった一般的な原理から始めることもできる。次に祖母が残した古い花瓶が銀100％であることを示す。この見解に基づき「祖母の花瓶には電気が流れやすい」という結論に達することになる。どちらも，一般的な原理から始まり，実際的な結論に至るという例である。

一方，応用優先の推論では，実世界で起こる事象に関する一連の観察結果に基づいて一般的な結論に達する。例えば，1月から2月にかけて私の故郷であるミネソタに100回旅行し，その度に気温が零下であることを観察すれば，ミネソタの冬は寒い（そして冬にミネソタを訪れるにはウールの帽子，手袋，耳当てに加え，暖かいコートが必要）という結論に至るだろう。この場合，現実の世界のデータを観察し，その経験や観察結果に基づいて，より一般的な結論を導き出すのだ。

ほとんどの人は，原理を優先する推論と応用を優先する推論の両方を実践することができる。しかし，推論のパターンは，文化に根付く教育構造で重視される思考の種類に大きく影響される。その結果，他の推論方式で考えることに慣れてしまっている人と一緒に仕事をすると，すぐに問題にぶつかることがあるのだ。

数学の授業を例にとってみよう。応用優先の手法を用いる授業では，まず公式を学び，それを応用する練習をする。その公式がどのように正解を導くかを何度も確認した上で，それを支える概念や原理を理解するという流れになる。つまり，80％の時間を具体的な方法とその応用に費やし，概念や理論の説明に 20％の時間しか割かないということだ。イギリスやアメリカなどの英語圏の学校では，この教授法を重視する傾向にある。

これに対して，原理を重視する数学の授業では，まず一般的な原理を証明し，そのうえでそれを使ってさまざまな問題に応用できる具体的な公式を考える。以前，フランスの経営者が言っていたように，「円周率を数式で使う前に，授業時に円周率の値を計算しなければならない」ということである。このような数学の授業では，一般的な数学原理を支える概念や理論に 80％の時間を費やし，その原理を具体的な問題に適用するのに費やすのは 20％に過ぎないかもしれない。ラテン系ヨーロッパ（フランス，イタリア，スペイン，ポルトガル），ゲルマン諸国（ドイツ，オーストリア），ラテンアメリカ（メキシコ，ブラジル，アルゼンチン）の学校制度では，このような教育方法を重視する傾向にある。

私が応用第一主義の手法の力を実感したのは，アメリカの高校でロシア語を勉強したときのことである。初日にタラソフ先生の教室に入ると，すぐに彼はロシア語で質問を浴びせてきた。私たちは何も理解できなかった。だが，だんだんわかるようになってきて，何回か授業を受けるうちに，考えられる限りのありとあらゆる方法で単語を並べたりしながら話せるようになった。そしてタラソフ先生の指導のもと，構造のわからない文章を使い始め，やがて頭の中に文法の骨格を作るようになった。

対照的に，原理を重視する語学クラスでは，学習は言語構造を支える文法の原理を理解することから始める。文法と単語を最初にしっかり理解したら，その言語を使う練習を始める。私の夫もフランスの学校ではこの方法で英語を学んだが，皮肉にも彼の英文法の知識は多くのアメリカ人よりもはるかに優れているという結果になった。デメリットは，生徒が言語を練習する時間が少なくなることである。原理優先の言語教育は，生徒が文法のルールをたくさん学ぶのには役立つが，流暢に話せるようになる助けにはならないのである。

ビジネスにおいても，学校と同様，原理を重視する文化圏の人々は，一般的に上司の要求の背後にある「理由」を理解してから行動に移したいと考えている。一方，応用を第一に考える学習者は，「理由」よりも「方法」に重点を置く傾向がある。そのためアメリカ人の上司をもつフランス人従業員がよく感じるストレスは，アメリカ人がなぜそれをする必要があるのかを説明せずに，何をすべきかを指示することである。フランス人からすると，これはやる気がそがれるだけでなく，無礼にさえ感じられるのだ。これに対して，アメリカ人の上司は，フランス人従業員が協力的でないと感じることがある。なぜなら，彼らはすぐに行動するのではなく，常に「なぜ？」と問いかけ，適切な返答を得るまで行動を起こそうとしないからだ。

◀解　説▶

A．(1)空所の直後に「ミネソタの冬は寒いという結論に達する」と書かれているので，気温は零度を下回ると考えて，d の below「(数値・基準などが)～より下で」が正解となる。

(2)空所の直前に capable があることから，b の of を入れる。be capable of ～ は「～することができる，～の能力がある」という意味の熟語。

(3)空所の直前の文で，推論のパターンは，それぞれの文化圏に根付いている教育構造で重視される思考に大きく影響されると書かれていることから，異なる推論方式に慣れている人と「一緒に」仕事をすると，すぐに問題にぶつかると考えると文意が通るので，正解は c の with になる。together は副詞なので後ろに名詞を置けないことに注意する。be accustomed to ～ は「～に慣れている」という意味の熟語。

(4)空所の直前の those principles はその前の the general mathematical principles を指している。数学原理を何に応用するかと考え，d の concrete「具体的な」を入れると文意が通る。apply *A* to *B* は「*A* を *B* に応用する」という意味の熟語。

(5)空所の直後に you have … と you begin … という2つの文があることから，空所には従属接続詞が入るとわかる。「文法と単語を最初にしっかり理解する」と「その言語を使う練習を始める」をつなぐ接続詞として文意が通るのは，c の once「いったん～すると」である。b の before「～する前に」を入れると，原理優先のやり方とは逆になってしまう。d の although「～だけれども」では文意が通らない。a の during は「～の間」という意味の前置詞。

(6)空所の直前に「これはやる気がそがれるだけでなく，無礼にさえ感じられる」と書かれており，「これ」が指す内容は，アメリカ人の上司をもつフランス人従業員がよく感じるストレスを指している。空所の直後ではアメリカ人の上司がフランス人従業員に対して感じるストレスについて書かれていることから，対比の関係だと考えられるので，b の by contrast「一方で，対照的に」を入れる。a.「幸運にも」，c.「例えば」，d.「だから」では意味が通らない。

B. (ア) broad は「一般的な，大体の，意味の広い」という意味。したがって一番意味が近いのは d.「より一般的な」。a は「より具体的な」，b は「より特別な」，c は「よく見られる」という意味で，いずれも文意に合わない。

(イ) again and again は「何度も」という意味。したがって一番意味が近いのは，b.「何度も」である。ここでの time は「回数」という意味。a は「お互い」，c は「もう一度」，d は「これを最後に，今度こそ」という意味で，いずれも文意に合わない。

(ウ) fired という形になっていることから，動詞だと判断できる。「発砲する」から，「(質問などを) 浴びせる」という意味に広がり，これに最も近いのは b の「すぐに私たちにたくさんの質問をした」。a は「私たちに熱心に質問をさせた」，c は「私たちの質問を退けた」，d は「私たちからのたくさんの質問に答えた」という意味で，いずれも文意が通らない。

(エ) less は否定，more は肯定の比較級を表す。つまり，下線部は「why よりも how に焦点を当てる」という意味。これに最も近いのは d の「『なぜ』というよりむしろ『どのように』に注目する」である。not so much *A* as *B* は「*A* というよりむしろ *B*」という意味で，*B* を強調する表現。a の意味は「『どのように』と同様に『なぜ』に注目する」。*A* as well *B* は「*B* と同様に *A*」という意味。b の意味は「『なぜ』と同様に『どのように』にも注目しない」。no more *A* than *B* は「*B* 同様に *A* でない」という意味。c の意味は「『どのように』と同様に『なぜ』に注目する」。no less *A* than *B* は「*B* と同様に *A* である」という意味。

C．(i)問題文の意味は「筆者は言語学習についてどのようなことを示唆しているか」。選択肢 b，c，d に共通して含まれている内容は，「言語を使う」である。これを踏まえ，第6段第4・5文（But gradually we … in the mind.）を見てみると，筆者が受けた応用を重視する教授法を用いたロシア語クラスの経験から，単語を並べて話せるようになり，文法の骨格を頭の中で作れるようになったことがわかるので，b の「筆者は応用第一のアプローチが言語を使用することを教えるのに効果的であることを暗示している」が正解となる。a は「筆者は，原理優先のアプローチは言語学習においてより実用的であることを暗示している」，c は「筆者は，原理優先のアプローチの方が言語の使い方をよりよく教えることができることを暗示している」，d は「著者は，言語の使い方を教えるのに応用第一のアプローチはあまり実用的ではないことを暗示している」という意味。

(ii)問題文の意味は「次のうち本文について正しくないものはどれか」。a．「原理優先の推論は現象の背後にある原理により焦点を当てる」は第1段第1文（*Principles-first reasoning* …）に「原理優先の推論は，一般的な原理や概念から結論や事実を導き出す」とあり，さらに第1段最終文（In both examples, …）に「一般的な原理から始まり，実用的な結論に至る」とあることから，具体的な事象の背後にある原理に注目していることがわかるので正しい。b．「異なる推論方法を持つ文化圏の人々は，対立する可能性がある」は，第3段最終文（As a result, …）に「その結果，他の推論方式で考えることに慣れている人と一緒に仕事をすると，すぐに問題にぶつかることがあるのだ」と書かれており，原理優先の推論方法を持つ人と応用優先の推論方法を持つ人が対立する可能性が示唆されているので正しい。c．「応用第一の推論は，経験に基づく観察に焦点を当てる」は，第2段最終文（In this case, …）に応用優先の推論について「現実の世界のデータを観察し，その経験や観察に基づいて，より一般的な結論を導き出す」と書かれているので，これに合致する。d．「フランスの従業員は応用優先の推論に重きを置く文化で教育されている」は，第5段最終文（School systems in …）の最後にある this method of teaching が原理優先の推論を指しているので，フランスでは応用優先の推論ではなく，原理優先の推論の手法がとられていることがわかる。よって正しくないので，正解となる。

(iii)問題文の意味は「フランス人従業員がアメリカ人上司と働くことを困難と感じる理由を最もよく説明するのは次のうちどれか」。a.「アメリカ人の上司はしばしば自分たちの要求についての理由を伝える」は，第8段第3文（One of the …）に「アメリカ人の上司をもつフランス人従業員がよく感じるストレスは，アメリカ人がなぜそれをする必要があるのかを説明せずに，何をすべきかを指示すること」と書かれているので誤り。b.「フランス人従業員は常に『なぜ』と尋ねるが，理由には耳を貸そうとしない」は第8段第3文（One of the …）より，フランス人は与えられた仕事に対する理由を求めるが，「理由に耳を貸さない」とは書かれていないので誤りである。c.「応用優先の推論教育を受けていないアメリカ人の上司とは対照的に，フランス人は応用優先の推論に慣れている」は，第8段第3・4文（One of the … but even rude.）より，応用優先の推論に慣れているのがアメリカ人の上司であり，フランス人従業員は応用優先の推論に慣れていないことがわかるので，誤りである。d.「アメリカ人の上司は，仕事の理由をよく理解しないまま働くことを期待するが，フランス人従業員は仕事の理由を知りたがる」は，第8段第3～5文（One of the … a suitable response.）の内容に一致するので，正解となる。

D. 所有格の関係代名詞 whose が導く節 whose structure we did not understand の先行詞は sentences。元の文 we did not understand their structure を念頭に訳す。to create は不定詞の副詞的用法。〈目的〉を表すとすると「私たちは頭の中に文法の骨格を作るために，構造のわからない文章を使い始めた」となるが，〈結果〉と解釈して「構造のわからない文章を使って，頭の中に文法の骨格を作り始めた」とした方が自然。

II 解答

A. (ア)― c　(イ)― a　(ウ)― c　(エ)― a

B. a, e, f

C. このような計算外のことに対する驚きの態度によって，生後数カ月という早い時期に，子どもが1+1は2であるはずだと認識していることが示されている。

◆全　訳◆

≪赤ん坊が持つ数感覚と計算能力≫

赤ん坊が計算できないということ，これ以上に自明なことはない。しかし，1980年代以降に行われた実験では，まったく逆のことが示されている。ある実験では，赤ん坊に2つの物体が描かれたスライドを繰り返し見せる。やがて赤ん坊は飽きてしまうが，3つの物体が描かれた絵を見せると，突然，その新しい光景を長く見つめ，変化を察知したことがうかがえる。このように，ある場所にある物体の性質や大きさ，数をコントロールすることで，子どもは物理的な要因ではなく，純粋に数そのものに敏感であることを証明することができるのである。幼児が抽象的な「数感覚」を持っていることを最も示す証拠は，幼児が音から像へと一般化することだ。例えば，tu tu tu tu，つまり4つの音を聞くと，12個の物体が描かれている絵よりも，その音の数に合う4つの物が描かれた絵に興味を持ち，逆もまた真なりである。この種の対照実験がかなり多く行われているが，それによると，赤ん坊は生まれたときから，情報を耳から入れようが，目で見ようが，数えることなく大まかな数を認識する能力をすでに持っていることがわかっている。

赤ん坊は計算もできることが実験からわかっている。最近の脳科学の実験室では，実験者がマジシャンとして振る舞った。赤ん坊専用の小劇場の舞台で，物体（ボールやブロックなど）が現れたり消えたり，壁を通り抜けたり，さまざまなトリックを仕掛ける。例えば，スクリーンの向こう側で物体が動き，それに続いて2つ目の物体が動くのを見たとする。そしてスクリーンが上がると，見てごらん！　そこには1つの物体しかないのだ！（実は，最初にあった物体は秘密の穴から通り抜けて出た）。赤ん坊はその意外な光景をじっくりと観察することで，驚きを表す。しかし，予想された2つの物体を見た場合は，ほんの一瞬見るだけである。このような計算外のことに対する驚きの態度によって，生後数カ月という早い時期に，子どもが1+1は2であると認識していることが示されている。赤ん坊は隠された場面について内部モデルを構築し，物を加えたり取り除いたりすることでそれを操作する方法を知っている。そして，このような実験は1+1や2−1だけでなく，5+5や10−5でも有効である。生後9カ月の赤ん坊は，その誤差が十分大きければ，具体的に示されるものが計算上間違っていることをほのめかすたびに驚いた表情を示すのだ。例えば,「5+5は5にはならない」「10−5は10にはならない」とわかるのである。

◀解　説▶

A. ㈠ get bored は「退屈する」という意味なので，最も近いのは c の lose interest「興味を失う」。a は「産まれる」，b は「うれしくなる」，d は「観察される」という意味。

㈡ proof は「証拠」という意味なので，最も近いのは a の evidence「証拠」。b は「アドバイス，助言」，c は「安全，無事」，d は「自由」という意味。

㈢ an internal model は「内部モデル」という意味で，赤ん坊が考えるものなので，最も近いのは c の a model imagined in their head「頭の中で想像するモデル」。a は「別のモデルの中にあるモデル」，b は「研究者の間だけで用いられるモデル」，d は「世界で用いられているモデル」という意味。

㈣ tell はここでは tell that ～ という形で用いられており,「判断できる，～ということがわかる」という意味になるので，最も近いのは a の judge「判断する」。b は「加える」，c は「変装させる」，d は「予測する」という意味。

B. a.「一般に信じられているのとは異なり，小さな赤ん坊でさえ，目にしたものの数を認識する基本的な能力を持っている」 第1段第3～6文（In one experiment, … is also true.）で書かれている実験の結論が第1段第7文（There are quite …）に書かれており，赤ん坊が物体や音の数の認識をすることができるとわかるので，正解である。

b.「物を数えるとき，それがさまざまな色で塗られると，赤ん坊は簡単に混乱する」 さまざまな色で塗られた物を赤ん坊に見せるといった記述は本文中にないので誤りである。

c.「幼児の『数感覚』に関する実験が始まったのは，1990年代後半になってからである」 第1段第2文（And yet, since …）より，1980年代から幼児の数感覚を調べる実験が行われていることがわかるので，誤りである。

d.「赤ん坊は，数字に関する視覚的な情報を処理するほうが，耳から入ってくる情報を処理するよりも得意である」 第1段第7文（There are quite …）に，赤ん坊は情報を耳から入れようが目で見ようが，大まかにその数字を把握すると述べられているので，誤りである。

e.「幼児が物を見て驚いているかどうかを判断する1つの方法は，その物を見ている時間の長さを計ることである」 第2段第8文（Babies express their …）より，赤ん坊は予想外の物を見るとじっくり観察して驚きを表すと書かれていることから，幼児が驚いているかどうかを判断する基準は，物を見ている時間の長さと言えるので，正解である。

f.「幼児は，聞いた音の数と見たものの数を関連付けることができる」 第1段第6文（The best proof …）に書かれている，tu tu tu tu という4つの音を聞くと，その音の数に合う4つの物が描かれた絵に興味を持つという結果に合致するので，正解となる。

g.「幼児にとって，見えるものの数が増えることより減ることの方が，感知しにくい」 このような内容は本文に書かれていないので，誤りである。

C．文全体の主語は This behavior of surprise，動詞は shows で，無生物主語構文になっている。よって，「驚きの態度は〜を示している」と直訳してもよいが，「驚きの態度によって〜が示されている，驚きの態度から〜がわかる」と訳すと自然な日本語になる。in reaction to 〜 は「〜に反応して」という意味の熟語。violation of a mental calculation は直訳すると「頭の中で計算したことに対する違反」であるが，ここでは赤ん坊が想定した数と実際見た物の数が異なるという文脈を踏まえ，「思っていた数と違う数字」，つまり「計算外」などと訳すことができる。as early as 〜は「早くも〜」という意味の強調表現。

III 解答

A．(1)—b　(2)—a　(3)—c　(4)—a　(5)—b　(6)—d

B．(ア)—b　(イ)—b　(ウ)—a

C．e，f

◆全　訳◆

≪史実の本質と歴史家の役割≫

歴史的事実とは何だろうか。これは重要な問題であり，私たちはもう少し詳しく調べなければならない。常識的な見方からすると，どの歴史家にとっても同じであり，歴史の基礎となる基本的な事実がある。例えば，ヘイスティングスの戦いが1066年に行われたという事実だ。しかし，この考え方には2つの指摘がある。

まず，歴史家が第一に関心を持つのは，このような事実ではない。この大きな戦いが1065年や1067年ではなく1066年に戦われたことや，イーストボーンやブライトンではなくヘイスティングスで戦われたことを知ることは間違いなく重要であろう。歴史家はこれらのことを間違ってはならない。しかし，このような指摘があると，「正確であることは義務であり，美徳ではない」という私の先生の言葉を思い出すのだ。歴史家が歴史上の年号を正確に記憶していることを褒めることは，建築家が建築物に適切な建材を使い，適切に配合されたコンクリートを使っていることを褒めるようなものである。これは彼らの仕事の必須条件ではあるが，本質的な機能ではない。歴史家が他の学問領域に頼ることが許されるのは，この種の事柄を調べようとするときである。歴史家は専門家が壺の破片の起源と時代を決定したり，古代の文字を解釈したり，正確な年代を確定するのに必要な緻密で複雑な計算をするような特別な技術を要求されたりしないのである。これらのいわゆる基本的事実は，すべての歴史家にとって同じものであるが，明らかに歴史そのものというよりも，歴史家にとっての原材料の範疇に属するものである。

第二の指摘は，これらの基本的事実を立証する必要性は，事実そのものにある何らかの特質ではなく，歴史家の判断に基づくということである。イギリスのジャーナリストであるC.P.スコットは以前，新聞社の人間にとって「事実は神聖なものだ」と言った。しかし，この言葉とは裏腹に，今日，すべてのジャーナリストは，世論に影響を与える最も効果的な方法が適切な事実を選択し，整理することであることを知っている。かつては，事実は語ると言われていた。もちろん，これは真実ではない。事実は歴史家が呼びかけたときにのみ語る。どの事実に，そしてどのような順序や文脈で語らせるのかを決めるのは歴史家である。たしかピランデッロの登場人物の1人が，事実とは袋のようなもので，何かを入れないと自立しないものだ，と言った。1066年にヘイスティングスで戦いがあったことを私たちが知りたがるのは，歴史家がそれを歴史上の重要な出来事と見なしているからにほかならないのである。

◀解　説▶

A. (1)空所を含む文を，関係詞を用いずに This is an important question.と We must look a little more closely (　　) it.の2文に分けて考える。これを踏まえ，look とともに用いられる前置詞を選ぶ。よって，正解は b の into である。look into ～ は「～を調べる」という意味。

(2)空所の直後の wrong とともに使うことができる動詞を考えると，a の get が正解となる。get *A* wrong は「*A* を正しく理解していない，*A* を誤解している」という意味。

(3)空所を含む文の主語である it は，直前の「歴史家が歴史上の年号を正確に記憶していること」である。これが歴史家の仕事にとってどのような条件であるのかを考えると，c の necessary「必要不可欠な」が正解となる。a は「肉体的な，物理的な」，b は「貧しい」，d は「信じられない」という意味。

(4)空所を含む文の主語である These so-called basic facts が属するところとして，the category of the raw materials of the historian「歴史家にとっての原材料の範疇」と that of history itself「歴史そのものの範疇」が比較されている。b の less，c の more，d の fewer を入れると，数量の比較を表すことになり，文意に合わない。よって正解は a の rather である。rather *A* than *B* は「*B* というよりむしろ *A*」という意味。

(5)空所の直前で書かれている「事実は歴史家が呼びかけたときにのみ語る」という内容を踏まえ，これに続く文の意味を考える。it is the historian who ～ は強調構文になっており，「どの事実に語らせるのかを決めるのが歴史家」，すなわち「歴史家がどの事実に発言権を与えるのかを決める」といった内容になるはずだと考えると，正解は b の a voice になる。give *A* a voice で「*A* に発言権を与える」の意味。なお，この文では *A* にあたる facts に疑問詞 which がついて前に出た間接疑問文となっているが，本来，give *AB*（「*A* に *B* を与える」）の *A* を問う wh-疑問文を作る場合には to を使う必要があるため，which facts to give a voice to という文になっていることが望ましい。

(6)空所の直後に you've put ～ という文が続いているので接続詞を入れる。主語 it は直前の文の a fact を指しており，「(袋と同様）何かを入れるまで自立しない」と考えれば文意が通るので，d の until「～まで」が正解となる。

B．(ア) call for～は「～を要求する」という意味なので，正解は b．requires「～を必要とする」。a は「電話する」，c は「許可する」，d は「～と呼ぶ」という意味。

(イ) rest on は「～に頼る」という意味なので，正解は b．does not depend on「～に頼らない」。他の選択肢では文意が通らない。

(ウ) in spite of～は「～にかかわらず」という意味なので，正解は a．despite である。despite は前置詞なので b のように直後に of を置くことはできない。（名詞としての despite を使った despite of という表現は古語であり，現在は使われていない。）c．regarding は「～に関して」という意味の前置詞で，d のように直後に of を置くことができない。

C．a．「ヘイスティングスの戦いが 1066 年に行われたという事実は，歴史家にとって重要ではない」 第 2 段第 2・3 文（It is no … things wrong.）で，ヘイスティングスの戦いが 1066 年に行われたことは大切であり，歴史家は誤解してはならないと書かれているので，誤りである。

b．「『正確であることは義務であり美徳ではない』という言葉は，歴史家は重要な歴史的出来事について必ずしも正確である必要はないことを意味している」 第 2 段第 6 文（It is a …）に「これ（歴史家が歴史上の年号を正確に記憶していること）は彼らの仕事の必須条件である」とあることより，誤りである。

c．「歴史家は古代の文字を読み解く能力を持たなければならない」 第 2 段第 8 文（The historian is …）より，専門家が持つ古代の文字を読み解く能力は，歴史家には必要ないことがわかるので，誤りである。

d．「歴史は無作為に集めた事実であると歴史家は考えている」 第 3 段第 6 文（The facts speak …）より，歴史家が慎重に歴史的事実を選び伝えていることがわかるので，誤りである。

e．「どの歴史的事実が歴史的出来事の基礎を形成するかを決めるのは歴史家の仕事である」 第 3 段第 1 文（The second observation …）より，歴史的事実を立証する必要があるかどうかは，歴史家の判断に基づくものであることがわかる。さらに第 3 段第 7 文（It was, I …）のピランデッロの登場人物の 1 人の引用より，事実という袋に何かを入れて膨らませる，つまり歴史家が歴史的事実に何かを加え基礎作りをして広めていくということが読み取れ，これらの内容から合致すると判断できる。

f.「もし歴史家がヘイスティングスの戦いを大事だと考えなければ，我々はそれが何年に起こったかを気にしないであろう」　第3段最終文（The only reason …）に合致する。

Ⅳ　解答

(1)— b　(2)— c　(3)— a　(4)— a　(5)— d
(6)— c　(7)— b　(8)— c　(9)— b　(10)— d

◀解　説▶

(1)「カスタマーサービスに電話しても無駄だよ。電話はいつも混んでいるから」 it is no use *doing* で「～しても無駄である」という意味の熟語で，use は「役に立つこと」という意味の名詞である。よって正解は動名詞 trying を含む b である。

(2)「ウェブサイトを少し変えました。どう思いますか」 空所の直後にある of につながる動詞は think である。think of ～ は「～について考える，思う」という意味。さらに，「どう思いますか」と感想をたずねたり，相手に意見を求める場合，think とともに使う疑問詞は what である。よって正解は c になる。

(3)「彼女は振り返って，小さな犬が彼女の後をついてくるのを見た」 see は知覚動詞で，see＋O＋*doing* または動詞の原形という形をとる。さらに，動詞 follow は「ついて行く」という意味の他動詞なので直後に前置詞は不要。よって正解は a になる。

(4)「この時計はもう本当に古くて，ほとんど動きません。別のものを買いませんか」 Why don't we＋動詞の原形で「～しませんか」という提案を表す表現。the other は one と一緒に用い，2つ（2人）ある場合のもう一方を指す表現。a の another は「別の，他の」という意味で，ここでは another の後ろに one（＝clock）が省略されていると考え，正解となる。

(5)「その公園では，多くの高齢者が音楽に合わせて体操をしたり，踊ったりしていた」 空所の直後に複数形の名詞 senior citizens があることに注目する。b の almost は副詞で almost all (of) (the)＋名詞という形で用い，「ほとんどすべての～」という意味。c の the number of ～ は「～の数」という意味だが，文意に合わない。a の any を肯定文で用いると，「どんな～」という仮定的な意味になり文意に合わない。よって正解は d になる。

a lot of は「たくさん」という意味で，後ろに可算名詞，不可算名詞のいずれもとることができる。to the music の to は「～に合わせて，～に応じて」という意味を表す前置詞。

(6)「彼らは同じ仕事を何度もすることを嫌がらない人を必要としている」動詞 mind は「～することを気にする，嫌がる」という意味で，直後に名詞か動名詞をとる。よって正解は c である。

(7)「すべての人が電子決済システムを好むというわけではない。今だに現金で支払うことを好む人もいる」 部分否定（すべて～というわけではない，いつも～とは限らない）は，全体を表す語（all，every など）の前に not を置くのが基本である。よって everybody の前に not が置かれている b が正解となる。

(8)「私に直接聞いてくれていれば，トラブルは少なかったのに」 If から始まる文の主節が would have been となっていることから，仮定法過去完了を用いる。仮定法過去完了は，過去の事柄に対する仮定で〈If＋S＋had＋過去分詞形～，S＋助動詞（would，could，should，might など）＋have＋過去分詞形…〉の形で表す。よってこの形になっている c が正解となる。

(9)「パリはルーブル美術館のおかげもあって，世界で最も観光客が多い都市の1つである」 直後にある part に注目する。in part は「ある程度，一部は」という意味の熟語で，パリの人気は，ある程度ルーブル美術館のおかげでもあり，また他にも要因があることを示唆する働きをしている。thanks to ～「～のおかげで」という熟語の間に in part が入り込む形になっていると考え，正解は b となる。

(10)「私の一番嫌いなバッグは，もう5年以上もクローゼットの中で眠っている」 空所の直後に in the closet があることから，動詞は自動詞を用いる。自動詞 lie は「置かれている，置いてある，横たわる」という意味で lie-lay-lain-lying と変化する不規則変化動詞なので，d が正解となる。他動詞 lay は「置く，横たえる」という意味で lay-laid-laid-laying と変化する。また c の自動詞 lie は「うそをつく」という意味で，lie-lied-lied-lying と変化する。

V 解答

A．（3番目・7番目の順に）(1)―d・g (2)―c・a

B．〈解答例1〉（Because of its importance in human life,）more and more teachers are realizing that they need to study psychology thoroughly.

〈解答例2〉（Because of its importance in human life,）an increasing number of faculty members are becoming aware that they need to conduct an in-depth study of psychology.

◀解 説▶

A．(1)（The most important historical factor in the development of the English language has been the ease）with which it has borrowed words from other（languages.）（f－a－d－e－c－h－g－b）

「容易に」は the ease with which で表すことができる。もともとは「簡単に」という意味を表す with ease で，これが関係詞とともに使われている。さらに選択肢の it が English language を指していると考え，「英語が他の言語から言葉を借りてきた」と考えて並べる。borrow は「借りる」という意味の他動詞なので，直後に目的語 words を置く。

(2)（Colleges and high schools in Europe used to place）a far greater emphasis on Latin and Greek than they do（now.）（f－h－c－e－d－b－a－g）「重視する」は，place an emphasis on ～で表す。さらに great は形容詞なので名詞 emphasis を修飾していると考え，emphasis の直前に far greater を置く。最後に比較級 greater に合わせて比較対象を表す than を置き，その後に they do と並べる。they は colleges and high schools in Europe を指し，do は place an emphasis on Latin and Greek を表す代動詞である。

B．「教員」は teacher，teaching staff，faculty member などで表現する。「ますます多くの」は more and more＋名詞の複数形，または an increasing number of＋名詞の複数形で表す。この表現が主語で用いられる場合は，通常は動詞を進行形にする。「認識する」は realize や become aware of ～などで表す。「研究する」は study，「深く」は deeply や「徹底的に」と読みかえて thoroughly などが使える。あるいは「徹底的な研究を行う」と考えて，conduct an in-depth study と書くこともできる。in-depth は形容詞で「徹底的な，詳細な」という意味。

Ⅵ 解答

(1)―b　(2)―c　(3)―a　(4)―a　(5)―c
(6)―b　(7)―d　(8)―a　(9)―b　(10)―d

◆全　訳◆

≪ホテルの予約に関する会話≫

ホテルの従業員キャロルと客のデイビッドの会話

キャロル　：ロンドン・ガーデン・ホテルです。ご用件をお伺いします。

デイビッド：こんにちは。そちらのホテルの部屋を予約したいのですが。

キャロル　：かしこまりました。いつご宿泊予定ですか。

デイビッド：6月11日から6月17日です。

キャロル　：かしこまりました。この日程ならお部屋はいくつも空いています。シングルルーム，ダブルルームのどちらを希望されますか。

デイビッド：ダブルです。禁煙ルームでお願いします。

キャロル　：実は，お部屋はすべて禁煙になっております。建物内での喫煙は禁止されています。ダブルのお部屋はバスタブ付きかシャワー付きかのどちらかをお選びください。

デイビッド：バスタブ付きをお願いします。

キャロル　：わかりました。1泊5ドルの追加料金で庭の見えるお部屋をご予約いただけます。いかがでしょうか。

デイビッド：わあ，それは素敵ですね。あの……朝食はついていますか。

キャロル　：もちろんです。朝食は朝6：30から9：00まで，1階の食事会場でお召し上がりいただけます。

デイビッド：わかりました。今回は出張なんですが，何かホテルの近くにお勧めの観光スポットがあれば教えてくださいませんか。自由時間が少しあると思うのです。ホテルから歩いて5分か10分くらいの所にありますか。

キャロル　：ございます，ここからたった1マイルのところに有名なフラワーガーデンがありますよ。

デイビッド：ああ，それはいいですね。調べてみなければ。あと，そちらのホテルには駐車場はありますか。

キャロル　：はい，建物のすぐそばに100台以上停められる駐車場がございます。

デイビッド：よかったです。それともう1つあるのですが。宿泊費は前払いですか。

キャロル　：いいえ，ご到着されてチェックインのときにお支払いいただければ結構です。

デイビッド：わかりました，ありがとうございます。今のところこれだけだと思います。

キャロル　：わかりました，よかったです。ご予約ありがとうございました。では6月11日にお待ちしております。バスタブ付きのダブルルームですね。

デイビッド：はい，そうです。どうもありがとうございました。それでは失礼します。

キャロル　：失礼いたします。

◀解　説▶

(1)直前の文で，キャロルが用件を尋ねているので，これに答える。直後の room につながる動詞として文意が通るのは b の book「予約する」である。

(2)直前でデイビッドが希望の宿泊日を言い，それに対してキャロルが答えている。these dates はデイビッドの希望宿泊日を指し，その日付の部屋が「利用可能」だと考えて，c の available「利用できる，購入できる」を入れると文意が通る。available は名詞を後置修飾することが多い。

(3)デイビッドは直後の non-smoking room「禁煙ルーム」を希望しているので，a の prefer「好む，～の方を選ぶ」が正解である。

(4)直前の文でキャロルが「建物内はすべて禁煙」と言っていることから，a の prohibited が入る。prohibit は「禁止する」という意味で，ここでは受動態になっている。

(5)直後に「庭の見える部屋」，「5ドル」とあることから，追加料金を払えばその部屋に泊まることができるとキャロルが提案していると考える。よって c が正解となる。extra charge で「追加（割増）料金」という意味。

(6)直後に形容詞 fantastic があることに注目する。形容詞をとることができる動詞で文意が通るのは b の sound「～のように聞こえる」である。go は go bad「傷む，腐る」などのように形容詞を従えることができるが，「悪い状態」に代わることが暗示されるので，ここでは文意に合わない。

(7)直後でデイビッドが「自由時間が少しあると思う」と言っていることか

ら判断する。ホテルの近くにある観光スポットを「勧めて」くれませんかと考えると文意が通るので，正解はdの recommend「勧める」になる。

(8)直前の動詞 check に注目する。check ＋代名詞＋ out または check out ＋名詞で「～を調べる，確認する」という意味の熟語なので，aが正解となる。

(9)直後に advance があることから，空所にはbの in を入れる。in advance は「前もって」という意味の熟語。

(10)直後に arrival があることから，空所にはdの upon（＝on）を入れる。upon arrival は「到着時に」という意味の熟語。

❖講　評

2023年度も大問6題の出題で，うち3題が長文読解問題，1題が文法・語彙問題，1題が語句整序，英作文問題，1題が会話文という，2022年度と同じ構成であった。

Ⅰは原理優先か，応用優先かという二項対立を扱った長文であった。序盤は抽象的な内容が続きイメージしづらい内容であったが，半ばからは教育現場やビジネスの現場などでの応用例が挙げられているので，これらを使いながら要旨を見失わないように読み進めたい。問題形式は2022年度と同じであった。設問Aに関しては選択肢の単語のレベルは高くなく，文脈を踏まえて補充していけば難しい問題ではなかった。設問Cは問題文を読み，該当箇所をどれだけ早く見つけることができるかがポイントとなる。ただし(i)のような推論発問については，本文中に明確な答えが書かれていないので，注意が必要である。設問Dの二重下線部和訳は関係代名詞 whose の処理と関係詞節の切れ目，不定詞の訳出など，高度な日本語の操作が必要であった。

Ⅱは幼児が持つ数感覚に関する文章だった。実験内容を紹介し，その結果を示すというわかりやすい文章展開であった。実験内容の詳細がわからない場合でも，結果を慎重に読んで論旨を捉えていきたい。全体として，問題形式は2022年度と同じであった。設問Aは，前後の内容から類推するもの，語彙・熟語の基本的な知識の有無を問う問題がほとんどであった。(エ)において tell that の意味を問われたが，基本動詞の用法についてはできるだけたくさん知識としてもっておきたい。設問Bは紛らわしい選択肢はなく，段落ごとの要旨を捉えていけば，さほど難しい問題ではなかった。設問Cの英文和訳問題については，構文は複雑なものではなかったが，無生物主語の訳出が求められた。さらに the violation of a mental calculation については実験の結果を踏まえて訳出しないと意味の通る日本語にならない。構文把握や熟語の知識のみならず，本文の内容理解度を試す良問であった。

Ⅲは史実の本質と歴史家の役割について論じた英文で，全体的にやや抽象度は高い。ヘイスティングスの戦いなどの史実が具体例として挙げられており，これらの助けを借りながら要旨の把握に努めたい。全体として，問題形式は2022年度と同じであった。設問Aは基本的な語彙や熟語を基に文脈を把握しながら解けば難問ではないが，(2)と(5)はやや難しかったかもしれない。設問Bは，いずれも基本的な語句の意味を問われているので，落ち着いて解答したいところである。設問Cは正解となる該当箇所を見つけることに加え，内容の言い換えに気づくことができるかどうかが重要になってくる。

Ⅳは，全体的に標準的な文法・語法・熟語の知識を問う問題であった。空所以外の部分の語彙レベルも標準的だったので，答えやすい問題だったのではないだろうか。

Ⅴの設問Aは日本語が与えられた語句整序問題であった。基本的な熟語，構文がわかっていれば，それほど難しい問題ではなかったであろう。(1)については問題文より，the ease with which と並べることができたかどうかがポイント。(2)については place an emphasis on という熟語を念頭に，名詞 emphasis の前に形容詞句 far greater を置くことができたかどうかが正解への鍵となった。設問Bの和文英訳（記述式）問題は英文の空所部分に当てはまる英語を答える問題で，問題文より，「ますます多くの」を more and more や an increasing number of で表現し，「より深く研究する」をどれだけ正確な英語で書けるかがポイントとなってくるだろう。

Ⅵの会話文問題は，10カ所の空所補充問題で，2022年度と形式は同じであった。客のデイビッドとホテルの従業員キャロルの会話で，デイビッドが部屋の設備や値段などについて尋ね，キャロルが答えるという内容であった。空所(8)・(9)・(10)は，熟語や口語表現を知らないと正答することは難しかったが，それを除けば，前後の文脈で判断でき，選択肢の語彙も難度の高いものはなかった。

形式・分量・難易度を考慮すると，90 分という試験時間ではあまり余裕がない。特に内容真偽問題は，解答根拠を探すのに時間がかかる。そのため，段落ごとの簡単な要旨を書き込むことによって，それを頼りに該当箇所を探せば，時間を節約することができる。また頻出している単語・熟語の同意表現については，語彙レベルの高い単語・熟語というよりは，基本的な単語の本文での意味を問うものが出題されていることに留意しよう。

数学

◀数学Ⅰ・Ⅱ・A・B▶

1

解答　(1)ア. $\frac{8}{3}$　イ. $\frac{\sqrt{5}-1}{2}$　ウ. $\frac{1}{9}$

(2)エ. $\frac{3}{20}$　オ. $\frac{7}{20}$　カ. $\frac{7}{12}$　キ. $\frac{16}{51}$

◀解　説▶

≪四角錐の体積，内接球，外接球，2枚のカードを取り出したときの確率≫

(1)　(i)　正方形ABCDの対角線の交点をHとすると

△OAH≡△OBH≡△OCH≡△ODH（3辺相等）より

$$\angle OHA=\angle OHB=\angle OHC=\angle OHD=90°$$

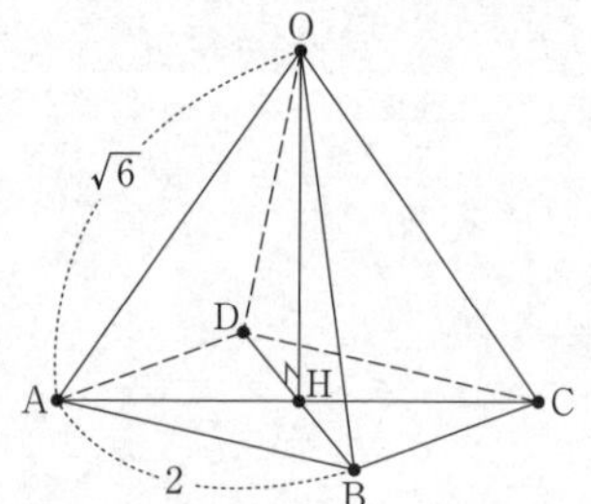

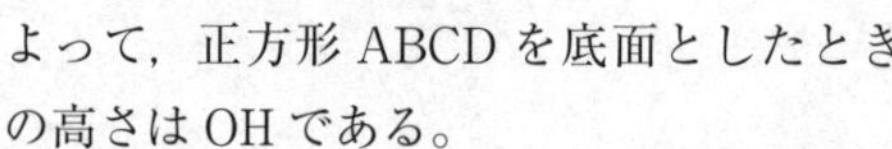

よって，正方形ABCDを底面としたときの高さはOHである。

$AC=\sqrt{2^2+2^2}=2\sqrt{2}$ より　　$AH=\sqrt{2}$

$$OH=\sqrt{OA^2-AH^2}=\sqrt{6-2}=2$$

ゆえに，四角錐OABCDの体積は　　$\frac{1}{3}\cdot 2^2\cdot 2=\frac{8}{3}$　→ア

内接する球の中心をIとすると，四角錐OABCDは，4つの三角錐IOAB，IOBC，IOCD，IODAと1つの四角錐IABCDに分けられる。内接する球の半径をrとすると，これらの三角錐，四角錐の高さはいずれもrである。

ABの中点をMとすると，OM⊥ABであり，$OM=\sqrt{OA^2-AM^2}=\sqrt{6-1}=\sqrt{5}$ より，△OABの面積は　　$\frac{1}{2}\cdot 2\cdot\sqrt{5}=\sqrt{5}$

三角錐 IOAB の体積は　$\frac{1}{3}\cdot\sqrt{5}\cdot r=\frac{\sqrt{5}}{3}r$

三角錐 IOBC，IOCD，IODA の体積も $\frac{\sqrt{5}}{3}r$ であるので

四角錐 OABCD の体積は　$4\times\frac{\sqrt{5}}{3}r+\frac{1}{3}\cdot 2^2\cdot r=\frac{4(\sqrt{5}+1)}{3}r$

ゆえに　$\frac{4(\sqrt{5}+1)}{3}r=\frac{8}{3}$　$r=\frac{2}{\sqrt{5}+1}=\frac{\sqrt{5}-1}{2}$　→イ

(ii)　外接する球の中心 E は OH 上にあり，半径を R とすると

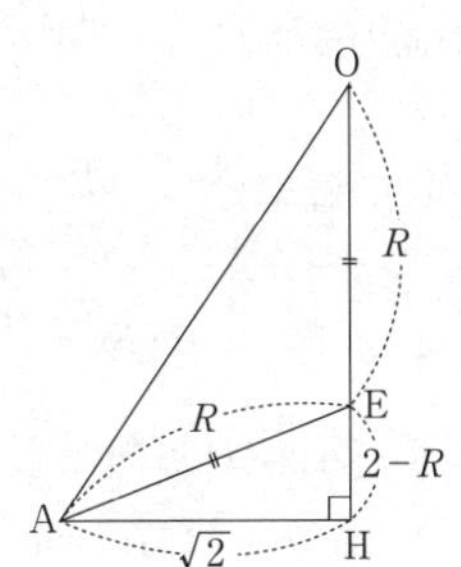

AE＝OE＝R より　EH＝OH－OE＝$2-R$

$AE^2=EH^2+AH^2$ より

$$R^2=(2-R)^2+(\sqrt{2})^2\qquad R=\frac{3}{2}$$

よって，AE＝BE＝$\frac{3}{2}$ であるので余弦定理より

$$\cos\angle AEB=\frac{AE^2+BE^2-AB^2}{2AE\cdot BE}=\frac{\left(\frac{3}{2}\right)^2+\left(\frac{3}{2}\right)^2-2^2}{2\cdot\frac{3}{2}\cdot\frac{3}{2}}=\frac{1}{9}\quad\text{→ウ}$$

(2)　両面とも赤のカードを RR，両面とも白のカードを WW，片面は赤で片面が白のカードを RW と表す。

(i)　事象 A が起こるのは

(I) RW を２枚取り出し，２枚とも赤の面を上面にして置く。

(II) RR と RW を１枚ずつ取り出し，RW については赤の面を上面にして置く。

のいずれかである。

(I)について，RW を２枚取り出す確率は　$\frac{{}_6C_2}{{}_{10}C_2}$

このとき，２枚とも赤の面を上面にして置く確率は　$\left(\frac{1}{2}\right)^2$

よって，(I)の確率は　$\frac{{}_6C_2}{{}_{10}C_2}\times\left(\frac{1}{2}\right)^2=\frac{1}{3}\times\frac{1}{4}=\frac{1}{12}$

(II)の確率は　$\frac{{}_1C_1\times{}_6C_1}{{}_{10}C_2}\times\frac{1}{2}=\frac{2}{15}\times\frac{1}{2}=\frac{1}{15}$

よって，事象 A が起こる確率は　$P(A)=\frac{1}{12}+\frac{1}{15}=\frac{3}{20}$　→エ

事象 B が起こるのは，(I)と

(III) WW と RW を1枚ずつ取り出し，RW については白の面を下面にして置く。

(IV) WW を2枚取り出す。

のいずれかである。

(III)の確率は　$\frac{{}_3C_1\times{}_6C_1}{{}_{10}C_2}\times\frac{1}{2}=\frac{1}{5}$

(IV)の確率は　$\frac{{}_3C_2}{{}_{10}C_2}=\frac{1}{15}$

よって　$P(B)=\frac{1}{12}+\frac{1}{5}+\frac{1}{15}=\frac{5+12+4}{60}=\frac{7}{20}$　→オ

(ii)　A も B も起こらないという事象は $\overline{A}\cap\overline{B}$ と表され

$$P(\overline{A}\cap\overline{B})=P(\overline{A\cup B})=1-P(A\cup B)$$
$$=1-\{P(A)+P(B)-P(A\cap B)\}$$

$A\cap B$ は(I)の場合であるので　$P(A\cap B)=\frac{1}{12}$

よって　$P(\overline{A}\cap\overline{B})=1-\left(\frac{3}{20}+\frac{7}{20}-\frac{1}{12}\right)=1-\frac{5}{12}=\frac{7}{12}$　→カ

また，事象 A が起こらなかったとき，事象 B が起こる条件付き確率は

$$P_{\overline{A}}(B)=\frac{P(\overline{A}\cap B)}{P(\overline{A})}=\frac{P(B)-P(A\cap B)}{1-P(A)}=\frac{\frac{7}{20}-\frac{1}{12}}{1-\frac{3}{20}}=\frac{16}{51}\quad\text{→キ}$$

2

解答　(1)ア．$t^2-2t+p-4$　イ．$\frac{1+\sqrt{7}i}{2}$　ウ．$p<-4\sqrt{2}-4$

(2)エ．7　オ．35　カ．$6n-1$　キ．$2n(12n^2+1)$

◀解　説▶

≪4次方程式の解，2でも3でも割り切れない正の整数の数列≫

(1)　$x^4-2x^3+px^2-4x+4=0$　……①

両辺を x^2 $(\neq 0)$ で割ると

$$x^2-2x+p-\frac{4}{x}+\frac{4}{x^2}=0$$

$$\left(x^2+\frac{4}{x^2}\right)-2\left(x+\frac{2}{x}\right)+p=0$$

$$\left(x+\frac{2}{x}\right)^2-2\left(x+\frac{2}{x}\right)+p-4=0$$

よって　　$t^2-2t+p-4=0$　……②　→ア

(i)　$p=5$ のとき，②より　　$t^2-2t+1=0$　　$(t-1)^2=0$　　$t=1$

よって　　$x+\dfrac{2}{x}=1$

$$x^2-x+2=0$$

$$x=\frac{1\pm\sqrt{7}i}{2}$$

β の虚部は正なので　　$\beta=\dfrac{1+\sqrt{7}i}{2}$　→イ

(ii)　$x+\dfrac{2}{x}=t$ より　　$x^2-tx+2=0$　……③

③についての判別式を D とおくと，③が異なる 2 つの実数解をもつ条件は，$D>0$ より　　$t^2-8>0$

$$t<-2\sqrt{2},\ 2\sqrt{2}<t$$

したがって，②が $t<-2\sqrt{2}$，$2\sqrt{2}<t$ の範囲に異なる 2 つの実数解をもつような p の値の範囲を求めればよい。

②より　　$p=-t^2+2t+4$

$f(t)=-t^2+2t+4$ とおくと，直線 $y=p$ と放物線 $y=f(t)$ が $t<-2\sqrt{2}$，$2\sqrt{2}<t$ の範囲で異なる 2 つの共有点をもてばよい。

$f(t)=-(t-1)^2+5$，$f(-2\sqrt{2})=-4\sqrt{2}-4$，$f(2\sqrt{2})=4\sqrt{2}-4$ より，グラフは右のようになるので，p の取りうる値の範囲は

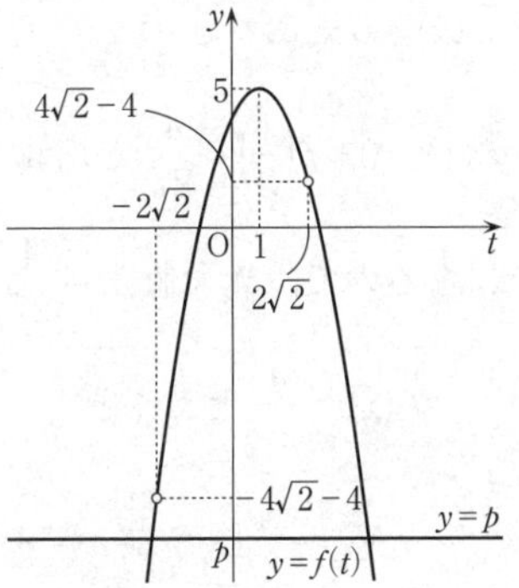

$$p<-4\sqrt{2}-4\quad→ウ$$

(2)　(i)　　$\{a_n\}$：1，5，7，11，13，17，19，…

2 でも 3 でも割り切れない整数は，$6k\pm1$（k は整数）と表される。

正の整数については

奇数番目は，1，7，13，19，… であり

$$a_{2n-1}=6(n-1)+1=6n-5 \quad (n=1,\ 2,\ 3,\ \cdots)$$

偶数番目は，5，11，17，… であり

$$a_{2n}=6n-1 \quad (n=1,\ 2,\ 3,\ \cdots)$$

よって　$a_3=a_{2\times2-1}=6\times2-5=7$，$a_{12}=a_{2\times6}=6\times6-1=35$　→エ，オ

(ii)　$a_{2n-1}=6n-5$，$a_{2n}=6n-1$　→カ

より　$\displaystyle\sum_{k=1}^{2n}{a_k}^2=\sum_{k=1}^{n}({a_{2k-1}}^2+{a_{2k}}^2)$

$$=\sum_{k=1}^{n}\{(6k-5)^2+(6k-1)^2\}$$

$$=\sum_{k=1}^{n}(72k^2-72k+26)$$

$$=72\sum_{k=1}^{n}k^2-72\sum_{k=1}^{n}k+\sum_{k=1}^{n}26$$

$$=72\cdot\frac{1}{6}n(n+1)(2n+1)-72\cdot\frac{1}{2}n(n+1)+26n$$

$$=2n\{6(n+1)(2n+1)-18(n+1)+13\}$$

$$=2n(12n^2+1) \quad \text{→キ}$$

3 解答

(1)　$f(x)=x^3-2x^2+x$ より

$$f'(x)=3x^2-4x+1=(x-1)(3x-1)$$

$f'(x)=0$ とおくと　$x=1,\ \dfrac{1}{3}$

$f(1)=0$，$f\left(\dfrac{1}{3}\right)=\dfrac{4}{27}$ で増減表は右のようになるので，極大値 $M=\dfrac{4}{27}$　……(答)

x	$\cdots$	$\frac{1}{3}$	$\cdots$	1	$\cdots$
$f'(x)$	$+$	0	$-$	0	$+$
$f(x)$	↗	$\frac{4}{27}$	↘	0	↗

(2)　$f(x)=\dfrac{4}{27}$ とおくと

$$x^3-2x^2+x=\frac{4}{27} \qquad x^3-2x^2+x-\frac{4}{27}=0$$

$$\left(x-\frac{1}{3}\right)^2\left(x-\frac{4}{3}\right)=0 \qquad x=\frac{1}{3},\ \frac{4}{3}$$

(1)より，$y=f(x)$ のグラフは右のようになるので，$a \leqq x \leqq 2a$ $(a>0)$ における

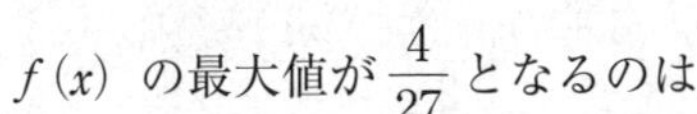

$f(x)$ の最大値が $\dfrac{4}{27}$ となるのは

(i) $0<a \leqq \dfrac{1}{3}$　かつ　$\dfrac{1}{3} \leqq 2a \leqq \dfrac{4}{3}$

(ii) $2a=\dfrac{4}{3}$

のいずれかである。

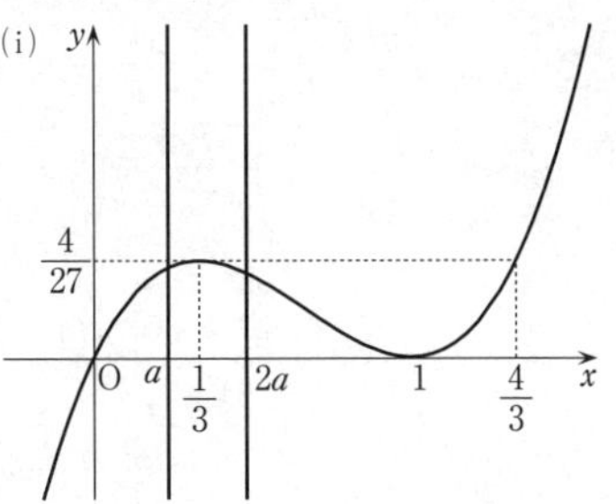

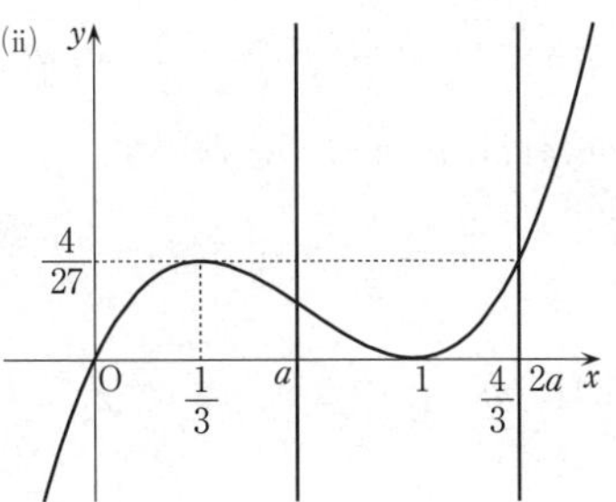

(i)のとき，$0<a \leqq \dfrac{1}{3}$ かつ $\dfrac{1}{6} \leqq a \leqq \dfrac{2}{3}$ より

$$\frac{1}{6} \leqq a \leqq \frac{1}{3}$$

(ii)のとき　　$a=\dfrac{2}{3}$

よって　　$\dfrac{1}{6} \leqq a \leqq \dfrac{1}{3}$，$a=\dfrac{2}{3}$　……(答)

(3)　$f(x)=mx$ とおくと

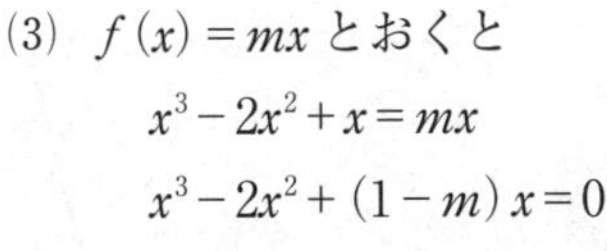

$$x^3-2x^2+x=mx$$
$$x^3-2x^2+(1-m)x=0$$
$$x(x^2-2x+1-m)=0$$

よって　　$x=0$，$x^2-2x+1-m=0$　……①

$x \geqq 0$ において異なる 3 点で交わることから，①は異なる正の解 α，β $(\alpha<\beta)$ をもつ。したがって，$g(x)=x^2-2x+1-m$ とおき，①の判別式を D とすると

$$D>0 \quad \text{かつ} \quad g(0)>0 \quad \text{かつ} \quad (\text{軸})>0$$

$D>0$ より　　$\dfrac{D}{4}=1-(1-m)=m>0$

$$g(0)=1-m>0 \qquad \therefore \quad m<1$$
$$\text{軸 } x=1>0 \qquad \therefore \quad 0<m<1$$

$\alpha<\beta$ より　　$\alpha=1-\sqrt{m}$，$\beta=1+\sqrt{m}$

$$\int_0^\beta \{f(x)-mx\}=\int_0^{1+\sqrt{m}} \{x^3-2x^2+(1-m)x\}\,dx$$
$$=\left[\frac{1}{4}x^4-\frac{2}{3}x^3+\frac{1-m}{2}x^2\right]_0^{1+\sqrt{m}}$$

$$=\frac{1}{4}(1+\sqrt{m})^4-\frac{2}{3}(1+\sqrt{m})^3+\frac{(1+\sqrt{m})(1-\sqrt{m})}{2}(1+\sqrt{m})^2$$

$$=\frac{1}{12}(1+\sqrt{m})^3\{3(1+\sqrt{m})-8+6(1-\sqrt{m})\}$$

$$=\frac{1}{12}(1+\sqrt{m})^3(1-3\sqrt{m})=0$$

$1+\sqrt{m}>0$ なので　$1-3\sqrt{m}=0$　$\sqrt{m}=\frac{1}{3}$　$m=\frac{1}{9}$

これは $0<m<1$ をみたす。

$m=\frac{1}{9}$　……(答)

(4)　$m=\frac{1}{9}$ のとき　$\alpha=\frac{2}{3}$, $\beta=\frac{4}{3}$

このとき，曲線 $y=f(x)$ と直線 $y=\frac{1}{9}x$ で囲まれる 2 つの部分の面積は等しい。

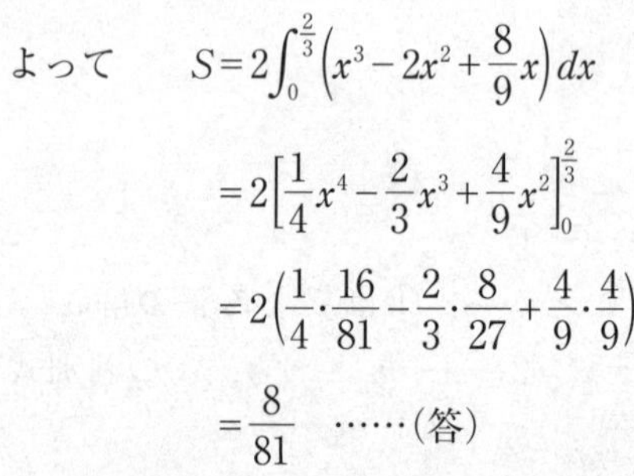

よって　$S=2\int_0^{\frac{2}{3}}\left(x^3-2x^2+\frac{8}{9}x\right)dx$

$$=2\left[\frac{1}{4}x^4-\frac{2}{3}x^3+\frac{4}{9}x^2\right]_0^{\frac{2}{3}}$$

$$=2\left(\frac{1}{4}\cdot\frac{16}{81}-\frac{2}{3}\cdot\frac{8}{27}+\frac{4}{9}\cdot\frac{4}{9}\right)$$

$$=\frac{8}{81}$$　……(答)

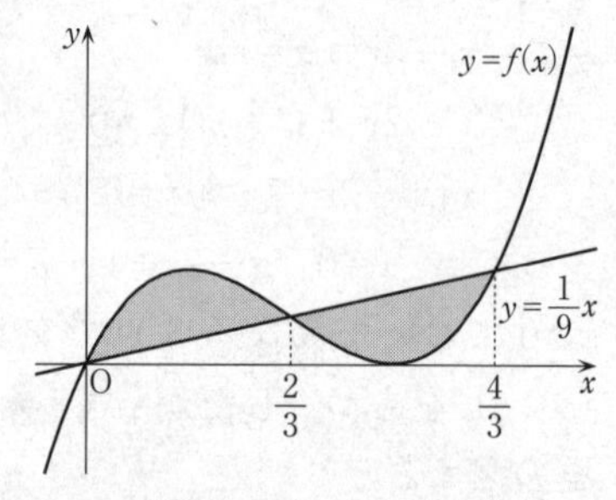

◀解　説▶

≪３次関数の最大値，曲線と直線とで囲まれる部分の面積≫

(1)　微分し，増減を調べる。

(2)　$f(x)=M$ となる点は(1)の極大となる点と別にもう１つあるので注意すること。グラフの概形を描き，区間が変化するとき，最大値がどのようになるかを調べればよい。

(3)　まず，m の取りうる値の範囲を求めたうえで，β を m で表し，積分を計算する。なお，３次関数のグラフは極大，極小となる２点の中点に関して対称であるので，本問では，2 点 $\left(\frac{1}{3},\ \frac{4}{27}\right)$，(1, 0) の中点 $\left(\frac{2}{3},\ \frac{2}{27}\right)$ を $y=mx$ が通るとき題意をみたす（検算に用いるとよい）。

(4)　(3)をみたすとき，$y=f(x)$ と $y=mx$ で囲まれる 2 つの部分の面積が等しいことに気づけば少し計算が楽になる。

❖講　評

大問 3 題の出題で，**1**，**2** は独立した小問が 2 問ずつ出題されており，空所補充形式，**3** は記述式となっている。

1(1)は四角錐の体積，内接球，外接球の半径を求める内容で，空間図形としては標準的な問題である。(2)の確率は，表裏の色について 3 種類のカードがあるので，取り出す 2 枚のカードの種類により場合分けすることがポイントとなる。(ii)の条件付き確率については標準的な内容である。

2(1)は 4 次方程式を置き換えにより 2 次方程式に帰着させる典型的な問題である。きちんと誘導されているので，基本的な問題といえるだろう。(2)は 2 でも 3 でも割り切れない正の整数の数列であるが，具体的に書き出せば奇数項，偶数項がそれぞれ等差数列であることに気づくだろう。和の計算も基本的である。

3 は 3 次関数について，極大値，最大値，面積を扱う，微・積分法の典型的な問題である。(2)でグラフの概形を描いて調べることができたか，(3)の計算がきちんと処理できたかがポイントとなる。

全体として，基本から標準レベルの問題中心の出題である。標準的な入試問題に多く取り組み，計算力，思考力を養っておくとよいだろう。

◀数学Ⅰ・Ⅱ・Ⅲ・A・B▶

1 **解答** (1)ア．4　イ．$2(p+1)$　ウ．$-\dfrac{5}{2}$　エ．$-\dfrac{1}{2}$

(2)オ．-5　カ．$\dfrac{9}{8}$　キ．$\left(-\dfrac{3}{2},\ \dfrac{1}{2}\right)$　(3)ク．2　ケ．$\dfrac{1}{4}$　コ．$-\dfrac{1}{2}$

◀解　説▶

≪3次方程式の解，領域における最大・最小，部分分数分解≫

(1)　$x^2+px+2=0$　……①が異なる2つの虚数解をもつことから

①の判別式を D とすると　　$D=p^2-8<0$，$-2\sqrt{2}<p<2\sqrt{2}$

また，$x^3+qx^2+rx+s=0$ が α，β，-2 を解にもつことから

$$x^3+qx^2+rx+s=(x+2)(x^2+px+2)$$

と因数分解することができる。

右辺を展開すると

$$x^3+qx^2+rx+s=x^3+(p+2)x^2+2(p+1)x+4\quad\cdots\cdots②$$

これが x の恒等式であるので

定数項から　　$s=4$　→ア

1次の項から　　$r=2(p+1)$　→イ

①の解は　　$x=\dfrac{-p\pm\sqrt{p^2-8}}{2}=-\dfrac{p}{2}\pm\dfrac{\sqrt{8-p^2}}{2}i$　（$-2\sqrt{2}<p<2\sqrt{2}$ より）

α の実部が正の数なので　　$-\dfrac{p}{2}>0$　　$p<0$

α の虚部が $\dfrac{\sqrt{7}}{4}$ であることから $\alpha=-\dfrac{p}{2}+\dfrac{\sqrt{8-p^2}}{2}i$ であり

$$\frac{\sqrt{8-p^2}}{2}=\frac{\sqrt{7}}{4}\qquad 8-p^2=\frac{7}{4}\qquad p^2=\frac{25}{4}$$

$-2\sqrt{2}<p<0$ より　　$p=-\dfrac{5}{2}$　→ウ

②の2次の項から　　$q=p+2=-\dfrac{5}{2}+2=-\dfrac{1}{2}$　→エ

(2)　連立不等式 $y\geqq x^2+2x$，$y\leqq x+2$ の表す領域は次図の網かけ部分。ただし，境界を含む。

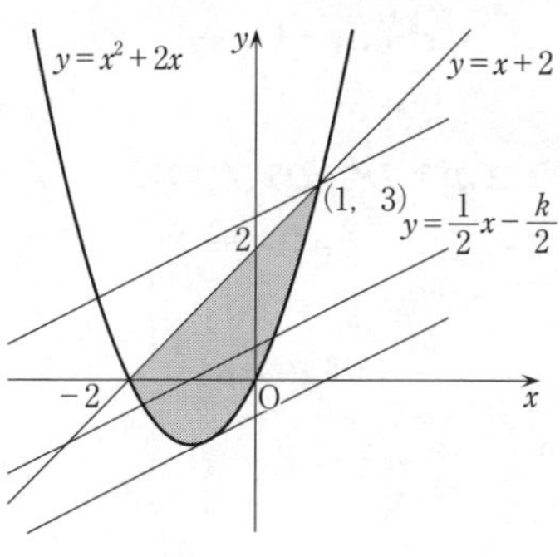

$x-2y=k$ とおくと　　$y=\frac{1}{2}x-\frac{k}{2}$

これは傾き $\frac{1}{2}$，y 切片 $-\frac{k}{2}$ の直線を表す。

領域と共有点をもつとき，y 切片が最大，したがって，k が最小となるのは，点 $(1,\ 3)$ を通るときである。

このとき　　$k=1-2\cdot3=-5$

よって

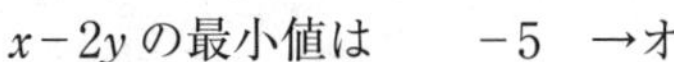

$x-2y$ の最小値は　　-5　→オ

また，y 切片が最小，したがって k が最大となるのは，放物線 $y=x^2+2x$ と直線 $y=\frac{1}{2}x-\frac{k}{2}$ が接するときである。

$x^2+2x=\frac{1}{2}x-\frac{k}{2}$ とおくと　　$2x^2+3x+k=0$　……③

③の判別式を D とすると，$D=9-8k=0$ より　　$k=\frac{9}{8}$

よって，$x-2y$ の最大値は　　$\frac{9}{8}$　→カ

点 $(-2,\ 1)$ を中心とし，領域内の点 $\mathrm{P}(x,\ y)$ を通る円の半径が最小になるのは，円と直線 $y=x+2$ が接するときであり，このとき，接点Pは，点 $(-2,\ 1)$ を通り $y=x+2$ に垂直な直線と直線 $y=x+2$ の交点である。点 $(-2,\ 1)$ を通り $y=x+2$ に垂直な直線の方程式は

$$y-1=-1\cdot(x+2)\qquad y=-x-1$$

$x+2=-x-1$ とおくと　　$x=-\frac{3}{2}$，$y=\frac{1}{2}$

よって　　$(x,\ y)=\left(-\frac{3}{2},\ \frac{1}{2}\right)$　→キ

(3)　$\frac{x^2+3x-1}{x^3-1}=\frac{1}{x-1}+\frac{a}{x^2+x+1}$ の両辺に，$(x-1)(x^2+x+1)$ $(\neq 0)$ をかけると

$$x^2+3x-1=x^2+x+1+a(x-1)$$
$$x^2+3x-1=x^2+(a+1)x+1-a$$

これがxの恒等式なので　　$a+1=3$　かつ　$1-a=-1$

よって　　$a=2$　→ク

$$b\left(\frac{1}{x-1}-\frac{1}{x+1}\right)+\frac{c}{x^2+1}=\frac{2b}{x^2-1}+\frac{c}{x^2+1}=\frac{2b(x^2+1)+c(x^2-1)}{x^4-1}$$
$$=\frac{(2b+c)x^2+2b-c}{x^4-1}$$

よって　　$\dfrac{1}{x^4-1}=\dfrac{(2b+c)x^2+2b-c}{x^4-1}$

これより，$1=(2b+c)x^2+2b-c$ がxの恒等式なので

$$2b+c=0\quad かつ\quad 2b-c=1$$

したがって　　$b=\dfrac{1}{4}$，$c=-\dfrac{1}{2}$　→ケ，コ

2　解答

(1)ア．(2，4)　イ．$4s+6t-2$　ウ．$3s+2t-4$

(2)エ．$\dfrac{2}{3}$　オ．$-\dfrac{3s-2}{4}$　カ．$\dfrac{5(s-2)^2}{2}$　キ．0　ク．$25s^2-40s+20$

(3)ケ．$\left(\dfrac{-s+6}{2},\ \dfrac{3s+2}{2}\right)$　コ．$\dfrac{-5s+10}{2}$

◀解　説▶

≪平面ベクトルの大きさの最小値，三角形の面積≫

(1)　直線ABの方程式は

$$y-3=\frac{2-3}{6-4}(x-4)\qquad y=-\frac{1}{2}x+5$$

原点Oを通り，ABに垂直な直線の方程式は　　$y=2x$

$2x=-\dfrac{1}{2}x+5$ とおくと　　$x=2$

したがって　　$y=4$

よって，Cの座標は　　(2，4)　→ア

$$\overrightarrow{OP}=s\overrightarrow{OA}+t\overrightarrow{OB}=s(4,\ 3)+t(6,\ 2)=(4s+6t,\ 3s+2t)$$
$$\overrightarrow{CP}=\overrightarrow{OP}-\overrightarrow{OC}=(4s+6t,\ 3s+2t)-(2,\ 4)$$

$=(4s+6t-2,\ 3s+2t-4)$　→イ，ウ

(2)　$|\overrightarrow{\mathrm{CP}}|^2=(4s+6t-2)^2+(3s+2t-4)^2$

$$=\{6t+(4s-2)\}^2+\{2t+(3s-4)\}^2$$

$$=36t^2+12(4s-2)t+(4s-2)^2+4t^2+4(3s-4)t+(3s-4)^2$$

$$=40t^2+(60s-40)t+25s^2-40s+20$$

$$=40\left(t+\frac{3s-2}{4}\right)^2-\frac{5(3s-2)^2}{2}+25s^2-40s+20$$

$$=40\left(t+\frac{3s-2}{4}\right)^2+\frac{5(s-2)^2}{2}$$

$t \geqq 0$ であるので

(i)　$-\dfrac{3s-2}{4}>0$ すなわち，$s<\dfrac{2}{3}$ ならば　→エ

$|\overrightarrow{\mathrm{CP}}|^2$ は $t=-\dfrac{3s-2}{4}$ のとき最小値 $\dfrac{5(s-2)^2}{2}$ をとる。→オ，カ

(ii)　$-\dfrac{3s-2}{4}\leqq 0$ すなわち，$s\geqq\dfrac{2}{3}$ ならば

$|\overrightarrow{\mathrm{CP}}|^2$ は $t=0$ のとき最小値 $25s^2-40s+20$ をとる。→キ，ク

(3)　$s\overrightarrow{\mathrm{OA}}=(4s,\ 3s)$ であるので，直線 m のベクトル方程式は

$$\overrightarrow{\mathrm{OP}}=s\overrightarrow{\mathrm{OA}}+t\overrightarrow{\mathrm{OB}}\ \ (t\text{ は実数})$$

よって，H は $|\overrightarrow{\mathrm{CP}}|^2$ が最小となるときの P と一致するので，(2)より $t=-\dfrac{3s-2}{4}$ のときで

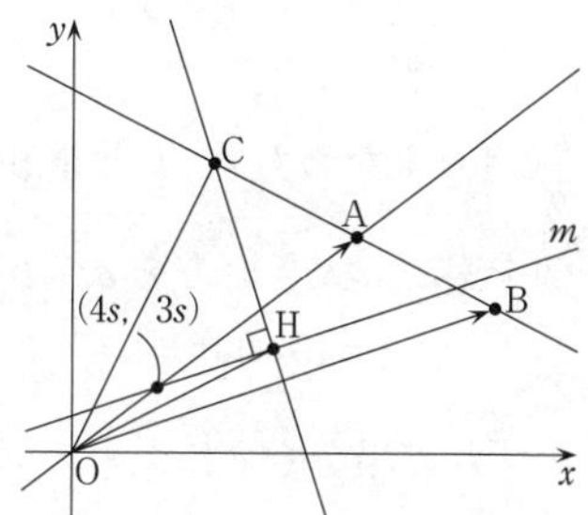

$$\overrightarrow{\mathrm{OH}}=s\overrightarrow{\mathrm{OA}}-\frac{3s-2}{4}\overrightarrow{\mathrm{OB}}$$

$$=(4s,\ 3s)-\left(\frac{3s-2}{4}\cdot 6,\ \frac{3s-2}{4}\cdot 2\right)$$

$$=\left(\frac{-s+6}{2},\ \frac{3s+2}{2}\right)$$　→ケ

また，$\overrightarrow{\mathrm{OC}}=(2,\ 4)$ であるので，三角形 OCH の面積は

$$\frac{1}{2}\left|2\times\frac{3s+2}{2}-4\times\frac{-s+6}{2}\right|=\frac{1}{2}|5s-10|$$

$$=\frac{-5s+10}{2}\quad\left(s<\frac{2}{3}\text{ より}\right)\quad\to コ$$

3 **解答** (1)ア．$\frac{1}{216}$　(2)イ．$\frac{1}{6}$　ウ．$\frac{5}{12}$　エ．$\frac{7}{108}$

(3)オ．$\frac{1}{12}$　カ．$\frac{2}{9}$　キ．$\frac{7}{18}$　ク．$\frac{17}{36}$　(4)ケ．$\frac{5}{216}$　コ．$\frac{43}{216}$

◀解　説▶

≪さいころを3回投げたときの出た目についての確率≫

(1)　目の出方は全部で　　$6^3=216$ 通り

$a=b=c=1$ となるのは1通りなので，その確率は　　$\frac{1}{216}$　→ア

(2)　$\frac{a}{b}=1$，すなわち $a=b$ となるのは

a，b については $(a,\ b)=(1,\ 1),\ (2,\ 2),\ \cdots,\ (6,\ 6)$ の6通り。

いずれの場合も c については6通りあるので，$\frac{a}{b}=1$ となる確率は

$$\frac{6\times6}{216}=\frac{1}{6}\quad\to イ$$

$\frac{a}{b}>1$，すなわち $a>b$ となる $(a,\ b)$ の組は，1から6の数から異なる2個を選び，大きい方を a，小さい方を b とすると得られるので

$${}_6C_2=15 \text{ 通り}$$

いずれの場合も c については6通りあるので，$\frac{a}{b}>1$ となる確率は

$$\frac{15\times6}{216}=\frac{5}{12}\quad\to ウ$$

$\frac{b}{ac}=1$，すなわち $b=ac$ となるのは

$b=1$ のとき，$ac=1$ となるのは $(a,\ c)=(1,\ 1)$ の1通り　……①

$b=2$ のとき，$ac=2$ となるのは $(a,\ c)=(1,\ 2),\ (2,\ 1)$ の2通り　……②

$b=3$ のとき，$ac=3$ となるのは $(a,\ c)=(1,\ 3),\ (3,\ 1)$ の2通り　……③

$b=4$ のとき，$ac=4$ となるのは $(a,\ c)=(1,\ 4),\ (2,\ 2),\ (4,\ 1)$ の 3 通り　……④

$b=5$ のとき，$ac=5$ となるのは $(a,\ c)=(1,\ 5),\ (5,\ 1)$ の 2 通り　……⑤

$b=6$ のとき，$ac=6$ となるのは $(a,\ c)=(1,\ 6),\ (2,\ 3),\ (3,\ 2),\ (6,\ 1)$ の 4 通り　……⑥

よって，$b=ac$ となるのは，①+②+③+④+⑤+⑥ より　　14 通り

$\dfrac{b}{ac}=1$ となる確率は　　$\dfrac{14}{216}=\dfrac{7}{108}$　→エ

(3)　$ac\leqq 2$ となるのは，①+② より　　3 通り

いずれの場合も b については 6 通りあるので，$ac\leqq 2$ となる確率は

$$\frac{3\times 6}{216}=\frac{1}{12}\quad \text{→オ}$$

同様に $ac\leqq 4$ となるのは，①+②+③+④ より 8 通りあるので

$ac\leqq 4$ となる確率は　　$\dfrac{8\times 6}{216}=\dfrac{2}{9}$　→カ

$ac\leqq 6$ となるのは，①+②+③+④+⑤+⑥ より 14 通りあるので

$ac\leqq 6$ となる確率は　　$\dfrac{14\times 6}{216}=\dfrac{7}{18}$　→キ

$ac=7$ となることはなく，$ac=8$ となるのは，$(a,\ c)=(2,\ 4),\ (4,\ 2)$ の 2 通り

$ac=9$ となるのは $(a,\ c)=(3,\ 3)$ の 1 通りであるので

$ac\leqq 9$ となるのは　　$14+2+1=17$ 通り

$ac\leqq 9$ となる確率は　　$\dfrac{17\times 6}{216}=\dfrac{17}{36}$　→ク

(4)　$ax^2+bx+c=0$ の判別式を D とすると　　$D=b^2-4ac$

重解をもつとき，$b^2-4ac=0$，すなわち　　$b^2=4ac$

右辺は偶数であるので b は偶数である。

$b=2$ のとき，$4=4ac$ より $ac=1$ で，①より　　1 通り

$b=4$ のとき，$16=4ac$ より $ac=4$ で，④より　　3 通り

$b=6$ のとき，$36=4ac$ より $ac=9$ で，(3)より　　1 通り

よって，$D=0$ となるのは $1+3+1=5$ 通りあるので

重解をもつ確率は　$\dfrac{5}{216}$　→ケ

実数解をもつとき，$b^2-4ac \geqq 0$，すなわち　$b^2 \geqq 4ac$

右辺は 4 以上であるので　$b \geqq 2$

$b=2$ のとき，$4 \geqq 4ac$ より $ac \leqq 1$ で　1 通り

$b=3$ のとき，$9 \geqq 4ac$ より $ac \leqq \dfrac{9}{4}$

したがって $ac \leqq 2$ で，(3)より　3 通り

$b=4$ のとき，$16 \geqq 4ac$ より $ac \leqq 4$ で，(3)より　8 通り

$b=5$ のとき，$25 \geqq 4ac$ より $ac \leqq \dfrac{25}{4}$

したがって $ac \leqq 6$ で，(3)より　14 通り

$b=6$ のとき，$36 \geqq 4ac$ より $ac \leqq 9$ で，(3)より　17 通り

よって，$D \geqq 0$ となるのは，$1+3+8+14+17=43$ 通りあるので

実数解をもつ確率は　$\dfrac{43}{216}$　→コ

4 解答

(1)　$h(x)=\dfrac{\log x}{x}$ より

$$h'(x)=\frac{\frac{1}{x}\cdot x-\log x\cdot 1}{x^2}=\frac{1-\log x}{x^2}$$

$h'(x)=0$ とおくと　$\log x=1$　∴　$x=e$

$x \geqq 1$ における $h(x)$ の増減表は右のようになり，$\lim_{x\to\infty} h(x)=0$ であることから，$h(x)$ のとりうる値の範囲は　$0 \leqq h(x) \leqq \dfrac{1}{e}$

x	1	…	e	…
$h'(x)$	／	+	0	−
$h(x)$	0	↗	$\frac{1}{e}$	↘

$$h'(x)=\frac{1-\log x}{x^2},\ 0 \leqq h(x) \leqq \frac{1}{e}\quad \cdots\cdots(\text{答})$$

(2)　$f(x)=g(x)$ とおくと

$$x\log x=sx^2$$

$x \geqq 1$ であるので，両辺を x^2 で割ると

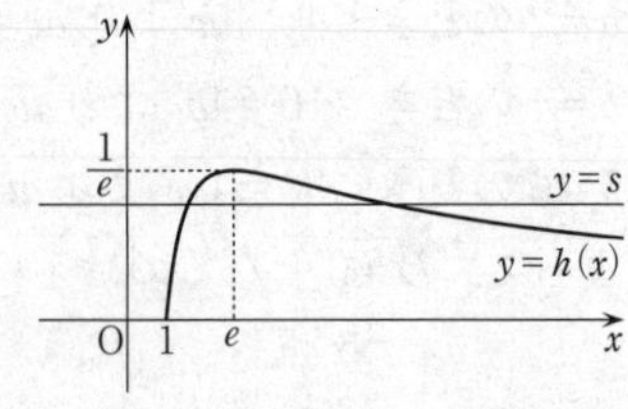

$$\frac{\log x}{x}=s$$

よって，曲線 $y=h(x)$ と直線 $y=s$ が異なる 2 つの共有点をもつような s の範囲を求めればよい。

(1)より，曲線 $y=h(x)$ の概形は前の図のようになるので，s の範囲は

$$0<s<\frac{1}{e}\quad \cdots\cdots(\text{答})$$

また，共有点の x 座標が n，n^2 のとき，$1<n<n^2$ で

$$\frac{\log n}{n}=\frac{\log n^2}{n^2}=s$$

$$n\log n=2\log n$$

$\log n\neq 0$ より　　$n=2$

したがって　　$s=\dfrac{\log 2}{2}$　……(答)

(3)　$$\int x\log x dx=\int\left(\frac{1}{2}x^2\right)'\log x dx$$

$$=\frac{1}{2}x^2\log x-\int\frac{1}{2}x^2\cdot\frac{1}{x}dx$$

$$=\frac{1}{2}x^2\log x-\frac{1}{2}\int x dx$$

$$=\frac{1}{2}x^2\log x-\frac{1}{4}x^2+C\quad (C \text{ は積分定数})\quad \cdots\cdots(\text{答})$$

$$\{ax^3(\log x)^2+bx^3\log x+cx^3\}'$$

$$=3ax^2(\log x)^2+ax^3(2\log x)\frac{1}{x}+3bx^2\log x+bx^3\cdot\frac{1}{x}+3cx^2$$

$$=3ax^2(\log x)^2+(2a+3b)x^2\log x+(b+3c)x^2$$

これが $x^2(\log x)^2$ となることより

$$3a=1,\ 2a+3b=0,\ b+3c=0$$

よって　　$a=\dfrac{1}{3}$，$b=-\dfrac{2}{9}$，$c=\dfrac{2}{27}$　……(答)

(4)　$s=\dfrac{\log 2}{2}$ のとき，2 つの共有点の x 座標は $x=2$，4 であり，$2\leqq x\leqq 4$ のとき

$$f(x)-g(x)=x\log x-\frac{\log 2}{2}x^2$$
$$=x^2\left(\frac{\log x}{x}-\frac{\log 2}{2}\right)$$
$$=x^2\left(h(x)-\frac{\log 2}{2}\right)\geqq 0$$

よって，$2\leqq x\leqq 4$ において $f(x)\geqq g(x)$ であるので

$$S=\int_2^4\{f(x)-g(x)\}dx$$
$$=\int_2^4\left(x\log x-\frac{\log 2}{2}x^2\right)dx$$
$$=\left[\frac{1}{2}x^2\log x-\frac{1}{4}x^2-\frac{\log 2}{6}x^3\right]_2^4$$
$$=\left(8\log 4-4-\frac{32}{3}\log 2\right)-\left(2\log 2-1-\frac{4}{3}\log 2\right)$$
$$=\frac{14}{3}\log 2-3\quad\cdots\cdots(答)$$

また，$f(1)=0$ で，$x\geqq 1$ のとき $f(x)\geqq 0$ であるので

$$V=\pi\int_1^e\{f(x)\}^2dx$$
$$=\pi\int_1^e x^2(\log x)^2dx$$
$$\pi\left[\frac{1}{3}x^3(\log x)^2-\frac{2}{9}x^3\log x+\frac{2}{27}x^3\right]_1^e$$
$$=\pi\left(\frac{1}{3}e^3-\frac{2}{9}e^3+\frac{2}{27}e^3-\frac{2}{27}\right)$$
$$=\frac{5e^3-2}{27}\pi\quad\cdots\cdots(答)$$

◀解　説▶

≪微・積分の計算，２曲線が共有点をもつ条件，面積，回転体の体積≫

(1)　微分して増減を調べる。

(2)　$f(x)=g(x)$ とおくと，$h(x)=s$ となるので，$y=h(x)$ と $y=s$ の共有点の x 座標と c_1，c_2 の共有点の x 座標は一致する。

(3)　不定積分については部分積分法を用いる。導関数については，計算して係数を比較する。

(4)　(3)の結果を利用して積分を計算すればよい。

❖講　評

大問4題の出題で，**1**～**3**が答えのみを記入する空所補充形式，**4**が記述式となっている。

1は独立した小問3問で，いずれも基本的な問題である。計算ミスなどないようにして確実に解いておきたい。

2は平面上の半直線上を動く点について，ベクトルの大きさの2乗の最小値を扱った問題である。(1)は基本的である。(2)の計算が手際よくできたかどうかで差がついたかもしれない。(3)はベクトルを用いなくても求めることができる内容である。

3の確率は難しい内容ではないが，正確に数え上げる必要があり，(3)・(4)を解く際，(2)をうまく利用できたかどうかがポイントとなるだろう。

4は微・積分法についての典型的な問題である。丁寧に誘導されているので，順に確実に解いていきたい。

全体として，基本から標準レベルの問題中心の出題である。計算力が必要とされる問題もあるので，標準レベルの問題演習を数多くこなしておくとよいだろう。

//////////////////// ・memo・ ////////////////////

2022年度

問題と解答

■共通テスト併用／英数日程

問題編

▶試験科目

方式	学部	教科	科目
英語・数学型	社会，法，経済，商，人間福祉，国際，総合政策	外国語	コミュニケーション英語Ⅰ・Ⅱ・Ⅲ，英語表現Ⅰ・Ⅱ
		数学	数学Ⅰ・Ⅱ・A・B
	理，工，生命環境，建築	外国語	コミュニケーション英語Ⅰ・Ⅱ・Ⅲ，英語表現Ⅰ・Ⅱ
		数学	数学Ⅰ・Ⅱ・Ⅲ・A・B
共通テスト併用型・英語	神，文，社会，法，経済，商，人間福祉，国際，教育，総合政策	外国語	コミュニケーション英語Ⅰ・Ⅱ・Ⅲ，英語表現Ⅰ・Ⅱ
共通テスト併用型・英語（英語重視型）	国際	外国語	コミュニケーション英語Ⅰ・Ⅱ・Ⅲ，英語表現Ⅰ・Ⅱ
共通テスト併用型・数学	社会，法，経済，商，総合政策	数学	数学Ⅰ・Ⅱ・A・B
	理，工，生命環境，建築	数学	数学Ⅰ・Ⅱ・Ⅲ・A・B

▶配　点

方式	学部	外国語	数学
英語・数学型	社会	250*	250*
	法，経済，商，総合政策	200	200*
	人間福祉	200	150
	国際	250*	150
	理，工，生命環境，建築	200	200
共通テスト併用型・英語	神，文，法，経済，商，人間福祉，教育，総合政策	200	—
	社会，国際	300*	—
共通テスト併用型・英語(英語重視型)	国際	200	—
共通テスト併用型・数学	社会	—	300*
	法，経済，商，総合政策	—	200*
	理，工，生命環境，建築	—	200

(注)　共通テスト併用型は大学独自試験のみの配点。

▶備　考

＊英語・数学型：社会学部は英語の基本配点200点を250点に，数学の基本配点150点を250点に換算する。法・経済・商・総合政策学部は数学の基本配点150点を200点に換算する。国際学部は英語の基本配点200点を250点に換算する。

共通テスト併用型・英語：社会・国際学部は英語の基本配点200点を300点に換算する。

共通テスト併用型・数学：社会学部は数学の基本配点150点を300点に換算する。法・経済・商・総合政策学部は数学の基本配点150点を200点に換算する。

- 希望する方式・学部（学科・課程・専修・コース・専攻）を1つ選んで出願。
- 共通テスト併用型では，大学独自試験と各学部が指定する大学入学共通テストの指定教科科目との総合点で判定する。
- 「数学B」は「数列，ベクトル」から出題する。

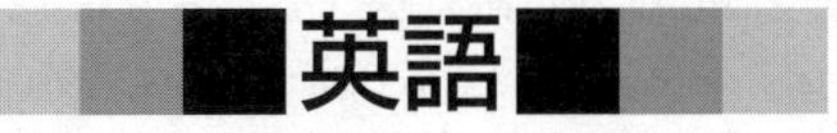

(90分)

〔Ⅰ〕次の英文を読み、下記の設問（A～D）に答えなさい。

Performing physical work at high altitude presents enormous challenges, whether a person climbed to get there or was taken there (　1　) helicopter as a member of a search crew. High altitudes are likely to be cold, often to the extreme; the oxygen concentration of the air is lower, and the environment is so harsh that the human system constantly struggles to do physical work. Moving quickly from lower to higher altitude, as often occurs when athletes train at high altitude to enhance oxygen-carrying capacity, may cause headache and upset stomach, both of which can negatively influence food and fluid consumption. The lower oxygen level of high-altitude air causes early (ア)fatigue, and the difficulty of eating and drinking normally may bring on enough tissue loss that cold tolerance is decreased. Maintaining body-fluid balance in extreme cold is (　2　) maintaining fluid balance in hot and humid environments. Simply finding a way to keep drinking fluids from freezing presents a challenge, and cooking takes much longer at higher altitude than at lower altitude, necessitating carrying more cooking fuel. The challenges of performing physical work at high altitude are tough and discouraging, but good nutrition strategies can help people attain their goals in this unfriendly environment, whether it is a 3-day 4,400-meter climb up Mount Rainier or a week-long climb up the 5,900-meter Mount Kilimanjaro.

Doctors and scientists have been studying high altitude effects on the human body in order to create an ideal training system for athletes. The Live High, Train Low (LHTL) training method has been used for more than 30 years and has surpassed the popularity of the earlier Live High, Train High (LHTH) training method, which presented far too many difficulties and training limitations. In fact, LHTH brings about reduced speeds, reduced power output, and reduced oxygen flux*, none of which provide any advantage to training. (　3　), LHTL improves performance in athletes of all abilities. The purpose of the LHTL training method is to create a tissue adaptation that improves oxygen-carrying capacity. However, to efficiently benefit from this LHTL strategy, athletes are required to live at a height of 2,000 to 2,500 meters for a minimum of four weeks.

Athletes living at high altitude often experience health difficulties; however, the best strategy for (　4　) any of the high-altitude illnesses is to take sufficient time to adapt to different conditions. The commonly suggested procedure is to have a graded climb of no more than 600 meters per day to the target altitude, with a rest day every 600 to 1,200 meters. The oxygen concentration is lower at higher altitude, (　5　) a degree of adaptation is necessary to adjust to the low-oxygen conditions to avoid altitude sickness that can disturb training. Because the concentration of oxygen is lower at higher altitude, progressing (イ)step by step to higher altitude makes sense to allow for an efficient and illness-free adaptive response.

Athletes training at higher altitude can expect a faster breathing and heart rate since the concentration of oxygen is lower in such environments. However, they gradually get used to the lower-oxygen environment which raises the number of red blood cells and thus delivers oxygen more efficiently. As a result, athletes can improve performance. Additionally, there are nutritional methods to improve high altitude adaptation, such as ensuring an adequate intake of calories, iron, and vitamin B_{12}. A healthy diet may satisfy most of these requirements, but care should be taken that iron in particular be consumed at a level of (ウ)approximately 18 milligrams per day. This may be more difficult than it seems because athletes often complain of a loss of appetite at high altitude.

Cold environments cause heat loss though humans do have systems (　6　) help maintain core body temperature and increase heat production. This process of body temperature regulation helps one survive when exposed to cold temperatures. With cold exposure, the body attempts to lower the amount of heat loss by contracting (エ)blood vessels at the extremities**, such as fingers and toes. However, the reduced blood flow to the skin of fingers and toes causes people to be easily injured by freezing. To reduce this risk, the body initiates a process to make vessels wider after about 10 minutes of cold exposure. The pulsing associated with the contraction and expansion of blood vessels at the extremities contributes to the preservation of core temperature.

*oxygen flux：酸素流量

**extremities：両手両足、四肢

設　問

A. 本文中の空所（1～6）に入れるのに最も適当なものを、それぞれ下記（a～d）の中から1つ選び、その記号をマークしなさい。

（1）　a. and　　b. but　　c. via　　d. for

出典追記：Advanced Sports Nutrition by Dan Benardot, Human Kinetics

(2)　a. just as difficult as　　b. not so easy for
　　c. as far as　　d. tough because of

(3)　a. Additionally　　b. By contrast　　c. Especially　　d. Officially

(4)　a. avoid　　b. avoiding　　c. avoided　　d. have avoided

(5)　a. even　　b. but　　c. so　　d. because

(6)　a. who　　b. whose　　c. that　　d. in which

B. 本文中の下線部(ア〜エ)の文中での意味に最も近いものを、それぞれ下記(a〜d)の中から1つ選び、その記号をマークしなさい。

(ア)　fatigue
- a. powerful energy
- b. extreme tiredness
- c. loss of consciousness
- d. broken bone

(イ)　step by step
- a. quickly
- b. at a best of time
- c. all at once
- d. in a gradual manner

(ウ)　approximately
- a. on very few occasions
- b. at a time that started not long ago
- c. in comparison with other similar things or what you expect
- d. around a particular number or amount

(エ)　blood vessels
- a. any of the tubes through which blood flows in the body
- b. the organ in your chest that sends the blood around your body
- c. any of the cells in your body that carry oxygen to every part of your body
- d. one of the groups that human blood is divided into

C．次の問い（ⅰ～ⅲ）の答えとして最も適当なものを、それぞれ下記（a～d）の中から1つ選び、その記号をマークしなさい。

（ⅰ） Why does performing physical work at high altitude present enormous challenges?

a．Because it is difficult for people, such as those in a search crew, to get to high altitude.

b．Because the environment at high altitude is so harsh that people are under constant strain when doing physical work.

c．Because moving quickly to higher altitude brings about improved food and fluid consumption.

d．Because the high level of oxygen at higher altitude results in early fatigue, which can be solved by drinking fluids to prevent freezing.

（ⅱ） Which of the following is NOT true about LHTL?

a．It turned out that LHTH and LHTL methods are equally effective for improving sports performance.

b．Carrying out LHTL could pose various health difficulties related to altitude.

c．The LHTL strategy aims to improve the oxygen-carrying capacity of athletes.

d．Living at a height of 2,500 meters for five weeks could make an athlete able to benefit from the LHTL strategy.

（ⅲ） Which of the following is stated or suggested in the passage?

a．There are no nutrition strategies to help people attain their goals at high altitude.

b．The shorter the adaptation period is, the less likely athletes are to get any of the high-altitude illness.

c．The most efficient way of improving oxygen delivery, which contributes to improving sports performance, is to increase the number of red blood cells.

d．With cold exposure, blood vessels at the center of body will be contracted to lower the amount of heat loss.

D．本文中の二重下線部 they gradually get used to the lower-oxygen environment which raises the number of red blood cells を、they が何を指すのかを明確にしながら、日本語に訳しなさい。答えは記述式解答用紙の所定欄に記入しなさい。

〔Ⅱ〕次の英文を読み、下記の設問（A～C）に答えなさい。

Human cultures emerge from people's struggles to manage uncertainties and create some degree of order in their social lives. People in organizations face many uncertainties. Their environments change due to economic conditions, technological developments, or the actions of competitors. To compete in a fast-developing global economy, people in organizations must deal with different types of customers and lots of possible new competitors. In addition, concerned citizen groups and legislatures ask organizations to deal with problems of environmental pollution, environmental preservation, drug and substance abuse, and even elder and child care. Meanwhile, the explosion of information and knowledge due to the Internet means organizations must try to coordinate the activities of specialists from many different fields when each does not fully understand the other and when their diverse views often (ア)<u>conflict</u>. Organizations must do all this even as their social order is changing because of mergers, reorganizations, and downsizing*. From all of these uncertainties, many ambiguities** arise. It is often far from clear what the best (イ)<u>course of action</u> is for managers and others to take to ensure their organizations' survival and continued success. If they go wrong, <u>they face other threats and uncertainties, including loss of job, social status, and so on</u>. Thus, it is not surprising that, like people in other environments, people in organizations develop cultures.

Cultures provide members in organizations with more or less clearly stated sets of values that help them manage all of these uncertainties and ambiguities. People in organizations, as in social life (ウ)<u>generally</u>, generate ideologies*** that tell them what exists, how it got that way, and the way things ought to be. The following are some examples of ideologies expressed by a CEO in an airline company: "Failure is a natural result of the competitive process," "One organization's problem can become another organization's opportunity," and "One way to compete is to make work fun."

Such ideologies form the substance of cultures. They are not rationally-based belief systems. Rather, they are relatively implicit sets of taken-for-granted beliefs. Also, ideologies are more emotionally charged and resistant to change than rational beliefs because they give people some sense of confidence in facing the threats (エ)<u>posed</u> by uncertainties, and because they arise in the very circumstances that cannot be fully understood or predicted by rational means.

*downsizing：ダウンサイジング（現状の企業の枠組みや業務の仕組みを保持したまま事業規模や従業員の数を縮小すること）

**ambiguity：あいまいさ、分かりにくいこと

***ideology：イデオロギー（個人や集団に共有されている価値観・信念の体系）

設　問

A. 本文中の下線部（ア～エ）の文中での意味に最も近いものを、それぞれ下記（a～d）の中から1つ選び、その記号をマークしなさい。

（ア） conflict
a. appear　b. contradict　c. realize　d. yield

（イ） course of action
a. path　b. episode　c. search　d. category

（ウ） generally
a. clearly　b. widely　c. definitely　d. significantly

（エ） posed
a. presented　b. elected　c. stopped　d. undergone

B. 次の英文（a～g）の中から本文の内容と一致するものを3つ選び、その記号を各段に1つずつマークしなさい。ただし、その順序は問いません。

a. People in organizations are asked by concerned citizen groups to not consider uncertainties.
b. The actions of competitors change the environments of organizations.
c. Environmental problems can be solved by elder people and children.
d. A situation where an organization is reorganized creates uncertainties.
e. It is always easy for people in organizations to find a way to survive and continue to succeed, even in situations where there are a lot of uncertainties.
f. People generate ideologies in organizations as well as in social life.
g. Rationally based belief systems are more emotionally charged than beliefs which are taken for granted.

C. 本文中の二重下線部 they face other threats and uncertainties, including loss of job, social status, and so on を、they が何を指すのかを明確にしながら、日本語に訳しなさい。答えは記述式解答用紙の所定欄に記入しなさい。

〔Ⅲ〕次の英文を読み、下記の設問（A～C）に答えなさい。

Ecology is the science of relationships between living organisms and their environment. Human ecology is about relationships between people and their environment. In human ecology, the environment is (1) as an ecosystem*. An ecosystem is everything in a specified area—the air, soil, water, living organisms, and physical structures, including everything built by humans. The living parts of an ecosystem—bacteria, plants, and animals (including humans)—are its biological community.

Although humans are part of the ecosystem, it is useful to think of human-environment interaction as interaction between the human social system and the rest of the ecosystem. The social system is everything about people, their population, and the psychology and social organization that (2) their behavior. The social system is a central concept in human ecology because human activities that impact ecosystems are strongly influenced by the society in which people live.

Human ecology analyzes the consequences of human activities as a chain of effects through the ecosystem and human social system. Take for example the following story about fishing. Fishing is (ア)directed toward one part of the marine ecosystem, namely fish, but fishing has unintended effects on other parts of the ecosystem. For example, drift nets are nylon nets that are (3) in the water. Fish become tangled in drift nets when they try to swim through them. During the 1980s, fishermen used thousands of kilometers of drift nets to catch fish in oceans around the world. In the mid-1980s, it was discovered that drift nets were killing large numbers of dolphins, seals, turtles, and other marine animals that drowned after becoming entangled in the nets.

When conservation organizations realized what the nets were doing to marine animals, they (4) against drift nets and pressured governments to make their fishermen stop using the nets. At first, many fishermen did not want to stop using drift nets, but their governments (イ)forced them to give up. Within a few years the fishermen switched from drift nets to long lines and other fishing methods. Long lines, which feature baited hooks** hanging from a main line often kilometers in length, have been a common method of fishing for many years.

(5), in the 1990s, it was discovered that long lines were killing large numbers of sea birds when the lines were put into the water from fishing boats. Immediately after the hooks were released from the back of a boat into the water, birds flew down to eat the bait on hooks floating behind the boat, near the surface of the water. The birds were caught on the hooks, dragged down into the water, and drowned. Some fishermen started using a cover at the back of their boat to prevent birds (6) reaching the hooks, and others added weights to the hooks to sink them beyond the reach of birds before the birds could get to them. These stories show how human activities can generate a chain of effects that passes back and forth between the social system and the ecosystem. Fishing affected the ecosystem (by killing marine animals and birds), which in turn (ウ)led to a change in the social system (fishing technology).

*ecosystem：生態系
**baited hook：餌をつけた釣り針

設問

A．本文中の空所（1～6）に入れるのに最も適当なものを、それぞれ下記（a～d）の中から1つ選び、その記号をマークしなさい。

(1)	a. repeated	b. perceived	c. struggled	d. inclined
(2)	a. forbids	b. isolates	c. borrows	d. shapes
(3)	a. impressive	b. obsolete	c. invisible	d. sensible
(4)	a. campaigned	b. leaned	c. offended	d. provided
(5)	a. As if	b. Whether	c. Since	d. However
(6)	a. in	b. of	c. from	d. about

B．本文中の下線部（ア～ウ）が文中で表している内容に最も近いものを、それぞれ下記（a～d）の中から1つ選び、その記号をマークしなさい。

(ア) directed toward
a. turned away
b. set aside
c. focused on
d. bound for

(イ) forced them to give up
a. ordered them to stop
b. allowed them to change

出典追記：Human Ecology by Gerald G. Marten, Routledge

c. reminded them to identify

d. encouraged them to continue

(ウ) <u>led to</u>

a. appeared to

b. stemmed from

c. accused of

d. resulted in

C. 次の英文（a～e）の中から本文の内容と一致するものを２つ選び、その記号を各段に１つずつマークしなさい。ただし、その順序は問いません。

a. As the name implies, human ecology is a way of thinking that mainly studies people and buildings in the social system.

b. The social system and the rest of the ecosystem are usually not integrated and should be considered individually.

c. Looking into fishing as an example of human-environment interaction, we find that drift nets posed a great threat to many kinds of sea creatures.

d. Long lines were adopted as a new fishing method, but the development took many decades with opposition from environmental groups and governments.

e. Fishermen are making various efforts to limit damage to the environment.

〔Ⅳ〕次の英文（1～10）の空所に入れるのに最も適当なものを、それぞれ下記（a～d）の中から1つ選び、その記号をマークしなさい。

(1) When I came home, my brother (   ) the guitar in the living room.

a. plays　　b. is playing　　c. was playing　　d. has played

(2) One day, Mary was (   ) a stranger on the train.

a. spoken　　b. spoken by　　c. spoken to　　d. spoken to by

(3) Nancy (   ) in the office this morning, but we didn't see her there.

a. should be　　b. might have been

c. may not have been　　d. must be

(4) My sister and I are so (   ) that we often know what each other is thinking.

a. like　　b. alike　　c. likely　　d. likewise

(5) Her latest novel, the price (   ) is 25 dollars, is not selling well.

a. which　　b. whose　　c. by which　　d. of which

(6) It was careless (   ) to lose the important document.

a. for you　　b. of you　　c. to you　　d. with you

(7) Jessy's exam results turned out (   ) better than she had expected.

a. much　　b. more　　c. as　　d. very

(8) You shouldn't (   ) other people's help.

a. bear with　　b. keep off　　c. speak up　　d. count on

(9) Work hard, (   ) you will pass the examination.

a. and　　b. but　　c. otherwise　　d. or

(10) It is not I but you (   ) are to blame.

a. for　　b. to　　c. which　　d. who

〔V〕 次の設問（A、B）に答えなさい。

設　問

A．次の日本文（1、2）に相当する意味になるように、それぞれ下記（a～h）の語を並べ替えて正しい英文を完成させたとき、並べ替えた語の最初から３番目と７番目に来るものの記号をマークしなさい。

（1）　その批評家は、まもなく皆が彼女の芸術作品を認めることになるだろうと言っている。
The critic says (　　　　　　　　) her artwork.

a．be	b．before	c．everyone	d．it
e．not	f．long	g．recognizes	h．will

（2）　警察は、事実を確認するのが大変だと気づいた。
The police (　　　　　　　　) facts.

a．it	b．sure	c．to	d．difficult
e．the	f．of	g．found	h．make

B．次の日本文に相当する意味になるように英文の空所を埋めなさい。答えは、空所に入れる部分のみを記述式解答用紙の所定欄に記入しなさい。

十分な研究費があれば、若い研究員たちは研究に専念することができる。
Young researchers (　　　　　　　　　　　　　　　　).

〔Ⅵ〕次の会話文を読み、空所（1～10）に入れるのに最も適当なものを、それぞれ下記（a～d）の中から1つ選び、その記号をマークしなさい。

Lina and Kate meet in an office hallway and start talking.

Lina: Hi, Kate, how are you doing these days?

Kate: Well, not so bad. I'm a little bit busy today because the manager suddenly changed the due date for submitting my report. But I can (1) it and meet the deadline. How about you, Lina?

Lina: Pretty good. Sorry for (2) you, Kate. I know you're busy, but have you got a minute?

Kate: Sure. What's up?

Lina: It's about the monthly budget we discussed last week. We may need to reconsider some items before we approve it.

Kate: (3)! Should we have a meeting with the rest of the team?

Lina: Yeah. That sounds good to me. I'll (4) the meeting. Can you arrange the date and inform the team?

Kate: Sure. I'm more than (5) to help, Lina. What's better? A face-to-face or online meeting?

Lina: Considering the topic, it may be best to discuss things face-to-face. Do you think we can reserve a room for five?

Kate: I think so. How long do you think the (6) will be?

Lina: I think around an hour.

Kate: Okay! I'll let the team know.

Lina: Thanks, Kate. Oh, and can you ask Mike to take (7) during the meeting?

Kate: No problem. Anything else on your mind?

Lina: Actually, I also want to have a (8) with you before the meeting to confirm a few things about a document I'm working on. Are you free tomorrow morning? Meeting online would be fine for me.

Kate: Tomorrow morning (9) for me. Could you e-mail me the document?

Lina: Sure! I'll send you the document and a meeting invitation link first thing tomorrow morning.

Kate: Okay, tomorrow morning. (10) then.

（1） a. title　　b. handle　　c. ignore　　d. disclose

（2） a．proceeding　b．holding　c．pausing　d．bothering

（3） a．I came across to you　b．I will call off the meeting
c．I was thinking the same thing　d．I will rule out the meeting

（4） a．lead　b．gain　c．secure　d．resolve

（5） a．joy　b．thrill　c．happy　d．hope

（6） a．meeting　b．range　c．room　d．pace

（7） a．strategies　b．advantages　c．programs　d．notes

（8） a．quarrel　b．lecture　c．chat　d．showcase

（9） a．effects　b．works　c．applies　d．looks

（10） a．Before　b．At　c．On　d．See you

数学

◀数学Ⅰ・Ⅱ・A・B▶

（90分）

〔1〕　次の文章中の □ に適する式または数値を，解答用紙の同じ記号のついた □ の中に記入せよ．途中の計算を書く必要はない．

（1）　a を実数とし，放物線 $y=x^2-(2a+4)x+2a^2-12a-32$ を C とする．放物線 C が y 軸の正の部分と交わるような a の取りうる値の範囲は $a<$ ［ア］，［イ］$<a$ である．また，放物線 C と x 軸の正の部分が異なる 2 点で交わるような a の取りうる値の範囲は ［ウ］$<a<$［エ］ である．

（2）　4 点 O, A, B, C があり，点 P は以下の規則にしたがって O, A, B, C の間を移動する．点 P は最初 O にある．P は 1 秒後に，現在いる点以外の 3 点のいずれかにそれぞれ $\dfrac{1}{3}$ の確率で移動することを繰り返す．1 秒後から n 秒後までに，P が（i）～（iii）それぞれの条件を満たす確率を求めよ．ただし，n は 2 以上の自然数とする．

（i）P が O と A だけを訪れる確率は ［オ］ である．

（ii）P が O と C を訪れず，A と B の両方を訪れる確率は ［カ］ である．

（iii）$n\geqq 3$ とする．P が O を訪れず，A と B と C すべてを訪れる確率は ［キ］ である．

〔2〕 次の文章中の □ に適する式または数値を，解答用紙の同じ記号のついた □ の中に記入せよ．途中の計算を書く必要はない．

（1）正の実数 x，y が

$$(\log_2 x)^2 + (\log_2 y)^2 = \log_2 x^2 + \log_2 y^4 \quad \cdots\cdots ①$$

を満たしながら変化している．$X = \log_2 x$，$Y = \log_2 y$ とおくと，① は X，Y を用いて表すと

$$(X-1)^2 + (Y-2)^2 = \boxed{ア}$$

である．このとき，$\log_2 xy^2$ は $(x, y) = \boxed{イ}$ で最大値をとり，$(x, y) = \boxed{ウ}$ で最小値をとる．

（2）点 O を原点とする座標空間に，3 点 A(2, 1, 1)，B(1, 2, 2)，C(3, 4, 0) がある．点 C から平面 OAB に垂線を下ろし，その交点を P とする．$\overrightarrow{\mathrm{OP}}$ を $\overrightarrow{\mathrm{OA}}$，$\overrightarrow{\mathrm{OB}}$ を用いて表すと $\overrightarrow{\mathrm{OP}} = \boxed{エ}$ である．また，$\cos\angle\mathrm{AOB} = \boxed{オ}$ であるから，△OAB の面積は $\boxed{カ}$，四面体 OABC の体積は $\boxed{キ}$ である．

〔3〕 a，b を正の実数とし，$0 < a < \sqrt{3}$ とする．座標平面上に点 $\mathrm{A}\left(\sqrt{3}, \dfrac{3}{2}\right)$，放物線 $C : y = 3 - \dfrac{x^2}{2}$，円 $K : (x-a)^2 + (y-b)^2 = b^2$ がある．また，点 A における放物線 C の接線を ℓ とする．このとき，次の問いに答えよ．

（1）直線 ℓ の方程式を求めよ．

（2）円 K と直線 ℓ が点 A で接するとき，a，b の値を求めよ．

（3）a，b を（2）で求めた値とする．円 K の中心を P とし，円 K と x 軸との接点を B とする．このとき，∠APB の大きさを求めよ．また，連立不等式

$$\begin{cases} y \leqq 3 - \dfrac{x^2}{2}, \\ (x-a)^2 + (y-b)^2 \geqq b^2, \\ y \geqq 0 \end{cases}$$

で表される領域のうち，直線 AB より上側の部分の面積 S を求めよ．

◀数学Ⅰ・Ⅱ・Ⅲ・A・B▶

（90分）

〔1〕

次の文章中の［　］に適する式または数値を，解答用紙の同じ記号のついた［　］の中に記入せよ．途中の計算を書く必要はない．

（1）　1から1000までの整数のうちで，4でも7でも割り切れるものは［ア］個あり，4または7で割り切れるものは［イ］個ある．4で割り切れるものすべての和は［ウ］である．

（2）　$y=(\log_2 x)^3-3\log_2 x$ は $x=$［エ］のとき極大値［オ］をとる．

（3）　$\cos 3x-2\cos 2x=0$ を満たす $\cos x$ の値は2つある．1つは有理数で［カ］であり，もう1つは無理数で［キ］である．

（4）　$4x^2+13xy+10y^2$ を因数分解すると［ク］となる．また，$4x^2+13xy+10y^2+18x+27y+18$ を因数分解すると［ケ］となる．

（5）　$y=e^{x^2}$ について $\dfrac{d^2y}{dx^2}=$［コ］である．

〔2〕

次の文章中の［　］に適する式または数値を，解答用紙の同じ記号のついた［　］の中に記入せよ．途中の計算を書く必要はない．

m は2以上の整数で n は4以上の整数とする．x, y, z は正の整数とする．$x+y=m$ を満たす x, y の組 (x, y) の個数を a_m とし，$x+y+2z=n$ を満たす x, y, z の組 (x, y, z) の個数を b_n とする．例えば $x+y=3$ を満たす x, y の組は $(x, y)=(1,2), (2,1)$ の2個ある（順序を区別する）から $a_3=2$ である．

$a_m=$［ア］である．z の値で場合分けして考えると $b_5=2$, $b_6=$［イ］, $b_7=$［ウ］がわかる．

k が2以上の整数のとき，$x+y+2z=2k$ において z がとりうる値の範囲は $1\leqq z\leqq$［エ］であり，b_{2k} を k の式で表すと $b_{2k}=$［オ］である．また，b_{2k+1} を k の式で表すと $b_{2k+1}=$［カ］である．

n が4以上の偶数のとき，b_n を n の式で表すと $b_n=$［キ］である．また，n が5以上の奇数のとき，b_n を n の式で表すと $b_n=$［ク］である．

n が4以上の偶数のとき，$x+y+2z\leqq n$ を満たす x, y, z の組 (x, y, z) の個数 c_n を n の式で表すと $c_n=$［ケ］であり，$\displaystyle\lim_{n\to\infty}\frac{c_n}{n^3}=$［コ］である．

〔3〕　次の文章中の □ に適する式または数値を, 解答用紙の同じ記号のついた □ の中に記入せよ. 途中の計算を書く必要はない.

aは正の定数とする. $f(x)=\sqrt{x}-a\log x$ とおく. その導関数は $f'(x)=\dfrac{\boxed{\text{ア}}}{2x}$ であり, $f(x)$は $x=\boxed{\text{イ}}$ において極小値 $\boxed{\text{ウ}}$ をとる. 極小値が0となるようなaの値は$a=\boxed{\text{エ}}$である.
2曲線 $y=\sqrt{x}$, $y=\boxed{\text{エ}}\log x$ とx軸で囲まれる部分をDとする. Dの面積は $\boxed{\text{オ}}$ である.
$(\log x)^2$ の不定積分は

$$\int(\log x)^2\,dx=x(\log x)^2+\boxed{\text{カ}}+C\ (C\text{は積分定数})$$

であり, Dをx軸のまわりに1回転してできる立体の体積は $\boxed{\text{キ}}$ である.
bは正の定数とする. $y=b\log x$ をxについて解けば$x=\boxed{\text{ク}}$ となる. $g(y)=\boxed{\text{ク}}$ とおくとき,

$$\int\{g(y)\}^2\,dy=\boxed{\text{ケ}}+C'\ (C'\text{は積分定数})$$

である. ゆえに, Dをy軸のまわりに1回転してできる立体の体積は $\boxed{\text{コ}}$ である.

〔4〕　xy平面において, 円$C: x^2+y^2+ax+by+c=0$は3点$(0,3),(7,4),(7,-4)$を通る. また, 点$(-4,0)$を通り, 傾きがmの直線ℓはCと異なる2点で交わるとする. このとき, 次の問いに答えよ.

(1)　a,b,cの値を求めよ. また, 円Cの中心と半径を求めよ.

(2)　mのとりうる値の範囲を求めよ.

(3)　直線ℓと円Cの2つの交点を結ぶ線分の中点をMとする. mが(2)の範囲で変化するとき, Mのx座標がとりうる値の範囲を求めよ. また, Mの軌跡を求めよ.

解答編

英語

I

解答　A．(1)―c　(2)―a　(3)―b　(4)―b　(5)―c
(6)―c

B．(ア)―b　(イ)―d　(ウ)―d　(エ)―a

C．(i)―b　(ii)―a　(iii)―c

D．アスリートたちは，赤血球の数を増やしてくれる酸素濃度の低い環境に徐々に慣れていく。

◆全　訳◆

≪高地が人体に及ぼす影響と人間の適応能力≫

高地での肉体労働には，山登りをした人であろうと，ヘリコプターで捜索隊の一員として向かった人であろうと，大変な困難を伴う。高地は気温が低く，極寒であることが普通で，空気中の酸素濃度は低く，人間の体にとって過酷な環境であるため，肉体労働を行うには常に苦労が伴う。アスリートが酸素運搬能力を高めるために高地でトレーニングを行う際によく起こることだが，低いところから高いところへ急に移動すると，頭痛や胃の不調を引き起こすことがあり，いずれも食事や水分の摂取に悪影響を及ぼす可能性がある。高地では大気中の酸素濃度が低いため，すぐに疲労が蓄積し，さらに通常の飲食が困難になるので，耐寒性が低下するほど組織欠損が起こる可能性がある。極寒の地で体液バランスを維持することは，高温多湿の環境で体液バランスを維持するのと同じくらい難しい。飲み物の凍結を防ぐだけでも大変なのに，高地では低地に比べて調理に時間がかかるため，より多くの調理用燃料を携行しなければならない。高所での肉体労働は困難であり，落胆させられるが，4,400ｍ級のレーニア山への3日間の登山でも，5,900ｍ級のキリマンジャロへの1週間の登山でも，優れた栄養戦略によって，この不利な環境でも目標を達成することができるのだ。

医師や科学者は，アスリートにとって理想的なトレーニングシステムを構築するために，高度が人体に及ぼす影響について研究してきた。高地に滞在しながらトレーニングは低地で行うトレーニング法（LHTL）は，30年以上にわたって用いられており，はるかに多くの困難やトレーニングの制限がかかる，従来の高地で滞在しながらトレーニングも高地で行うトレーニング法（LHTH）の人気を凌駕している。実際，LHTH を行うと，スピードが低下し，パワーが発揮できず，酸素流量が減少し，いずれもトレーニングには何の利点もないものであった。対照的に，LHTL は様々な能力を持つアスリートのパフォーマンスを向上させるのだ。LHTL の目的は，酸素運搬能力を向上させる組織適応を作り出すことである。しかし，この LHTL 戦略の恩恵を効率的に受けるには，アスリートは最低 4 週間，2,000～2,500 メートルの高地で生活する必要がある。

高地で生活するアスリートは，しばしば健康上の問題を経験するが，高山病を避けるための最良の戦略は，異なる条件に適応するために十分に時間をかけることなのである。一般的に提案されている方法は，目標高度まで 1 日 600m 以下の勾配のゆるい坂を上り，600～1,200m ごとに休息日を設けることである。高地では酸素濃度が低くなるため，高山病でトレーニングに支障をきたさないように，低酸素状態に慣れるために，ある程度の適応が必要である。高地では酸素濃度が低いため，一歩一歩高地へ進むことは，効率的で病気にかからず，適応反応ができるようになるために，理にかなっているのだ。

高地でのアスリートのトレーニングは，酸素濃度が低いため，呼吸や心拍数が速くなることが予想される。しかし，徐々に酸素濃度の低い環境に慣れてくると，赤血球の数が増え，より効率的に酸素が供給されるようになる。その結果，アスリートはパフォーマンスを向上させることができるのだ。また，高地での適応力を高めるための栄養学的な方法として，カロリー，鉄分，ビタミン B12 を十分に摂取することが挙げられる。健康的な食事であれば，これらの必要量をほぼ満たすことができるが，鉄分については 1 日約 18 ミリグラムを基準に摂取するよう注意する必要がある。高地では食欲不振を訴えるアスリートが多いので，これは案外難しいのかもしれない。

寒冷な環境では熱が奪われるが，人間には体温を維持し，熱の生産を高めるシステムが備わっている。このような体温調節機能のおかげで，低温下に置かれても，生き延びることができるのだ。寒さにさらされると，体は手足の指などの四肢の血管を収縮させて，熱の損失量を減らそうとする。しかし，手足の皮膚の血流が悪くなることで，凍結によるケガをしやすくなる。このリスクを下げるために，10 分ほど寒さにさらされると，体内で血管を広げる働きが始まる。この四肢の血管の収縮と拡張に伴う脈動が，体温の維持に役立っているのだ。

◀解　説▶

A．(1)空所の直前より，「ヘリコプターで向かった（連れていかれた）」と考えると文意が通るので，手段を表す前置詞である c の via「～によって」が正解となる。a は「～と」，b は「～を除いて」，d は「～のために」という意味で，いずれも文意が通らない。

(2)空所の前後より，「極寒の地で体液バランスを維持すること」と「高温多湿の環境で体液バランスを維持すること」を比較していると考えられる。よって，a の just as difficult as「～と全く同じように難しい」が正解。b は「～にとってあまり簡単ではない」，c は「～と同じくらい遠い」，d は「～のために難しい」という意味で，いずれも不適切である。

(3)直前の文で LHTH について，直後で LHTL についてのことが書かれている。両者は対照的なトレーニング方法であることから，空所には b の By contrast「対照的に」を入れる。a は「さらに」，c は「特に」，d は「公式に」という意味で，いずれも文意が通らない。

(4)直前に前置詞 for があることから，後ろには名詞がくる。よって，動名詞の形になっている b の avoiding が正解となる。

(5)空所を含む文の前半で書かれている「酸素濃度は高地では低くなる」ということから，後半の「高山病でトレーニングに支障をきたさないよう，低酸素状態に慣れるために，ある程度の適応が必要である」という結論が導き出されると考えると，c の so「だから，そのため」が適切である。a は「～でさえ」という意味の副詞で，文と文を接続できないので，文法的に空所に入らない。b は「しかし」，d は「なぜなら」という意味。

(6)直後に動詞 help があることから，systems を先行詞とする主格の関係代名詞を入れる。よって，正解は c の that となる。who は主格の関係代名詞だが，先行詞は「人」を表す語をとる。b の whose は所有格の関係代名詞なので，ここでは不適切。

B．(ア) fatigue は「疲労」という意味。したがって，一番意味が近いものはb．「極度の疲れ」。aは「強力なエネルギー」，cは「意識の喪失」，dは「骨折」という意味で，文意に合わない。

(イ) step by step は「一歩一歩，着実に」という意味で，ここでは直前の progressing を修飾する副詞の働きをしている。これに最も近い意味を持つのは，d．「徐々に，段階的な方法で」である。aは「素早く」，cは「突然」という意味で，bは似た表現に（even）at the best of times「一番いい時でさえも」というのがあるが，いずれも文意に合わない。

(ウ) approximately は直後に数値表現を伴って，「およそ」という意味。よって，正解はdとなる。aは「めったに～ない」，bは「つい先ごろ始まった時」，cは「他の似た物や，期待しているものと較べて」という意味で，文意に合わない。

(エ) blood vessel は「血管」という意味。よって，正解はa．「体内で血液が流れる管」が正解となる。bは「体中に血液を送る胸の中にある臓器」，cは「体のいたる所に酸素を送る体内の細胞」，dは「人間の血液が分けられたグループの1つ」という意味で，いずれも文意が通らない。

C．(i)問題文の意味は「高地での肉体労働はなぜ大変な困難を伴うのですか」。第1段第2文（High altitudes are …）に，極寒で，酸素濃度が低い高地は，人間の体にとって過酷な環境であるため，肉体労働が大変だと書かれている。よって，正解はb．「高地の環境はとても過酷なので，肉体労働を行う時，人は常に悩まされる」。

(ii)問題文の意味は「LHTL について誤っているのは以下のどれですか」。第2段第2・3文（The Live High … advantage to training.）より，LHTL は LHTH の人気を超えたことがわかる。また LHTH についての問題点が言及されていることから，この2つのトレーニング方法が共に効果的だと考えることはできない。よって，aが正解となる。bは第3段第1文（Athletes living at …），cは第2段第5文（The purpose of …），dは，第2段最終文（However, to efficiently …）に書かれていることと一致する。

(iii)問題文の意味は「本文で述べられていること，示唆されることは以下のどれですか」。aは第4段第4文（Additionally, there are …）に，栄養管理の方法によってアスリートの高地での適応力が高まることが書かれているので，誤り。b は第３段第１文（Athletes living at …）に，高山病を避ける最良の方法は適応する時間を十分取ることであると述べられているので，誤り。c は第４段第２文（However, they gradually …）に，徐々に酸素濃度の低い環境に慣れてくると，赤血球の数が増え，より効率的に酸素が供給されると書かれているので，正解である。d は最終段第３文（With cold exposure, …）にあるように，寒さにさらされると，熱の損失量を減らすために収縮するのは，「体の中央部にある血管」ではなく，「四肢にある血管」なので誤り。

D．get used to ～ は「～に慣れる」という意味。よって，前半は「they が酸素の少ない環境に慣れる」と意味になり，they が指す内容を考えると，athletes だとわかる。次に which は，直後に動詞 raises があることから，the lower-oxygen environment を先行詞とする主格の関係代名詞になる。the number of ～ は「～の数」という意味。

II　解答

A．(ア)― b　(イ)― a　(ウ)― b　(エ)― a

B．b，d，f

C．経営者やその他の人々は職や社会的地位などの喪失といった別の脅威や不確かなものに直面する。

◆全　訳◆

≪不確かな状況に対応するには≫

人間の文化は，不確かなものにうまく対処し，社会生活にある程度の秩序を作り出そうとする人々の努力から生まれるものである。組織で働く人々は，多くの不確実なものに直面している。経済状況や技術の発展，あるいは競合他社の行動によって，彼らの環境は変化する。急速に発展するグローバル経済の中で競争するために，組織の人々は，様々なタイプの顧客に対応し，これから現れる多くの競合相手に対処しなければならない可能性がある。加えて，環境汚染，環境保全，薬物・薬物乱用，さらには高齢者や子供のケアなどの問題への対応を，関心のある市民団体や議会が組織に求めている。一方，インターネットの普及で情報や知識が爆発的に増えたため，組織は様々な分野の専門家の活動を調整する必要があり，一人一人が相手のことを十分理解しておらず，様々な意見が衝突している時は，そうしなければならない。さらには合併，再編，ダウンサイジングなどのため，社会秩序が変化している時に，組織はこのようなことをすべて行わなければならない。このような不確かなことから，多くの曖昧さが生じる。確実に組織が生き残り，成功し続けるために，経営者やその他の人々が取るべき最善の行動は何であるかは，多くの場合，明確ではない。もし失敗すれば，職や社会的地位などの喪失といった別の脅威や不確かなものに直面する。したがって，他の環境にいる人々と同様に，組織の人々が文化を発展させることは驚くべきことではないのだ。

文化は，組織のメンバーに多かれ少なかれ，こうした不確かなものや曖昧さのすべてに対して上手く対処するのに役立つ明確に示された価値観を提供する。組織の人々は，一般の社会生活と同様に，何が存在し，なぜそのようになったのか，そして物事はどうあるべきかを語るイデオロギーを生み出している。以下は，ある航空会社のCEOが語ったイデオロギーの例である。「失敗は競争過程で生じる自然な結果である」「ある組織の問題は，別の組織のチャンスになり得る」「競争する一つの方法は，仕事を楽しくすることである」。

このようなイデオロギーは文化の本質を形成している。それらは，合理的な信念体系ではない。むしろ，比較的暗黙的な，当たり前の信念の集合体である。また，イデオロギーは，合理的な信念よりも感情が絡み，変化に強い。というのも，不確かなものがもたらす脅威に立ち向かうための自信感を人々に与えるからであり，そして合理的な手段では完全には理解も予測もできない状況下で生まれるからである。

◀解　説▶

A. (ア) conflictはここでは動詞で，「衝突する」という意味なので，最も近いのはbのcontradict「相反する，矛盾する」。aは「現れる」，cは「認識する」，dは「生み出す」という意味。

(イ) course of actionは「方策」という意味なので，最も近いのはaのpath「方針」。bは「エピソード，挿話」，cは「検索」，dは「範疇」という意味。

(ウ) generallyは「一般的に，広く」という意味なので，最も近いのはbのwidely「広く，多くの人に」。aは「はっきりと」，cは「確かに，間違いなく」，dは「著しく，大きく」という意味。このgenerallyは名詞の後に置いて，「一般の」という意味を表す用法。

(エ) pose はここでは threats「脅威」を修飾する過去分詞の形容詞的用法で，「もたらす」という意味。最も近いのは a の present「引き起こす」。b は「選出する」，c は「止める」，d は「経験する」という意味。

B．a．「組織の人々は関心のある市民団体によって，不確実なものを考えないように言われている」 第1段第5文（In addition, concerned …）の内容に不一致。

b．「競合相手の行動は，組織の環境を変える」 第1段第3文（Their environments change …）に一致する。

c．「環境問題は，高齢者や子供たちによって解決されるだろう」 このような内容は本文に書かれていないので，誤り。

d．「ある組織が再編成される状況は，不確かなものを作り出す」 第1段第7・8文（Organizations must do … many ambiguities arise.）の内容に一致する。

e．「組織の人々が，不確かなものがたくさんある状況でも，生き残ったり，成功し続ける方法を探したりすることは，いつも簡単である」 第1段第9文（It is often …）で，survival や continued success のことについて言及されているが，上記の内容については書かれていないので，誤り。

f．「人々は社会生活においてだけでなく，組織の中でもイデオロギーを生み出す」 第2段第2文（People in organizations …）の内容に一致する。

g．「合理的な信念体系は，当たり前の信念より，感情が絡む」 最終段落より，感情が絡むのは，合理的な信念体系ではなく，当たり前の信念（イデオロギー）だとわかるので，誤り。

C．直前の If they go wrong の they と，二重下線部の they は同一の人を指していると考える。直前の文で，「確実に組織が生き残り，成功し続けるために，経営者やその他の人々が取るべき最善の行動が何であるかは，多くの場合，明確ではない」と書かれており，これを受けて，「『彼ら・彼女ら』が失敗する」という流れになる。さらに失敗した場合に，別の脅威や不確かなものに直面するのは誰かと考えると，they は直前の文の managers と others を指しているとわかる。including 以下は直前の other threats and uncertainties を具体的に表している。and so on は

「～など」という意味。

III **解答** A．(1)―b　(2)―d　(3)―c　(4)―a　(5)―d　(6)―c

B．(ア)―c　(イ)―a　(ウ)―d

C．c，e

◆全　訳◆

≪人間生態学とは≫

生態学とは，生物とその環境との関係を研究する学問である。人間生態学は，人と環境との関係についてのものである。人間生態学では，環境を生態系として捉える。生態系とは，大気，土壌，水，生物，物理的構造物（人間が作ったものを含む）など，特定の地域に存在するすべてのものを指す。生態系を構成する生物であるバクテリア，植物，動物（人間を含む）は，生物群集と呼ばれる。

人間も生態系の一部だが，人間と環境との関係を，人間の社会システムと生態系の他の部分との関係として考えることが有効である。社会システムとは，人間，その集団，そして人間の行動を形成する心理や社会組織に関するすべてのものである。生態系に影響を与える人間の活動は，人間が住む社会の影響を強く受けるため，社会システムは人間生態学の中心的な概念である。

人間生態学では，人間の活動の影響は，生態系と人間の社会システムが及ぼす一連の影響として分析される。例えば，次のような漁業の話を考えてみよう。漁業というと，魚という海洋生態系の一部に関心が向けられるが，漁業は生態系の他の部分にも意図せず影響を及ぼしてしまうのだ。例えば，流し網は水中では見えないナイロンでできている。魚が通り抜けようとすると，網に絡まってしまう。1980 年代，漁師たちは世界中の海で何千キロメートルもの流し網を使って魚を獲っていた。しかし，1980 年代半ばになると，イルカやアザラシ，ウミガメなどの海洋生物が漂流網に巻き込まれて溺れ，大量に死亡していることが判明したのだ。

自然保護団体は，海洋生物に対する流し網の影響に気づくと，流し網反対運動を展開し，漁業者に流し網をやめさせるよう政府に圧力をかけた。当初，多くの漁業者は流し網をやめようとしなかったが，政府が無理やりやめさせた。そして，数年間で，漁師たちは流し網から延縄や他の漁法に切り替えていった。延縄は，何キロもある道糸に餌をつけた釣り針を垂らすもので，昔から一般的な漁法であった。

しかし，1990年代，延縄が漁船から海中に投入された際に，大量の海鳥を殺していることが判明した。船の後部から水中に釣り針を放った直後，船の後方の水面近くに浮かんでいる釣り針の餌を食べに，鳥たちが飛んできたのだ。鳥は釣り針に引っかかって水中に引きずり込まれ，溺死した。そこで，船の後ろにカバーをつけて鳥が釣り針に届かないようにしたり，釣り針に重りをつけて鳥が届かないように沈めたりする漁師が現れた。これらの話より，人間の活動が，社会システムと生態系の間を行き来しながら，連鎖的に影響を及ぼしていることがわかる。漁業が生態系に影響を与え（海洋動物や鳥を殺す），それが社会システム（漁業技術）に変化をもたらしたというふうにだ。

◀解　説▶

A．(1)直後にある as と共に使うことができる動詞を選ぶ。正解は b の perceive「捉える，理解する」。perceive *A* as *B* は「*A* を *B* として捉える，理解する」という意味で，ここでは受動態の形で用いられている。a は「繰り返す」，c は「懸命に努力する」，d は「傾く」という意味。

(2)直前の that は主格の関係代名詞で，先行詞は the psychology and social organization。よって，心理，社会組織と人間の行動をつなぐ動詞として適切なのは，d の shapes「形成する」。a は「禁止する」，b は「孤立させる」，c は「借りる」という意味。

(3)直前の that は主格の関係代名詞で，先行詞は nylon nets。よってナイロンのネットは水中では「目に見えない」と考え，c の invisible を入れる。a は「印象的な」，b は「時代遅れの」，d は「分別のある」という意味。

(4)直前の they は conservation organizations「環境保護団体」を指しており，その団体が流し網に対してどのような行動を取ったのかを考える。直前の副詞節の後半にある what the nets were doing to marine animals は「ナイロン製の流し網が海洋動物にしたこと」，すなわちナイロン製の流し網が魚にもたらした被害のことであり，これを踏まえて考えると，正解は a の campaign「運動を行う」となる。campaign against ～ は「～

に反対運動を起こす」という意味。bは「傾く」，cは「怒らせる」，dは「供給する」という意味。

(5)空所の直後にカンマがあること，さらに完全な文が続くことから，ここには副詞が入るとわかるので，正解はdのHowever「しかし」。aは「まるで～のように」，cは「～以来，～なので」という意味の従属接続詞。bのWhetherの直後にカンマがあるのはおかしいので誤り。

(6)直前にpreventがあることから，正解はcのfrom。prevent *A* from *doing* は「*A* に～させない，*A* が～するのを妨げる」という意味。

B．(ア) directed toward は「～に注意を向けられる」という意味なので，正解はcの「～に焦点が置かれる」。aは「目をそむける」，bは「取っておく」，dは「～行きの」という意味。

(イ) forced them to give up は「彼らに諦めさせた」という意味なので，正解はaの「彼らに止めるように命じた」。force *A* to *do*「*A* に無理やり～させる」。bは「彼らに変えさせる」，cは「彼らに特定することを気づかせる」，dは「彼らに続けるように促す」という意味。

(ウ) led は lead の過去形・過去分詞形。*A* lead to *B* は「*A* が原因で *B* という結果になる」という意味。よって，正解はdである。*A* result in *B* も同様の意味。aの appear は「現れる」，bは *A* stem from *B* という形で「*B* が原因で *A* という結果が生じる」，cの accuse は「非難する」という意味。

C．a．「名前が示唆しているように，人間生態学は主に社会システムの中にいる人や建物を研究対象とする考え方である」 第1段第2文（Human ecology is …）に不一致。

b．「人間の社会システムと生態系の他の部分は，普通統合されず，個別のものとして考えられるべきだ」 第2段第1文（Although humans are …）で，人間の社会システムと生態系の他の部分について言及されているが，「個別のものとして考えられるべき」とは書かれていないので，誤り。

c．「漁業を人間と環境の相互作用の一例と捉えると，流し網が多くの種類の海洋生物に大きな脅威をもたらしたことがわかる」 第3段第2文（Take for example …）以下に書かれている内容に一致する。

d．「延縄は新たな漁業の方法として用いられたが，その発達には，環境保護団体や政府からの反対で，何十年もかかった」 第4段第2・3文

(At first, many … other fishing methods.) で，政府からの命令で，漁師たちは流し網から延縄漁業に数年間で切り替えたと書かれているが，延縄漁業が環境保護団体や政府から反対されたという記述はないので，誤り。

e.「漁師たちは，環境への影響を減らすために，様々な努力をしている」最終段第4文 (Some fishermen started …) に合致する。

Ⅳ　解答

(1)―c　(2)―d　(3)―b　(4)―b　(5)―d
(6)―b　(7)―a　(8)―d　(9)―a　(10)―d

◀解　説▶

(1)「私が帰宅した時，私の兄は居間でギターを弾いていた」 When から始まる副詞節の中の時制が過去になっているので，空所にも過去を表す時制を入れなければならない。よって，c が正解となる。過去進行形は，過去のある時点で進行途中・継続中の動作を表す。

(2)「ある日，メアリーは電車で見知らぬ人に話しかけられた」 speak to ～ は「～に話しかける」という意味の群動詞で，前置詞を含む群動詞を一つの動詞として考える。能動態の文は One day, a stranger spoke to Mary on the train. となる。b は spoken の後に to が必要。c は to の後に，受動態で使われる by「～によって」が必要。

(3)「ナンシーは今朝，会社にいたかもしれないが，私たちは彼女に会わなかった」 this morning「今朝」は過去を表す語句。過去に対する推量を表す場合は，may (might) have *done* を用いる。

(4)「私の妹と私はとても似ているので，お互い何を考えているのかがよくわかる」 so ～ that … は「とても～なので…」という意味で，so の後には形容詞・副詞が入る。ここで文意が通る選択肢は b の形容詞 alike「似ている」である。like は「～のように」という意味では前置詞である。likewise は「同じように」という意味の副詞で，ここでは文意が通らない。

(5)「値段が25ドルである彼女の最新の小説はあまり売れていない」 the price から 25 dollars までが関係代名詞を使った挿入句である。元の文は the price of it (her latest novel) is 25 dollars で，it を関係代名詞 which に変える。

(6)「その重要な書類を失くすなんて不注意だったね」 careless のような人を判断・評価する形容詞がくると，It is … of *A* to *do* の形になって，

「～するとは A は…だ」という意味を表す。

(7)「ジェシーの試験は，彼女が思っていたよりずっと点数が良いことがわかった」 比較級（better）を強調する場合には，a の much を比較級の直前に置く。turn out (to be) ～ / turn out that ～「～であることがわかる」

(8)「他人の助けに頼るべきではない」 d の count on ～ は「～に頼る」という意味で，これを入れると文意が通る。a の bear with ～ は「～を我慢する，～に辛抱して耳を傾ける」，b の keep off ～ は「～を近寄らせない」，c の speak up は「もっと大きい声で言う」という意味で，いずれも文意が通らない。

(9)「一生懸命勉強しなさい，そうすれば試験に合格するでしょう」 命令文＋and ～ という形で，「…しなさい，そうすれば～」という意味を表す。命令文＋ or ～ は「…しなさい，さもないと～」という意味を表す。

(10)「責任を負うべきなのは私ではなく，あなただ」 not A but B は「A ではなく B」という意味。are to blame は be to *do* の形になっており，ここでは「義務」の意味。It is から始まっていることから，強調構文（分裂文）と考え，空所の直前に you があることから，人を先行詞とする関係代名詞の who を入れる。

V 解答

A．（3番目・7番目の順に）(1)―e・c　(2)―d・f

B．〈解答例1〉（Young researchers）would be able to devote themselves to their research if they had enough funds.

〈解答例2〉（Young researchers）can focus on their research with sufficient research funds.

◀解　説▶

A．(1)(The critic says) it will not be long before everyone recognizes (her artwork.)（d－h－e－a－f－b－c－g）「まもなく～だろう」は It will not be long before ～ という慣用表現の形で表す。before 節の中の動詞の時制は現在形になる。

(2)(The police) found it difficult to make sure of the (facts.)（g－a－d－c－h－b－f－e） 文の動詞に当たる「気づいた」は found。選択肢に it があることから，仮目的語だと考えて，find it … to *do*「～す

ることは…だと気づく」を使って並べる。「～を確認する」は make sure of ～ を使って表す。

B.〈解答例1〉では，十分な研究費が与えられず，これからも与えられる可能性が極めて低いと考え，仮定法を使って表した。Young researchers の後に would を置き，if 節の動詞を過去形にして，仮定法過去の形で書く。「研究」は research で，不可算名詞。「～に専念する」は devote (much of) *oneself* to ～，devote (much of) *one's* life to ～，あるいは devote の代わりに dedicate を用いて同じ表現にするか，focus on ～，concentrate on ～ などで表す。「十分な研究費があれば」は「もし彼らが十分な資金を持っていれば」と考え，〈解答例2〉のように前置詞 with を使う，あるいは if they have enough funds と直説法の形で表現してもよい。

Ⅵ 解答

(1)— b　(2)— d　(3)— c　(4)— a　(5)— c
(6)— a　(7)— d　(8)— c　(9)— b　(10)— d

◆全　訳◆

≪会議の設定についての会話≫

リナとケイトは会社の廊下で会って，話し始めた。

リナ　：こんにちは，ケイト。最近，調子はどう？

ケイト：悪くはないけどね。マネージャーが報告書の提出期限を突然変えたので，今日は少し忙しいの。でもなんとかして間に合わせるわ。あなたはどうなの，リナ？

リナ　：とてもいいわよ。邪魔してごめんね，ケイト。忙しいと思うんだけれど，時間はあるかしら？

ケイト：もちろんよ。どうしたの？

リナ　：先週話していた毎月の予算のことなんだけどね。承認前にいくつかの備品についてもう一度考える必要があると思うんだけど。

ケイト：私も同じことを考えていたわ！　チームの他のメンバーと会議をするべきじゃないかしら？

リナ　：そうね。いいと思うわよ。会議の進行は私がするわ。日程を調整して，チームのメンバーに知らせてくれる？

ケイト：もちろんよ。喜んで手伝うわよ，リナ。どちらの方がいいと思う？　対面，それともオンライン会議？

リナ　：議題のことを考えると，対面で話し合うのが一番いいと思うわ。5人用の会議室を予約できるかしら？

ケイト：おそらくね。会議はどれぐらいかかると思う？

リナ　：1時間くらいかな。

ケイト：わかったわ！　チームのメンバーに知らせておくわ。

リナ　：ありがとう，ケイト。そうだわ，マイクに議事録を取るようお願いしてくれる？

ケイト：了解。他に何かある？

リナ　：実は，私が今書いている書類のことでいくつか確認しておきたいことがあるから，会議前に少し話せるかしら。明日の朝は空いてる？　オンライン会議でもいいわよ。

ケイト：明日の朝は大丈夫よ。その書類をメールで送ってくれる？

リナ　：もちろんよ！　明日の朝一番で，書類と会議の招待リンクを送るわね。

ケイト：明日の朝ね，わかったわ。じゃあね。

◀解　説▶

(1)直前の文で，「マネージャーが報告書の提出期限を突然変えた」と言い，これを，逆接を表す接続詞 but でつないでいる。I can handle it は「何とかするよ」という意味の口語表現。よって，正解は b の handle である。

(2) Sorry for bothering you は「邪魔してごめんなさい，ご面倒をおかけしてすいません」という意味の口語表現。

(3)直後の文で，「チームの他のメンバーと会議をすべきじゃないかしら？」とケイトは言っているので，リナの提案に同意していることがわかる。よって，正解は c の「同じことを考えていた」である。

(4) 直前の文でケイトが「チームの他のメンバーと会議をすべきじゃないかしら？」と言ったことに対して，リナは同意しているので，空所を含むセリフは会議をするつもりでいることが前提となるものである。直後の the meeting の前に置く動詞として適切なのは，a の lead。ここでは「先導する，～を進行する」という意味。

(5)直前の more than の後にくる語を選ぶ。more than happy to *do* は「喜んで～する」という意味の熟語。よって，正解は c の happy である。

⑹直前のリナのセリフに，会議の形式についての提案があるので，ケイトは会議の所要時間を尋ねていると考える。よって，空所には a の meeting「会議」が入る。how long は時間や期間を尋ねる表現。

⑺直前にある take に続く語を選ぶ。take notes は「メモを取る」という意味の熟語。「会議の間，メモを取る」，すなわち「議事録を取る」という意味なので，正解は d の notes である。

⑻直後に before the meeting があるので，会議の前にしたい内容が空所に入る。have a chat で「おしゃべりをする」という意味の口語表現。よって，c の chat が正解である。have a quarrel は「口げんかをする」という意味の熟語だが，ここでは文意に合わない。

⑼直前のセリフで，リナが「明日の朝は空いている？」と尋ね，それに対して，ケイトが肯定的に答えている。work for ～ はここでは「～にとって都合のよい」という意味。よって，正解は b となる。apply for ～ で「～を申請する」という意味だが，ここでは文意に合わない。

⑽ See you then. は口語表現で，「じゃあ，またね」という意味。

❖講　評

2022 年度も大問 6 題の出題で，うち 3 題が長文読解問題，1 題が文法・語彙問題，1 題が語句整序，英作文問題，1 題が会話文という，2021 年度と同じ構成であった。

Ⅰは高地が人体に及ぼす影響と人間の適応能力に関する文章で，やや生物分野に関する内容であったが，アスリートの高地でのトレーニング法などの具体例を読み解けば，難しいものではなかった。問題形式は 2021 年度と同じであった。設問Ａに関しては選択肢の単語のレベルは高いが，文脈を踏まえて正確に解答することが求められた。設問Ｃは問題文を読み，該当箇所をどれだけ早く見つけることができるかがポイントとなる。設問Ｄの二重下線部和訳は they が指すものを直前の内容から把握し，関係代名詞 which の修飾関係をつかんで丁寧に訳出すれば難しい設問ではなかった。

Ⅱは不確かな状況への対処の仕方に関する文章だった。抽象度の高い文だが，具体例の助けを借りながら，要旨を見失わないように読み進めたい。全体として，問題形式は 2021 年度と同じであった。設問Ａは，前後の内容から類推するもの，語彙・熟語の基本的な知識の有無を問う問題がほとんどであった。設問Bは紛らわしい選択肢はなく，段落ごとの要旨を捉えていけば，さほど難しい問題ではなかった。設問Cの英文和訳問題については，they が指すものを直前の内容から把握し，including 以下が，直前の other threats and uncertainties の具体化になっていることに気づけるかどうかが鍵となった。

Ⅲは人間生態学について論じた英文で，全体的にやや抽象度は高い。第1・2段は理解しづらい内容であったが，第3段以降で挙げられている漁業の例を丁寧に読めば，前の段と話がつながる。全体として，問題形式は 2021 年度と同じであった。設問Aは基本的な語彙や熟語を基に文脈を把握しながら解けば対応できるだろう。設問Bは，いずれも基本的な語句の意味を問われているので，落ち着いて解答したいところである。設問Cは正解となる該当箇所を見つけることに加え，内容の言い換えに気づくことができるかどうかが重要になってくる。

Ⅳは，全体的に標準的な文法・語法・熟語の知識を問う問題であった。空所以外の部分の語彙レベルも標準的だったので，答えやすい問題だったのではないだろうか。

Ⅴの設問Aは日本語が与えられた語句整序問題であった。基本的な熟語・構文に加え，慣用表現の理解が問われている。(1)については問題文より，it will not be long before と並べることができたかどうかがポイント。(2)については選択肢にある found と it より，仮目的語構文に気づけたかどうかが，正解への鍵となった。設問Bの和文英訳（記述式）問題は英文の空所部分に当てはまる英語を答える問題で，問題文より，仮定法か直説法か，どちらかの形で表現すればよい。さらに，「研究費」や「専念する」などの日本語を，どれだけ正確な英語で書けるかがポイントとなってくるだろう。

Ⅵの会話文問題は，10 カ所の空所補充問題で，2021 年度と形式は同じであった。リナとケイトが，会議の内容や，オンラインなのか，対面で実施するのかといったことを話し合っており，時勢を反映した内容が見られた。空所(2)・(5)・(9)は，熟語や口語表現を知らないと正答することは難しかったが，それを除けば，前後の文脈で判断でき，選択肢の語彙も難度の高いものはなかった。

形式・分量・難易度を考慮すると，90分という試験時間ではあまり余裕がない。特に内容真偽問題は，解答根拠を探すのに時間がかかる。そのため，段落ごとの簡単な要旨を書き込むことによって，それを頼りに該当箇所を探せば，時間を節約することができる。また頻出している単語・熟語の同意表現については，語彙レベルの高い単語・熟語というよりも，基本的な単語の本文での意味を問うものが出題されていることに留意しよう。

数学

◀数学Ⅰ・Ⅱ・A・B▶

1 **解答** (1)ア．-2　イ．8　ウ．8　エ．18

(2)オ．$\left(\frac{1}{3}\right)^n$　カ．$\frac{2}{3}\left(\frac{1}{3}\right)^{n-1}$　キ．$\left(\frac{2}{3}\right)^{n-1}-2\left(\frac{1}{3}\right)^{n-1}$

◀解　説▶

≪2次関数のグラフと軸との交点，4点の間を移動する点に関する確率≫

(1)　$f(x)=x^2-(2a+4)x+2a^2-12a-32$ とおく。

C が y 軸の正の部分と交わる条件は

$$f(0)>0$$

よって

$$2a^2-12a-32>0$$

$$(a+2)(a-8)>0$$

$$a<-2,\ 8<a\quad \to ア，イ$$

また，$f(x)=\{x-(a+2)\}^2+a^2-16a-36$ より

C と x 軸の正の部分が異なる2点で交わる条件は

(i) $f(0)>0$

(ii)軸 $a+2>0$

(iii)頂点の y 座標 $f(a+2)<0$

の3つを満たすことである。

(i)より

$$a<-2,\ 8<a$$

(ii)より

$$a>-2$$

(iii)より

$$a^2-16a-36<0$$

$(a+2)(a-18)<0$

$-2<a<18$

(i)・(ii)・(iii)を満たすのは　$8<a<18$　→ウ，エ

(2)　(i)　点PがOにあるときはAに，AにあるときはOに n 回とも移動する場合であり，いずれも確率は $\frac{1}{3}$ であることから，求める確率は

$\left(\frac{1}{3}\right)^n$　→オ

(ii)　1秒後AまたはBに移動するので，その確率は　$\frac{2}{3}$

2秒後から n 秒後までの $n-1$ 回は，AにあるときはBに，BにあるときはAに移動するので，その確率は　$\left(\frac{1}{3}\right)^{n-1}$

よって，求める確率は　$\frac{2}{3}\left(\frac{1}{3}\right)^{n-1}$　→カ

(iii)　Oを訪れないのは

1秒後AまたはBまたはCに移動するので，その確率は　1

2秒後から n 秒後までの $n-1$ 回は，O以外の2点に移動するので，その確率は　$\left(\frac{2}{3}\right)^{n-1}$

よって，Oを訪れない確率は　$1\times\left(\frac{2}{3}\right)^{n-1}=\left(\frac{2}{3}\right)^{n-1}$

このうち，Cを訪れずAとBの両方を訪れる確率は，(ii)より　$\frac{2}{3}\left(\frac{1}{3}\right)^{n-1}$

Aを訪れない確率，Bを訪れない確率も同様に $\frac{2}{3}\left(\frac{1}{3}\right)^{n-1}$ であるので，求める確率は

$$\left(\frac{2}{3}\right)^{n-1}-3\times\frac{2}{3}\left(\frac{1}{3}\right)^{n-1}=\left(\frac{2}{3}\right)^{n-1}-2\left(\frac{1}{3}\right)^{n-1}$$　→キ

2　解答

(1)ア．5　イ．(4, 16)　ウ．(1, 1)

(2)エ．$\frac{4}{3}\overrightarrow{\mathrm{OA}}+\frac{1}{3}\overrightarrow{\mathrm{OB}}$　オ．$\frac{\sqrt{6}}{3}$　カ．$\frac{3\sqrt{2}}{2}$　キ．2

◀解　説▶

≪対数と最大・最小，空間ベクトル，四面体の体積≫

(1)　①より

$$(\log_2 x)^2+(\log_2 y)^2=2\log_2 x+4\log_2 y$$

$X=\log_2 x$，$Y=\log_2 y$ より

$$X^2+Y^2=2X+4Y$$

$$(X-1)^2+(Y-2)^2=5\quad \rightarrow ア\quad \cdots\cdots②$$

また

$$\log_2 xy^2=\log_2 x+2\log_2 y=X+2Y$$

$X+2Y=k$（k は実数）とおくと

$$Y=-\frac{1}{2}X+\frac{k}{2}\quad \cdots\cdots③$$

これは XY 平面において，傾き $-\frac{1}{2}$，Y 切片 $\frac{k}{2}$ の直線を表す。

②より，$(X,\ Y)$ は中心 $(1,\ 2)$，半径 $\sqrt{5}$ の円周上の点であるので，②と③が接するとき，k は最大，最小となる。

中心 $(1,\ 2)$ を通り，③と垂直な直線の方程式は

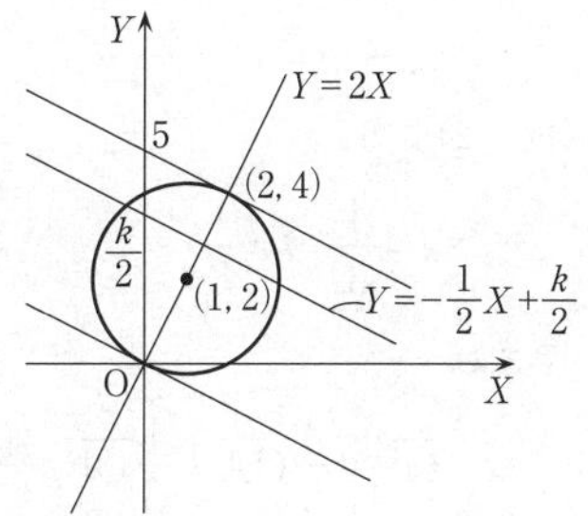

$$Y-2=2(X-1),\quad Y=2X$$

②に代入すると

$$(X-1)^2+(2X-2)^2=5$$

$$X(X-2)=0$$

$$X=0,\ 2$$

よって，円との交点は $(0,\ 0)$，$(2,\ 4)$ であり，この2点が②と③が接するときの接点である。

ゆえに，k が最大となるのは，③が $(2,\ 4)$ を通るときなので，$(X,\ Y)=(2,\ 4)$ より

$$(\log_2 x,\ \log_2 y)=(2,\ 4)$$

$$(x,\ y)=(4,\ 16)\quad \rightarrow イ$$

k が最小となるのは③が $(0,\ 0)$ を通るときなので，$(X,\ Y)=(0,\ 0)$ より

$$(\log_2 x,\ \log_2 y)=(0,\ 0)$$

$(x,\ y)=(1,\ 1)$　→ウ

(2)　$\overrightarrow{OP}=s\overrightarrow{OA}+t\overrightarrow{OB}$（$s,\ t$ は実数）とおく。

$$\begin{aligned}\overrightarrow{CP}&=\overrightarrow{OP}-\overrightarrow{OC}\\&=s\overrightarrow{OA}+t\overrightarrow{OB}-\overrightarrow{OC}\\&=s(2,\ 1,\ 1)+t(1,\ 2,\ 2)-(3,\ 4,\ 0)\\&=(2s+t-3,\ s+2t-4,\ s+2t)\end{aligned}$$

$\overrightarrow{OA}\perp\overrightarrow{CP}$ より

$$\overrightarrow{OA}\cdot\overrightarrow{CP}=0$$

よって

$$2\cdot(2s+t-3)+1\cdot(s+2t-4)+1\cdot(s+2t)=0$$

$$6s+6t-10=0$$

$$3s+3t=5\quad\cdots\cdots①$$

$\overrightarrow{OB}\perp\overrightarrow{CP}$ より

$$\overrightarrow{OB}\cdot\overrightarrow{CP}=0$$

よって

$$1\cdot(2s+t-3)+2\cdot(s+2t-4)+2\cdot(s+2t)=0$$

$$6s+9t=11\quad\cdots\cdots②$$

①，②より

$$s=\frac{4}{3},\quad t=\frac{1}{3}$$

ゆえに

$$\overrightarrow{OP}=\frac{4}{3}\overrightarrow{OA}+\frac{1}{3}\overrightarrow{OB}\quad\text{→エ}$$

また

$$\cos\angle AOB=\frac{\overrightarrow{OA}\cdot\overrightarrow{OB}}{|\overrightarrow{OA}||\overrightarrow{OB}|}=\frac{6}{\sqrt{6}\cdot\sqrt{9}}=\frac{\sqrt{6}}{3}\quad\text{→オ}$$

$\sin\angle AOB>0$ なので

$$\sin\angle AOB=\sqrt{1-\cos^2\angle AOB}=\sqrt{1-\frac{6}{9}}=\frac{\sqrt{3}}{3}$$

$$\triangle OAB=\frac{1}{2}|\overrightarrow{OA}||\overrightarrow{OB}|\sin\angle AOB=\frac{1}{2}\cdot\sqrt{6}\cdot3\cdot\frac{\sqrt{3}}{3}=\frac{3\sqrt{2}}{2}\quad\text{→カ}$$

また

$$\overrightarrow{CP}=\left(2\cdot\frac{4}{3}+\frac{1}{3}-3,\ \frac{4}{3}+2\cdot\frac{1}{3}-4,\ \frac{4}{3}+2\cdot\frac{1}{3}\right)=(0,\ -2,\ 2)$$

$$|\overrightarrow{CP}|=2\sqrt{2}$$

よって，四面体 OABC の体積は

$$\frac{1}{3}\triangle OAB\cdot|\overrightarrow{CP}|=\frac{1}{3}\cdot\frac{3\sqrt{2}}{2}\cdot 2\sqrt{2}=2\quad\to キ$$

3 解答

(1)　$y=3-\dfrac{x^2}{2}$ より　　$y'=-x$

よって，点 $A\left(\sqrt{3},\ \dfrac{3}{2}\right)$ における接線 l の方程式は

$$y-\frac{3}{2}=-\sqrt{3}\,(x-\sqrt{3})$$

$$y=-\sqrt{3}x+\frac{9}{2}\quad\cdots\cdots(答)$$

(2)　A を通り l に垂直な直線の方程式は

$$y-\frac{3}{2}=\frac{1}{\sqrt{3}}(x-\sqrt{3})$$

$$y=\frac{\sqrt{3}}{3}x+\frac{1}{2}$$

円 K の中心 $(a,\ b)$ はこの直線上にあるので

$$b=\frac{\sqrt{3}}{3}a+\frac{1}{2}\quad\cdots\cdots①$$

また，A は K 上にあるので

$$(\sqrt{3}-a)^2+\left(\frac{3}{2}-b\right)^2=b^2$$

$$a^2-2\sqrt{3}a-3b+\frac{21}{4}=0$$

①を代入すると

$$a^2-2\sqrt{3}a-3\left(\frac{\sqrt{3}}{3}a+\frac{1}{2}\right)+\frac{21}{4}=0$$

$$4a^2-12\sqrt{3}a+15=0$$

$$(2a-\sqrt{3})(2a-5\sqrt{3})=0$$

$$a=\frac{\sqrt{3}}{2},\ \frac{5\sqrt{3}}{2}$$

$0<a<\sqrt{3}$ より

$$a=\frac{\sqrt{3}}{2},\ b=1 \quad \cdots\cdots(\text{答})$$

(3)　(2)より　$\mathrm{P}\left(\frac{\sqrt{3}}{2},\ 1\right),\ \mathrm{B}\left(\frac{\sqrt{3}}{2},\ 0\right)$

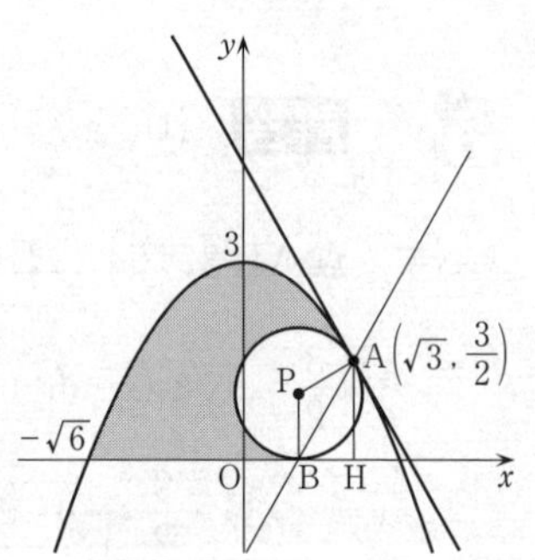

$\overrightarrow{\mathrm{PA}}=\left(\frac{\sqrt{3}}{2},\ \frac{1}{2}\right),\ \overrightarrow{\mathrm{PB}}=(0,\ -1)$ なので

$$\cos\angle\mathrm{APB}=\frac{\overrightarrow{\mathrm{PA}}\cdot\overrightarrow{\mathrm{PB}}}{|\overrightarrow{\mathrm{PA}}||\overrightarrow{\mathrm{PB}}|}=\frac{-\frac{1}{2}}{1\cdot 1}=-\frac{1}{2}$$

$0<\angle\mathrm{APB}<\pi$ より

$$\angle\mathrm{APB}=\frac{2}{3}\pi \quad \cdots\cdots(\text{答})$$

連立不等式で表される領域のうち，直線 AB より上側の部分は上図の網かけ部分（境界は 2 点 A，B を除き，他は含む）であるので，$\mathrm{H}(\sqrt{3},\ 0)$ とおくと，求める面積は $-\sqrt{6}\leqq x\leqq\sqrt{3}$ において，C と x 軸で挟まれる部分の面積から，半径 1，中心角 $\frac{4}{3}\pi$ の扇形 PAB の面積と台形 APBH の面積を引いたものである。

ゆえに

$$\begin{aligned}S&=\int_{-\sqrt{6}}^{\sqrt{3}}\left(3-\frac{x^2}{2}\right)dx-\frac{1}{2}\cdot 1^2\cdot\frac{4}{3}\pi-\frac{1}{2}\left(1+\frac{3}{2}\right)\left(\sqrt{3}-\frac{\sqrt{3}}{2}\right)\\&=\left[3x-\frac{x^3}{6}\right]_{-\sqrt{6}}^{\sqrt{3}}-\frac{2}{3}\pi-\frac{5\sqrt{3}}{8}\\&=3\sqrt{3}-\frac{\sqrt{3}}{2}+3\sqrt{6}-\sqrt{6}-\frac{2}{3}\pi-\frac{5\sqrt{3}}{8}\\&=\frac{15\sqrt{3}}{8}+2\sqrt{6}-\frac{2}{3}\pi \quad \cdots\cdots(\text{答})\end{aligned}$$

◀解　説▶

≪放物線の接線，放物線・円・直線で囲まれる領域の面積≫

(1)　微分を用いる。

(2)　円 K と直線 l が点Aで接するとき，K の中心は，Aを通り l と垂直な直線上にある。このことと，K がAを通ることから連立方程式をたてればよい。

(3)　概形より求める面積は，放物線と x 軸で囲まれる部分の面積から，扇形，台形の面積を引けばよいことがわかる。

❖講　評

大問３題の出題で，１，２は独立した小問が２問ずつ出題されており，空所補充形式，３は記述式となっている。

１(1)は２次関数のグラフと軸との交点が条件を満たすような定数の取りうる値の範囲を求める問題であり，２次関数についての基本的な問題といえる。(2)は４点の間を移動する点についての確率を求める問題。(iii)で(ii)を利用することに気づいたかどうかがポイントとなる。標準的な問題である。

２(1)は対数からの出題であるが，与えられた置き換えにより，実質的には図形と方程式における最大・最小の標準的な問題である。(2)は空間ベクトルで四面体の体積を求める典型的な問題である。計算ミスなどないようにして，確実に解いておきたい。

３は放物線・円・直線によって囲まれる領域の面積を求める問題。標準的な内容ではあるが，概形がきちんと描けるか，計算が正確にできるかが試される問題である。

全体として，基本から標準レベルの問題中心の出題である。標準的な入試問題に多く取り組み，計算力，思考力を養っておくとよいだろう。

◀数学Ⅰ・Ⅱ・Ⅲ・A・B▶

1 **解答** (1)ア．35　イ．357　ウ．125500

(2)エ．$\frac{1}{2}$　オ．2　(3)カ．$\frac{1}{2}$　キ．$\frac{1-\sqrt{17}}{4}$

(4)ク．$(x+2y)(4x+5y)$　ケ．$(x+2y+3)(4x+5y+6)$

(5)コ．$(4x^2+2)e^{x^2}$

◀解　説▶

≪倍数の個数とその和，対数関数の極大値，三角方程式，因数分解，第2次導関数の計算≫

(1)　4でも7でも割り切れるものは，4と7の最小公倍数28の倍数で
$28\times1,\ 28\times2,\ \cdots,\ 28\times35$ の35個　→ア

4の倍数は，$4\times1,\ 4\times2,\ \cdots,\ 4\times250$ の250個

7の倍数は，$7\times1,\ 7\times2,\ \cdots,\ 7\times142$ の142個

このうち，28の倍数である35個が重複しているので4または7で割り切れるものは

$$250+142-35=357\text{ 個}\quad\toイ$$

また，4で割り切れるものの和は

$$4\times1+4\times2+\cdots+4\times250=\sum_{k=1}^{250}4k=4\cdot\frac{1}{2}\cdot250(250+1)=125500\quad\toウ$$

(2)　$y=(\log_2 x)^3-3\log_2 x\ (x>0)$ より

$$y'=3(\log_2 x)^2\cdot\frac{1}{x\log 2}-\frac{3}{x\log 2}=\frac{3(\log_2 x+1)(\log_2 x-1)}{x\log 2}$$

$y'=0$ とおくと

$$\log_2 x=\pm1\qquad x=\frac{1}{2},\ 2$$

$x>0$ における増減表は右のようになる。

x	0	$\cdots$	$\frac{1}{2}$	$\cdots$	2	$\cdots$
y'	／	+	0	−	0	+
y	／	↗	2	↘	−2	↗

よって，$x=\frac{1}{2}$ のとき極大値2をとる。→エ，オ

別解　$t=\log_2 x$ とおくと

$y=t^3-3t$

$y' = 3t^2 - 3 = 3(t-1)(t+1)$

$y'=0$ とおくと $t=\pm 1$ より，増減表は右のようになる。

t	$\cdots$	-1	$\cdots$	1	$\cdots$
y'	$+$	0	$-$	0	$+$
y	↗	2	↘	-2	↗

よって，$t=-1$，つまり $x=\dfrac{1}{2}$ のとき極大値 2をとる。

(3)　$\cos 3x - 2\cos 2x = 0$ より

$$(4\cos^3 x - 3\cos x) - 2(2\cos^2 x - 1) = 0$$
$$4\cos^3 x - 4\cos^2 x - 3\cos x + 2 = 0$$
$$(2\cos x - 1)(2\cos^2 x - \cos x - 2) = 0$$
$$\cos x = \frac{1}{2},\ \frac{1\pm\sqrt{17}}{4}$$

$-1 \leqq \cos x \leqq 1$ より

$$\cos x = \frac{1}{2},\ \frac{1-\sqrt{17}}{4}$$

よって，有理数は $\dfrac{1}{2}$，無理数は $\dfrac{1-\sqrt{17}}{4}$　→カ，キ

(4)　$4x^2 + 13xy + 10y^2 = (x+2y)(4x+5y)$　→ク

$$\begin{array}{ccccc} 1 & \diagdown\!\!\!\diagup & 2 & \rightarrow & 8 \\ 4 & & 5 & \rightarrow & 5 \\ \hline & & & & 13 \end{array}$$

$$4x^2 + 13xy + 10y^2 + 18x + 27y + 18$$
$$= (x+2y)(4x+5y) + 18x + 27y + 18$$
$$= (x+2y+3)(4x+5y+6)$$ →ケ

$$\begin{array}{ccccc} x+2y & \diagdown\!\!\!\diagup & 3 & \rightarrow & 12x+15y \\ 4x+5y & & 6 & \rightarrow & 6x+12y \\ \hline & & & & 18x+27y \end{array}$$

(5)　$y = e^{x^2}$ より

$$\frac{dy}{dx} = e^{x^2}\cdot(x^2)' = 2xe^{x^2}$$
$$\frac{d^2y}{dx^2} = (2x)'e^{x^2} + 2x(e^{x^2})'$$
$$= 2e^{x^2} + 2x\cdot 2xe^{x^2}$$
$$= (4x^2+2)e^{x^2}$$ →コ

2　解答

ア．$m-1$　イ．4　ウ．6　エ．$k-1$

オ．$(k-1)^2$　カ．$k(k-1)$　キ．$\dfrac{(n-2)^2}{4}$　ク．$\dfrac{(n-1)(n-3)}{4}$

ケ．$\dfrac{n(n-2)(2n-5)}{24}$　コ．$\dfrac{1}{12}$

◀解　説▶

≪1次不定方程式の整数解の個数を一般項とする数列，数列の和，極限≫

$x+y=m$ $(m\geqq 2)$ を満たす正の整数 x，y の組は

$$(x,\ y)=(1,\ m-1),\ (2,\ m-2),\ \cdots,\ (m-1,\ 1)$$

の $m-1$ 個あるので

$$a_m=m-1 \quad \to ア$$

$x+y+2z=5$ のとき

$x+y=5-2z\geqq 2$ より　　$1\leqq z\leqq \dfrac{3}{2}$

したがって　　$z=1,\ x+y=3$

よって　　$b_5=a_3=2$

$x+y+2z=6$ のとき

$x+y=6-2z\geqq 2$ より　　$1\leqq z\leqq 2$

したがって　　$z=1,\ x+y=4$　または　$z=2,\ x+y=2$

よって

$$b_6=a_4+a_2=3+1=4 \quad \to イ$$

$x+y+2z=7$ のとき

$x+y=7-2z\geqq 2$ より　　$1\leqq z\leqq \dfrac{5}{2}$

したがって　　$z=1,\ x+y=5$　または　$z=2,\ x+y=3$

よって

$$b_7=a_5+a_3=4+2=6 \quad \to ウ$$

$x+y+2z=2k$ $(k\geqq 2)$ のとき

$x+y=2k-2z\geqq 2$ より　　$1\leqq z\leqq k-1$　→エ

したがって　　$z=l$　$(l=1,\ 2,\ \cdots,\ k-1)$，$x+y=2k-2l$

これを満たす $(x,\ y)$ の個数は $a_{2k-2l}=2k-2l-1$ であるので

$$\begin{aligned} b_{2k}&=\sum_{l=1}^{k-1}(2k-2l-1)=(2k-3)+(2k-5)+\cdots+3+1\\ &=\sum_{l=1}^{k-1}(2l-1)=2\cdot\frac{1}{2}(k-1)\{(k-1)+1\}-(k-1)\\ &=(k-1)^2 \quad \to オ \end{aligned}$$

$x+y+2z=2k+1$ $(k \geqq 2)$ のとき

$x+y=2k+1-2z \geqq 2$ より　　$1 \leqq z \leqq k-\dfrac{1}{2}$

すなわち　　$1 \leqq z \leqq k-1$

したがって　　$z=l$ $(l=1,\ 2,\ \cdots,\ k-1)$，$x+y=2k+1-2l$

これを満たす $(x,\ y)$ の個数は $a_{2k+1-2l}=2k-2l$ であるので

$$b_{2k+1}=\sum_{l=1}^{k-1}(2k-2l)=2\sum_{l=1}^{k-1}l=2\cdot\frac{1}{2}(k-1)\cdot k=k(k-1) \quad \to カ$$

n が 4 以上の偶数のとき，$n=2k$ $(k \geqq 2)$ とおくと

$$b_n=b_{2k}=(k-1)^2=\left(\frac{n}{2}-1\right)^2=\frac{(n-2)^2}{4} \quad \to キ$$

n が 5 以上の奇数のとき，$n=2k+1$ $(k \geqq 2)$ とおくと

$$b_n=b_{2k+1}=k(k-1)=\frac{n-1}{2}\left(\frac{n-1}{2}-1\right)=\frac{(n-1)(n-3)}{4} \quad \to ク$$

n が 4 以上の偶数のとき，$x+y+2z \leqq n$ を満たすのは

$n=4$ のとき，$x+y+2z=4$ より

$$c_4=1$$

$n \geqq 6$ のとき，$x+y+2z=2k$ $\left(k=2,\ 3,\ \cdots,\ \dfrac{n}{2}\right)$ および $x+y+2z=2k+1$ $\left(k=2,\ 3,\ \cdots,\ \dfrac{n}{2}-1\right)$ であるので

$$\begin{aligned}
c_n&=\sum_{k=2}^{\frac{n}{2}}b_{2k}+\sum_{k=2}^{\frac{n}{2}-1}b_{2k+1}\\
&=\sum_{k=2}^{\frac{n}{2}}(k-1)^2+\sum_{k=2}^{\frac{n}{2}-1}k(k-1)\\
&=\sum_{k=1}^{\frac{n}{2}-1}k^2+\sum_{k=1}^{\frac{n}{2}-1}k(k-1)\\
&=2\sum_{k=1}^{\frac{n}{2}-1}k^2-\sum_{k=1}^{\frac{n}{2}-1}k\\
&=2\cdot\frac{1}{6}\left(\frac{n}{2}-1\right)\left\{\left(\frac{n}{2}-1\right)+1\right\}\left\{2\left(\frac{n}{2}-1\right)+1\right\}-\frac{1}{2}\left(\frac{n}{2}-1\right)\left\{\left(\frac{n}{2}-1\right)+1\right\}\\
&=\frac{n(n-1)(n-2)}{12}-\frac{n(n-2)}{8}
\end{aligned}$$

$$=\frac{n(n-2)(2n-5)}{24}$$

ここで，$n=4$ とおくと c_4 と一致する。

よって，n が 4 以上の偶数のとき

$$c_n=\frac{n(n-2)(2n-5)}{24}\quad \to ケ$$

$$\lim_{n\to\infty}\frac{c_n}{n^3}=\lim_{n\to\infty}\frac{n(n-2)(2n-5)}{24n^3}=\lim_{n\to\infty}\frac{1}{24}\left(1-\frac{2}{n}\right)\left(2-\frac{5}{n}\right)$$

$$=\frac{1}{12}\quad \to コ$$

3　解答

ア．$\sqrt{x}-2a$　イ．$4a^2$　ウ．$2a(1-\log 2a)$　エ．$\frac{e}{2}$

オ．$\frac{e^3}{6}-\frac{e}{2}$　カ．$2x(1-\log x)$　キ．$\frac{\pi e^2}{2}$　ク．$e^{\frac{y}{b}}$　ケ．$\frac{b}{2}e^{\frac{2y}{b}}$

コ．$\frac{\pi}{20}(e^5-5e)$

◀解　説▶

≪関数の極小値，曲線で囲まれる部分の面積，回転体の体積≫

$f(x)=\sqrt{x}-a\log x$ より

$$f'(x)=\frac{1}{2\sqrt{x}}-\frac{a}{x}=\frac{\sqrt{x}-2a}{2x}\quad \to ア$$

$f'(x)=0$ とおくと

$\sqrt{x}-2a=0\qquad x=4a^2$

$f(x)$ の増減表は右のようになり

x	(0)	$\cdots$	$4a^2$	$\cdots$
$f'(x)$	／	$-$	0	$+$
$f(x)$	／	↘	極小	↗

$$f(4a^2)=\sqrt{4a^2}-a\log 4a^2=2a-2a\log 2a\quad (a>0)$$
$$=2a(1-\log 2a)$$

よって，$x=4a^2$ において極小値 $2a(1-\log 2a)$ をとる。 →イ，ウ

$2a(1-\log 2a)=0$ とおくと，$a>0$ より

$\log 2a=1\qquad 2a=e$

$$a=\frac{e}{2}\quad \to エ$$

このとき，$\sqrt{x}-\frac{e}{2}\log x\geqq 0$（等号は $x=e^2$ のとき）であるので $y=\sqrt{x}$ と

$y=\dfrac{e}{2}\log x$ のグラフは右下のようになり，網かけ部分が D である。

よって D の面積は

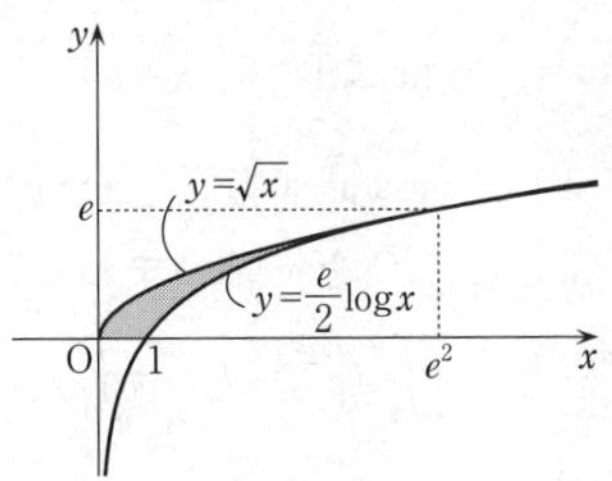

$$\int_0^{e^2}\sqrt{x}\,dx-\int_1^{e^2}\frac{e}{2}\log x dx$$

$$=\int_0^{e^2}x^{\frac{1}{2}}dx-\frac{e}{2}\left(\Big[x\log x\Big]_1^{e^2}-\int_1^{e^2}x\cdot\frac{1}{x}dx\right)$$

$$=\left[\frac{2}{3}x^{\frac{3}{2}}\right]_0^{e^2}-\frac{e}{2}\left(2e^2-\Big[x\Big]_1^{e^2}\right)$$

$$=\frac{2e^3}{3}-\frac{e}{2}(2e^2-e^2+1)$$

$$=\frac{e^3}{6}-\frac{e}{2}\quad\rightarrow オ$$

$$\int(\log x)^2dx=\int(x)'(\log x)^2dx=x(\log x)^2-\int x\cdot(2\log x)\cdot\frac{1}{x}dx$$

$$=x(\log x)^2-2\int\log x dx$$

$$=x(\log x)^2-2(x\log x-x)+C$$

$$=x(\log x)^2+2x(1-\log x)+C\quad(C\text{ は積分定数})\quad\rightarrow カ$$

D を x 軸のまわりに 1 回転してできる立体の体積は

$$\pi\int_0^{e^2}(\sqrt{x})^2dx-\pi\int_1^{e^2}\left(\frac{e}{2}\log x\right)^2dx$$

$$=\pi\left\{\int_0^{e^2}xdx-\frac{e^2}{4}\int_1^{e^2}(\log x)^2dx\right\}$$

$$=\pi\left\{\left[\frac{1}{2}x^2\right]_0^{e^2}-\frac{e^2}{4}\Big[x(\log x)^2+2x(1-\log x)\Big]_1^{e^2}\right\}$$

$$=\pi\left\{\frac{e^4}{2}-\frac{e^2}{4}(4e^2-2e^2-2)\right\}$$

$$=\frac{\pi e^2}{2}\quad\rightarrow キ$$

$y=b\log x$ より

$$\log x=\frac{y}{b}\qquad x=e^{\frac{y}{b}}\quad\rightarrow ク$$

$$\int\{g(y)\}^2dy=\int(e^{\frac{y}{b}})^2dy=\int e^{\frac{2y}{b}}dy$$

$$=\frac{b}{2}e^{\frac{2y}{b}}+C'$$ （C' は積分定数） →ケ

$y=\frac{e}{2}\log x$ より　　$x=e^{\frac{2y}{e}}$

　$y=\sqrt{x}$ より　　$x=y^2$

よって，D を y 軸のまわりに 1 回転してできる立体の体積は

$$\pi\int_0^e (e^{\frac{2y}{e}})^2dy-\pi\int_0^e (y^2)^2dy=\pi\left(\int_0^e e^{\frac{4y}{e}}dy-\int_0^e y^4dy\right)$$

$$=\pi\left(\left[\frac{e}{4}e^{\frac{4y}{e}}\right]_0^e-\left[\frac{1}{5}y^5\right]_0^e\right)$$

$$=\pi\left(\frac{e^5}{4}-\frac{e}{4}-\frac{e^5}{5}\right)$$

$$=\frac{\pi}{20}(e^5-5e)$$ →コ

4 解答

(1) $C: x^2+y^2+ax+by+c=0$ について

(0, 3) を通ることより　　$9+3b+c=0$

　$3b+c=-9$ ……①

(7, 4) を通ることより　　$49+16+7a+4b+c=0$

　$7a+4b+c=-65$ ……②

(7, −4) を通ることより　　$49+16+7a-4b+c=0$

　$7a-4b+c=-65$ ……③

②−③ より

　$8b=0$　　$b=0$

①より

　$c=-9$

これらを②に代入して

　$7a-9=-65$　　$a=-8$

よって　　$a=-8$, $b=0$, $c=-9$ ……(答)

また，$C: x^2+y^2-8x-9=0$ より

　$(x-4)^2+y^2=25$ ……④

よって，C の中心は (4, 0)，半径は 5 ……(答)

(2)　l の方程式は　　$y-0=m\{x-(-4)\}$

$y=m(x+4)$　……⑤

④，⑤より y を消去すると

$(x-4)^2+m^2(x+4)^2=25$

$(m^2+1)x^2+8(m^2-1)x+16m^2-9=0$　……⑥

x についての 2 次方程式⑥の判別式を D とすると，異なる 2 点で交わることより　　$D>0$

よって

$\dfrac{D}{4}=16(m^2-1)^2-(m^2+1)(16m^2-9)>0$

$39m^2-25<0$　　$-\dfrac{5}{\sqrt{39}}<m<\dfrac{5}{\sqrt{39}}$

$-\dfrac{5\sqrt{39}}{39}<m<\dfrac{5\sqrt{39}}{39}$　……(答)

(3)　$-\dfrac{5}{\sqrt{39}}<m<\dfrac{5}{\sqrt{39}}$ のとき，⑥の 2 つの解を α，β とおくと

解と係数の関係より　　$\alpha+\beta=-\dfrac{8(m^2-1)}{m^2+1}$

$\mathrm{M}(x,\ y)$ とおくと

$x=\dfrac{\alpha+\beta}{2}=-\dfrac{4(m^2-1)}{m^2+1}=-4+\dfrac{8}{m^2+1}$

$0\leqq m^2<\dfrac{25}{39}$ より

$1\leqq m^2+1<\dfrac{64}{39}$　　$\dfrac{39}{64}<\dfrac{1}{m^2+1}\leqq 1$

$\dfrac{39}{8}<\dfrac{8}{m^2+1}\leqq 8$　　$\dfrac{7}{8}<-4+\dfrac{8}{m^2+1}\leqq 4$

よって，x 座標のとりうる値の範囲は　　$\dfrac{7}{8}<x\leqq 4$　……(答)

$x=-4+\dfrac{8}{m^2+1}$　……⑦

M は直線 l 上にあるので

$y=m(x+4)$　……⑧

$x=-4$ とすると，⑦より $\dfrac{8}{m^2+1}=0$ となり矛盾するので　　$x\neq-4$

よって，⑧より　　$m=\dfrac{y}{x+4}$

⑦に代入すると

$$x=-4+\frac{8}{\dfrac{y^2}{(x+4)^2}+1}$$

$$x+4=\frac{8(x+4)^2}{y^2+(x+4)^2}$$

$$(x+4)^2+y^2=8(x+4)$$

$$x^2+y^2=16$$

よって，Mの軌跡は，円 $x^2+y^2=16$ の $\dfrac{7}{8}<x\leqq4$ の部分である。　……(答)

別解　(2)　l の方程式は　　$y=m(x+4)$

$$mx-y+4m=0$$

異なる2点で交わることより，中心（4，0）と l の距離は半径5より小さいので

$$\frac{|4m-0+4m|}{\sqrt{m^2+1}}<5 \qquad |8m|<5\sqrt{m^2+1}$$

両辺は0以上であるので

$$64m^2<25(m^2+1) \qquad 39m^2<25$$

$$-\frac{5\sqrt{39}}{39}<m<\frac{5\sqrt{39}}{39}$$

(3)　A$(-4,\ 0)$，B$(4,\ 0)$ とすると，

$m\neq0$ のとき常に　　$\angle\mathrm{AMB}=90°$

また，$m=0$ のときMはBに一致する。

よって，Mの軌跡はABを直径とする円 $x^2+y^2=16$ のうち，円 C の内部の部分である。

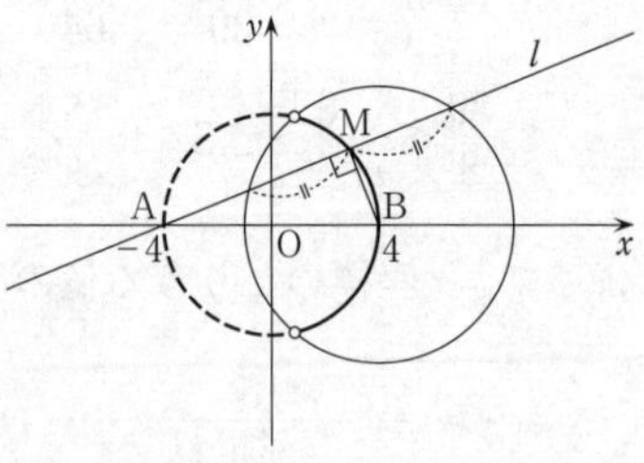

$x^2+y^2=16$ と $(x-4)^2+y^2=25$ の辺々を引いて

$$8x-16=-9 \qquad x=\frac{7}{8}$$

よって，$x^2+y^2=16$ と円 C の交点の x 座標は $x=\frac{7}{8}$ であるので，Mの x 座標のとりうる値の範囲は　$\frac{7}{8}<x\leqq 4$

以上より，Mの軌跡は円 $x^2+y^2=16$ の $\frac{7}{8}<x\leqq 4$ の部分である。

◀解　説▶

≪円と直線が異なる2点で交わる条件，中点の軌跡≫

(1)　3点の座標を円 C の方程式に代入し，a，b，c の連立方程式を解けばよい。

(2)　直線 l の方程式と C の方程式から y を消去してできる x の2次方程式が異なる2つの実数解をもつような m の範囲を求める。〔別解〕のように C の中心と l の距離が半径より小さいことを用いてもよい。

(3)　l と C の方程式から y を消去してできる x の2次方程式の2つの解を α，β とおくと，Mの x 座標は $\frac{\alpha+\beta}{2}$ であるので，解と係数の関係式を用いて m で表し，そのとりうる値の範囲を求める。軌跡については，M$(x,\ y)$ とおくと x 座標は m で表され，また，Mが l 上にあることから，$y=m(x+4)$ を満たすので，これらから m を消去し，x，y の関係式を求めればよい。〔別解〕のように図形的に考えることもできる。

❖講　評

大問4題の出題で，**1**～**3**が答えのみを記入する空所補充形式，**4**が記述式となっている。

1は独立した小問5問で，いずれも基本的な問題である。計算ミスなどないようにして，確実に解いておきたい。

2は1次不定方程式の整数解の個数を一般項とする数列の問題である。標準的な問題だが，偶数，奇数の場合分け，和の計算などで差がついたかもしれない。

3は微・積分法についての典型的な問題である。積分の計算などを確実にしておきたい。計算力が試される問題である。

4は円と直線の交点の中点の軌跡を求める問題。誘導に従って解いていけばよいが，計算でつまずくことも考えられる。類似の問題を解いた経験の有無で差が出たと思われる。

全体として，基本から標準レベルの問題で構成されている。どの問題についても計算がポイントとなる部分があるので，十分な計算力を養っておくことが必要である。

2021年度

問題と解答

■関学独自方式日程

問題編

▶試験科目

方式		学部	教科	科目
英語・数学型		社会，法，経済，商，人間福祉，国際，総合政策	外国語	コミュニケーション英語Ⅰ・Ⅱ・Ⅲ，英語表現Ⅰ・Ⅱ
			数学	数学Ⅰ・Ⅱ・A・B
		理，工，生命環境，建築	外国語	コミュニケーション英語Ⅰ・Ⅱ・Ⅲ，英語表現Ⅰ・Ⅱ
			数学	数学Ⅰ・Ⅱ・Ⅲ・A・B
大学入学共通テスト併用型	関学英語併用型	神，文，社会，法，経済，商，人間福祉，国際，教育，総合政策	外国語	コミュニケーション英語Ⅰ・Ⅱ・Ⅲ，英語表現Ⅰ・Ⅱ
	関学英語併用型(英語重視型)	国際	外国語	コミュニケーション英語Ⅰ・Ⅱ・Ⅲ，英語表現Ⅰ・Ⅱ
	関学数学併用型	社会，法，経済，商，総合政策	数学	数学Ⅰ・Ⅱ・A・B
	関学数学併用型(3教科必須型)	理，工，生命環境，建築	数学	数学Ⅰ・Ⅱ・Ⅲ・A・B
	関学数学併用型(高得点2科目採用型)	理，工，生命環境，建築	数学	数学Ⅰ・Ⅱ・Ⅲ・A・B

▶配　点

方式		学部	外国語	数学
英語・数学型		社会	250	250
		法，経済，商，総合政策	200	200
		人間福祉	200	150
		国際	250	150
		理，工，生命環境，建築	200	200
大学入学共通テスト併用型	関学英語併用型	神，文，法，経済，商，人間福祉，教育，総合政策	200	—
		社会，国際	300	—
	関学英語併用型(英語重視型)	国際	200	—
	関学数学併用型	社会	—	300
		法，経済，商，総合政策	—	200
	関学数学併用型(3教科必須型)	理，建築	—	300
		工，生命環境	—	200
	関学数学併用型(高得点2科目採用型)	理，工，生命環境，建築	—	200

(注)　大学入学共通テスト併用型は大学独自試験のみの配点。

▶備　考

- 希望する方式・学部（学科・課程・専修・コース・専攻）を１つ選んで出願。
- 大学入学共通テスト併用型では，大学独自試験と各学部が指定する大学入学共通テストの指定教科科目との総合点で判定する。
- 「数学Ｂ」は「数列，ベクトル」から出題する。

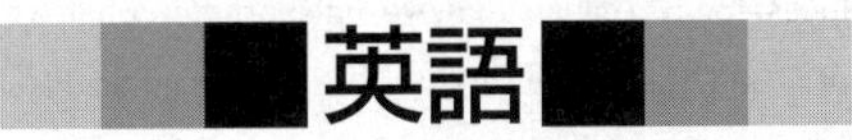

(90分)

〔Ⅰ〕次の英文を読み、下記の設問（A～D）に答えなさい。

Alexander von Humboldt has been largely forgotten in the English-speaking world. He was one of the last scientists who tried to know everything, and died at a time when scientific disciplines were moving into tightly fenced and more specialised fields. (1) his more comprehensive approach—a scientific method that included art, history, poetry and politics together with hard data—has fallen out of favour. By the beginning of the twentieth century, there was little room for a person whose knowledge had bridged such a vast range of subjects. As scientists crawled into narrower fields of knowledge, dividing and further subdividing, they lost Humboldt's interdisciplinary methods—those involving multiple areas of knowledge—and his concept of nature as a global force.

One of Humboldt's greatest achievements had been to make science accessible and popular. Everybody learned from him: farmers and craftspeople, schoolkids and teachers, artists and musicians, scientists and politicians. There was not a single textbook or atlas in the hands of children in the western world that hadn't been shaped by Humboldt's ideas. (2) Isaac Newton, Humboldt did not discover a new law of physics. Humboldt was not known for a single fact or a discovery, but for his world view. His vision of nature has passed into our consciousness without any obvious effort. <u>It is as though his ideas have become so evident that the man behind them has disappeared.</u>

So why should we care? Over the past few years, many have asked me why I'm interested in Alexander von Humboldt. There are several answers to that question because there are many reasons why Humboldt remains fascinating and important: not only was his life colourful and packed with adventure, but his story gives meaning to why we see nature the way we see it today. In a world where we tend to (ア)<u>draw a sharp line between</u> the sciences and the arts, Humboldt's vision that we can only truly understand nature by using our imagination is extraordinary.

This connection between knowledge, art and poetry, between science and emotions—the "(イ)<u>deeply seated bond</u>," as Humboldt called it—is more important than ever before. Humboldt was driven by a sense of wonder for the natural world—a sense of wonder that might help us today realise that we only protect what we love.

Humboldt's followers, and their followers (3), carried his ideas forward quietly and sometimes unconsciously. Environmentalists, ecologists and nature writers today remain firmly rooted in Humboldt's vision—although many have never heard of him. Nevertheless, Humboldt is their founding father.

As scientists try to understand and predict the global consequences of climate change, Humboldt's interdisciplinary approach to science and nature is more significant than ever. His beliefs in the free exchange of information, in uniting scientists and in promoting communication across disciplines, are the essential factors driving science today. His concept of nature as a global pattern is the basis of our contemporary thinking.

One look at the 2014 United Nations Intergovernmental Panel on Climate Change (IPCC)* report shows just how much we are (4) a perspective by Humboldt. The report, produced by over 800 scientists and experts, states that global warming will have severe impacts on people and the environment. Humboldt's understanding that social, economic and political issues are closely connected to environmental problems still attracts people's attention. As the American farmer and poet Wendell Berry said: "There is in fact no distinction between the fate of the land and the fate of the people. When one is (5), the other suffers." The economic system and the environment are at war with each other. Like Humboldt, we too have to understand that economic forces and climate change are all part of the same system.

Humboldt talked of bad behaviour by humans which disturbs nature's order. There were moments in his life when he painted a dark future of humankind's expansion into space. Humans would spread their fatal mix of vice, violence and ignorance across other planets. Humboldt wrote as early as 1801 that the human species could make even those distant stars unproductive, just as they were already (ウ)<u>doing with Earth</u>. As we've entered a new era that is shaped by the influence of human activities and in which we'll all have to deal with climate change and extreme weather patterns such as intense heat and floods, Humboldt's views sound as if they were predicting the future.

It feels as if we've (エ)<u>come full circle</u>. Maybe now is the moment for us and for the environmental movement to put focus on Alexander von Humboldt as our hero. The writer Goethe compared Humboldt to a spring from which streams flow refreshingly. That spring, I believe, has never run (6).

*the 2014 United Nations Intergovernmental Panel on Climate Change (IPCC)：2014年国連気候変動に関する政府間委員会

出典追記：The Invention of Nature : Alexander von Humboldt's New World by Andrea Wulf, Alfred A. Knopf

設　問

A．本文中の空所（1～6）に入れるのに最も適当なものを、それぞれ下記（a～d）の中から1つ選び、その記号をマークしなさい。

（1）　a．Consequently　　b．By contrast
　　　c．On the other hand　　d．Otherwise

（2）　a．Behind　　b．For　　c．Unlike　　d．Without

（3）　a．at home　　b．at stake　　c．in order　　d．in turn

（4）　a．as part of　　b．in need of　　c．in aid to　　d．with respect to

（5）　a．abused　　b．absorbed　　c．accompanied　　d．acknowledged

（6）　a．away　　b．dry　　c．loose　　d．over

B．本文中の下線部（ア～エ）の文中での意味に最も近いものを、それぞれ下記（a～d）の中から1つ選び、その記号をマークしなさい。

（ア）　draw a sharp line between
　　　a．link the traditionally divided fields of
　　　b．make a clear distinction between
　　　c．walk on a thin line between
　　　d．be skillfully balancing

（イ）　deeply seated bond
　　　a．precious promise between Humboldt and his followers
　　　b．long-lasting friendship among scientists
　　　c．relationship which is firmly established
　　　d．obligation which should be fulfilled

（ウ）　doing with Earth
　　　a．spreading violence among humans
　　　b．making Earth productive
　　　c．pushing Earth into space
　　　d．disturbing the natural environment on Earth

（エ）　come full circle
　　　a．returned to the starting point　　b．reached the right time
　　　c．accomplished the goal　　d．worked very hard

C. 次の問い（i～iii）の答えとして最も適当なものを、それぞれ下記（a～d）の中から1つ選び、その記号をマークしなさい。

（i） Why has Alexander von Humboldt been forgotten in the English-speaking world?

a. There were too many other distinguished scientists such as Isaac Newton around him.

b. He criticised economists and politicians who were destroying the environment.

c. His approach to science lost popularity around the time he died.

d. He died too early to be remembered by people in general.

（ii） What is the thing that Alexander von Humboldt did NOT do?

a. He did research based on the method of bridging different disciplines.

b. He made science accessible to and popular among people in general.

c. He told his followers to become founding fathers of their specialised fields.

d. He predicted at the beginning of the nineteenth century that humans might harm distant stars.

（iii） Which of the following is stated or suggested in the passage?

a. Scientists produced the 2014 IPCC report consisting of more than 800 papers about the impacts that global warming has on people and the environment.

b. People opposed space exploration because they thought it would spread vice and violence to stars.

c. Humboldt was compared to the writer Goethe in terms of his environmental influence.

d. Nature should be considered from the perspective of various disciplines.

D. 本文中の二重下線部 It is as though his ideas have become so evident that the man behind them has disappeared. を、them が何を指すのかを明確にしながら日本語に訳しなさい。答えは記述式解答用紙の所定欄に記入しなさい。

〔Ⅱ〕次の英文を読み、下記の設問（A～C）に答えなさい。

If you want to be a writer, you must read a lot. There's no way around it that I'm aware of—no shortcut.

I'm a slow reader, but I usually get through seventy or eighty books a year, mostly fiction. I don't read in order to study the craft; I read because I like to read. It's what I do at night, (ア)kicked back in my blue chair. Yet there is a learning process going on. Every book you pick up has its own lesson or lessons, and quite often the bad books have more to teach than the good ones.

When I was in the eighth grade, I happened upon a novel by Murray Leinster, a science fiction writer. I had read other books by Mr. Leinster, enough to know that the quality of his writing was uneven. This particular tale, which was about mining in the asteroid belt*, was one of his less successful efforts. Actually, it was a terrible story (イ)populated by paper-thin characters and driven by ridiculous plot developments. Yet it was an important book in my life as a reader. Almost everyone can remember doing something for the first time, and most writers can remember the first book they put down, thinking, "I can do better than this. Hell, I *am* doing better than this!" What could be more encouraging to struggling writers than to realize their work is better than that of people who actually got paid for their stuff? One learns most clearly what not to do by reading bad writing. One such novel is worth a course at a good writing school, even with the superstar guest lecturers thrown in.

Good writing, on the other hand, teaches the learning writer about style, graceful narration, plot development, the creation of believable characters, and truth-telling. A superb novel may fill a new writer with feelings of despair and good old-fashioned jealousy—"I'll never be able to write anything that good, not if I live to be a thousand" —but such feelings can also serve as a motivation for the writer to work harder and aim higher. Being swept away by a combination of great story and great writing is part of every writer's necessary formation. You cannot hope to sweep someone else away by the force of your writing until (ウ)it has been done to you.

So we read to experience the average and the poor; such experience helps us to recognize those things when they begin to creep into our own work, and (エ)to steer clear of them. We also read in order to measure ourselves against the good and the great, to acquire a sense of all that can be done.

The real importance of reading is that it creates an ease and intimacy with the process of writing. Constant reading will pull you into a place where you can write eagerly and without self-consciousness. It also offers you a constantly growing knowledge of what works and what just lies there dying (or dead) on the page. The more you read, the less you tend to make a fool of yourself with your pen or word processor.

*the asteroid belt：小惑星帯（火星と木星の間にある、多くの小惑星が存在する領域）

設 問

A．本文中の下線部（ア～エ）の文中での意味に最も近いものを、それぞれ下記（a～d）の中から1つ選び、その記号をマークしなさい。

（ア） kicked back

a．resting　b．sleeping　c．collapsed　d．exercising

（イ） populated by

a．known to　b．settled in　c．full of　d．famous as

（ウ） it has been done to you

a．you have achieved success as a writer

b．you have felt overwhelmed by someone else's writing

c．you have read many more books than other writers

d．you have been motivated to pursue higher goals

（エ） to steer clear of them

a．to avoid them　b．to improve them

c．to explain them　d．to let them in

B．次の英文（a～g）の中から本文の内容と一致するものを3つ選び、その記号を各段に1つずつマークしなさい。ただし、その順序は問いません。

a．According to the author, bad books do not offer any lessons to learn.

b．The author was familiar with the fiction of Murray Leinster when he was in the eighth grade.

c．The novel by Murray Leinster didn't gain popularity because of the characters in it.

d．You can learn equally from capable writing teachers and by reading badly written books.

e．A writer is highly regarded if his or her novel reads like journalism.

出典追記：On Writing : A Memoir of the Craft by Stephen King, Scribner f．Reading good books inspires a writer's own ambition.

g．The author concludes that you will become a perfect writer by continuing to read.

C．本文中の二重下線部 What could be more encouraging to struggling writers than to realize their work is better than that of people who actually got paid for their stuff? を、that が何を指すのかを明確にしながら日本語に訳しなさい。答えは記述式解答用紙の所定欄に記入しなさい。

〔Ⅲ〕次の英文を読み、下記の設問（A～C）に答えなさい。

On a cross-country flight, I once found myself sitting next to a successful lawyer who remembered attending a lecture I had given on brain research about ten years earlier in San Francisco. During our conversation, he asked me (　1　) I was still trying to figure out how the brain works. When I indicated that I was still doing research in this field, he seemed surprised because he thought that after ten years of effort this would have been figured out.

At that moment, it (　2　) that this highly educated man had no understanding of how science works. He was scientifically ignorant, and the degree he had received at a leading research university before entering law school had (　3　) to educate him in the most basic principle of the scientific process—that research is a never-ending pursuit.

Now, consider the vast ignorance of facts that has repeatedly been documented in recent years. A substantial proportion of Americans believe that Earth is only a few thousand years old; many think that (ア)vaccines do more harm than good; and it is commonly thought that the brain is a muscle.

Contrast this miserable state of affairs with another personal experience. This involved the hosting of a high school science competition in which the finalists, selected from high schools around the country, presented the results of their research projects. These were far better than anything I (　4　) possibly accomplished when I was a high school student in the 1960s. Indeed, the research of these high school students (イ)was comparable to that of graduate students*.

So here is my worry: the growing gap between the small minority of Americans who are part of the scientific elite and the vast majority who are, (　5　), scientifically untrained. This is a worry on several different levels. For one thing, support and funding for research is vitally dependent on informed voters, and (ウ)even more so on informed elected representatives. (　6　), as our world faces progressively more challenges, how we deal with these complex issues is dependent on an understanding of science and its methods.

I am also worried that, for the most part, our educational institutions from elementary school through college do not teach science the way scientists actually do science. Far too often, science courses involve learning a huge number of seemingly unrelated "facts," many of which are of questionable validity. Students should be introduced to science by asking questions and designing experiments to test specific hypotheses.

*graduate student：大学院生

設 問

A. 本文中の空所（1〜6）に入れるのに最も適当なものを、それぞれ下記（a〜d）の中から1つ選び、その記号をマークしなさい。

(1) a. because b. if c. that d. while
(2) a. annoyed him b. frightened him
c. meant me d. struck me
(3) a. failed b. managed c. remembered d. seemed
(4) a. could have b. might not have
c. could have been d. must not have been
(5) a. if remembered correctly b. to put it kindly
c. out of the gap d. regardless of the result
(6) a. Otherwise b. In contrast c. Instead d. Moreover

B. 本文中の下線部（ア〜ウ）の文中での意味に最も近いものを、それぞれ下記（a〜d）の中から1つ選び、その記号をマークしなさい。

(ア) vaccines do more harm than good
a. it is harmful but effective to take vaccines
b. taking vaccines prevents serious diseases
c. the more harm vaccines do, the better
d. vaccines are less helpful than they are dangerous

(イ) was comparable to
a. did not match b. was shocking to
c. was as good as d. was even better than

出典追記：What Should We Be Worried About? by John Brockman, HarperCollins Publishers

(ウ) <u>even more so on informed elected representatives</u>

a. even more dependent on whether representatives with good knowledge of science are elected

b. even more closely tied to how much elected representatives know about the brain

c. even more severely affected by representatives who know well about election

d. even more severely influenced by how well elected representatives are funded

C. 次の英文（a～e）の中から本文の内容と一致するものを２つ選び、その記号を各段に１つずつマークしなさい。ただし、その順序は問いません。

a. The lawyer who sat next to the author was going to attend the author's lecture on brain research.

b. Well-educated people like lawyers should expect ten years to be enough time to work out the puzzles of brain science.

c. The fact that there are people who believe that Earth is a few thousand years old has been ignored in recent years.

d. The way scientists actually do science should be how science is taught in schools.

e. Many of those "facts" that students must learn can be questioned.

〔Ⅳ〕次の英文（1～10）の空所に入れるのに最も適当なものを、それぞれ下記（a～d）の中から1つ選び、その記号をマークしなさい。

（1） Japan (　　　) a rapid increase in the number of private cars in the second half of the 20th century.

a. caught　　b. saw　　c. happened　　d. lasted

（2） Mike almost burst into tears, but spoke in (　　　) as he could manage.

a. as normal a voice　　b. as a normal voice
c. as a voice normal　　d. normally voice

（3） We (　　　) the boss would accept our offer, but unfortunately she didn't.

a. wish　　b. pushed　　c. believe　　d. hoped

（4） Kate finally succeeded (　　　) her aim of winning first prize in the music contest.

a. to achieve　　b. of the achievement in
c. in achieving　　d. for achieving

（5） My cousin (　　　) one of my old friends from elementary school last year.

a. got married to　　b. has been married with
c. married to　　d. has married

（6） That secondhand store has everything you need to start a new business: desks, chairs, computers, printers, and (　　　).

a. another office equipment　　b. other office equipment
c. all the office equipments　　d. the other office equipments

（7） We know you have a heavy schedule. We really appreciate your (　　　) time with us today.

a. allowing　　b. cooperating　　c. depending　　d. spending

（8） It wasn't until I came (　　　) a wild bear that I realized how big and scary it was.

a. about　　b. across　　c. round　　d. into

（9） If this is a real diamond, then it (　　　) that it will not be scratched by a knife.

a．leads　　b．becomes　　c．results　　d．follows

(10)　(　　　) hearing the little boy's voice, the dog stopped barking.

a．At　　b．For　　c．On　　d．With

〔V〕次の設問（A、B）に答えなさい。

設　問

A．次の日本文（1、2）に相当する意味になるように、それぞれ下記（a～h）の語を並べ替えて正しい英文を完成させたとき、並べ替えた語の最初から3番目と7番目に来るものの記号をマークしなさい。

（1）　私達がたまたま知り合うことになったいきさつはこうです。

Here is (　　　　　　　　) each other.

a．to　　b．happened　　c．how　　d．know

e．we　　f．got　　g．that　　h．it

（2）　驚いたことに、なぜその事故が起こったのかほとんど分っていない。

Surprisingly, (　　　　　　　　) accident.

a．is　　b．about　　c．little　　d．known

e．the　　f．to　　g．led　　h．what

B．次の日本文に相当する意味になるように英文の空所を埋めなさい。答えは、空所に入れる部分のみを記述式解答用紙の所定欄に記入しなさい。

ライト教授の学生は、実験をすることと、その進み具合を週2回報告することを課されたものだった。

Professor Wright's students (　　　　　　　　).

〔Ⅵ〕次の会話文を読み、空所（1～10）に入れるのに最も適当なものを、それぞれ下記（a～d）の中から1つ選び、その記号をマークしなさい。

Linda and Antonio are talking online.

Linda : Hey, how's it going over there, Antonio? Did you get used to summer in Japan?

Antonio : Well, sort of. It's hard to say it's comfortable, (　1　). Hey, Linda, I have a question. You know how garbage collection works here since you lived here for a while, right?

Linda : Well yes, (　2　) that I have two years' experience in Japan.

Antonio : You have these public garbage "stations" in your neighborhood and have to put your garbage in plastic bags and take them there in the morning.

Linda : Yeah, yeah, and you cover your bags with a net (　3　) crows can't get in and make a mess.

Antonio : (　4　), Linda! Over the last couple of weeks I've seen some bags put right at the edge of the net—I mean, they're hardly covered, so the crows can easily get to them and cause a big smelly mess. The bags must be placed deeper inside the station.

Linda : Uh-huh, I guess the people who bring those bags don't realize that.

Antonio : Perhaps (　5　). That's why it continues.

Linda : (　6　) a problem.

Antonio : Yeah. What do you think I should do?

Linda : Well, how about painting a line on the ground so that people can see where to put the bags? It would (　7　) everyone to cover their trash completely.

Antonio : Wow, that's a great idea, Linda! Painting a line would be effective—probably better than putting up a sign. I want that done soon, but who can I (　8　)? I think I'll have to ask someone to do it or get permission or something.

Linda : Well, the town office, maybe? Hey, you should have an instruction book about garbage, and it should have contact information.

Antonio : Hold on a second. Yeah, (　9　).

Linda : All right, then (　10　) go ahead and send an e-mail.

Antonio : Sounds good. I'll definitely do that. Thanks a lot, Linda.

(1)　a. still　　b. before　　c. therefore　　d. though

(2)　a. in order　　b. not　　c. so　　d. to the extent

(3)　a. after　　b. just as　　c. so that　　d. over

(4)　a. It's a pity　　b. Look at you　　c. No way　　d. That's the point

(5)　a. bad　　b. done　　c. not　　d. yet

(6)　a. It may go without　　b. It sure is
　　c. It depends on　　d. It's OK to have

(7)　a. encourage　　b. embarrass　　c. blame　　d. offend

(8)　a. give way to　　b. take after　　c. take care of　　d. turn to

(9)　a. call them now　　b. I failed to find it
　　c. this must be it　　d. you should look them up

(10)　a. I'd　　b. they'd　　c. we'll　　d. I made you

数学

◀数学Ⅰ・Ⅱ・A・B▶

(90 分)

〔1〕 次の文章中の □ に適する式または数値を，解答用紙の同じ記号のついた □ の中に記入せよ．途中の計算を書く必要はない．

(1)　a を正の実数とする．関数 $y=|3x^2-4ax|+2a-6$ の $0<x<a$ における最大値を a を用いて表すと [ア] である．また，$y=|3x^2-4ax|+2a-6$ のグラフと x 軸との共有点の個数が 3 個であるとき，a の値は $a=$ [イ] であり，$y=|3x^2-4ax|+2a-6$ のグラフと x 軸との共有点の個数が 4 個であるとき，a の取りうる値の範囲は [イ] $<a<$ [ウ] である．

(2)　箱の中に 1 から 12 までの数が記されたカードがそれぞれ 1 枚ずつ，合計 12 枚ある．この箱の中から同時に 3 枚のカードを取り出し，取り出したカードに記された 3 つの数を小さい順に記録する．このとき，記録した 3 つの数が 3 つの連続した数である確率は [エ] であり，3 つの数のうち 2 つの数だけが連続している確率は [オ] であり，どの 2 つの数も連続していない確率は [カ] である．また，3 つの数のうち どの 2 つの数も連続していなかったとき，3 つの数がすべて素数である条件付き確率は [キ] である．ただし，[エ]，[オ]，[カ]，[キ] はすべて既約分数で答えよ．

〔2〕 次の文章中の $\boxed{}$ に適する式または数値を，解答用紙の同じ記号のついた $\boxed{}$ の中に記入せよ．途中の計算を書く必要はない．

（1） a を実数とする．xy 平面において，$x^2+y^2-2\sqrt{3}ax-2ay+4a^2-2=0$ の表す円を C とする．a がすべての実数値をとって変化するとき，円 C の中心の軌跡の方程式は $\boxed{\text{ア}}$ である．また，原点 $(0,0)$ と直線 $x-\sqrt{3}y-3=0$ の距離は $\boxed{\text{イ}}$ である．不等式 $(x-\sqrt{3}y-3)(x^2+y^2-9)\geqq 0$ の表す領域を A とし，不等式 $x^2+y^2-2\sqrt{3}ax-2ay+4a^2-2\leqq 0$ の表す領域を B とする．$A\cap B=B$ であるとき，a の取りうる値の範囲は $\boxed{\text{ウ}}\leqq a\leqq\boxed{\text{エ}}$ である．

（2） 数列 $\{a_n\}$ は

$$a_1=1,\quad a_n(3S_n+2)=3{S_n}^2\quad (n=2,3,4,\ldots)$$

を満たしているとする．ここで，$S_n=\sum_{k=1}^{n}a_k\ (n=1,2,3,\ldots)$ である．a_2 の値は $a_2=\boxed{\text{オ}}$ である．$T_n=\dfrac{1}{S_n}\ (n=1,2,3,\ldots)$ とおくとき，T_n を n の式で表すと $T_n=\boxed{\text{カ}}$ であり，$n\geqq 2$ のとき a_n を n の式で表すと $a_n=\boxed{\text{キ}}$ である．

〔3〕 関数 $f(x)=x^3+\dfrac{3}{2}x^2-6x$ について，次の問いに答えよ．

（1） 関数 $f(x)$ の極値をすべて求めよ．

（2） 方程式 $f(x)=a$ が異なる 3 つの実数解をもつとき，定数 a の取りうる値の範囲を求めよ．

（3） a が（2）で求めた範囲にあるとし，方程式 $f(x)=a$ の 3 つの実数解を $\alpha,\beta,\gamma\ (\alpha<\beta<\gamma)$ とする．$t=(\alpha-\gamma)^2$ とおくとき，t を α,γ,a を用いず β のみの式で表し，t の取りうる値の範囲を求めよ．

◀数学Ⅰ・Ⅱ・Ⅲ・A・B▶

(90分)

〔1〕

次の文章中の［　］に適する式または数値を, 解答用紙の同じ記号のついた［　］の中に記入せよ. 途中の計算を書く必要はない.

(1)　1個のさいころを2回続けて投げ, 1回目に出た目を X, 2回目に出た目を Y とする. このとき, $X=Y$ となる確率は［ア］であり, $X<Y$ となる確率は［イ］である. また, X と Y の積 XY が奇数になる確率は［ウ］である.

(2)　関数 $y=\sin^2 x-2\sqrt{3}\sin x\cos x+3\cos^2 x-3\sin x+3\sqrt{3}\cos x$ $(0 \leqq x \leqq 2\pi)$ について, $t=\sin x-\sqrt{3}\cos x$ とおいて, y を t を用いて表すと, $y=$［エ］である. 関数 y の最小値は［オ］である. また関数 y の最大値は［カ］であり, そのときの x の値は $x=$［キ］である.

(3)　x を $x^{\frac{1}{2}}+x^{-\frac{1}{2}}=\sqrt{5}$ を満たす1より大きい実数とする. このとき, $x+x^{-1}=$［ク］であり, $x^{\frac{3}{2}}+x^{-\frac{3}{2}}=$［ケ］である. また, $x^{\frac{1}{2}}-x^{-\frac{1}{2}}=$［コ］である.

〔2〕

次の文章中の［　］に適する式または数値を, 解答用紙の同じ記号のついた［　］の中に記入せよ. 途中の計算を書く必要はない.

Oを原点とする平面上の点A, Bの位置ベクトルをそれぞれ $\vec{a}, \vec{b}$ とする. $\vec{a}, \vec{b}$ は

$$|\vec{a}|=3, \quad |\vec{b}|=5, \quad |\vec{a}+\vec{b}|=7$$

を満たすとする. また線分OA上の点Cと線分OB上の点Dを結ぶ線分CD上に三角形OABの重心Gがあり, CG : GD = 3 : 2 を満たしている. 線分ABの中点をMとし, 直線CMと直線OBの交点をEとする. 点Aを通り直線OAに垂直な直線と直線CMの交点をFとする.

$\vec{a}$ と $\vec{b}$ の内積は $\vec{a}\cdot\vec{b}=$［ア］であり, $\vec{a}$ と $\vec{b}$ のなす角 θ は $\theta=$［イ］である. また, 線分ABの長さは［ウ］であり, 三角形OABの面積は［エ］である.

ベクトル $\overrightarrow{OG}, \overrightarrow{OC}, \overrightarrow{OD}, \overrightarrow{OM}, \overrightarrow{OE}, \overrightarrow{OF}$ を $\vec{a}, \vec{b}$ を用いて表すと,

$\overrightarrow{OG}=$［オ］, $\overrightarrow{OC}=$［カ］, $\overrightarrow{OD}=$［キ］, $\overrightarrow{OM}=$［ク］, $\overrightarrow{OE}=$［ケ］, $\overrightarrow{OF}=$［コ］

である.

〔3〕　次の文章中の □ に適する式または数値を，解答用紙の同じ記号のついた □ の中に記入せよ．途中の計算を書く必要はない．

自然数の列 $1, 2, 3, \cdots\cdots$ を，次のような群に分ける．ただし第 n 群には n 個の数が入るものとする．

$$1 \mid 2,\ 3 \mid 4,\ 5,\ 6 \mid 7 \cdots\cdots$$

第1群　第2群　第3群

自然数 n に対して，第 n 群の最後の数を a_n とする．

(1)　$a_1 = 1, a_2 = 3, a_3 = 6, a_4 =$ ア ，$a_5 =$ イ である．

(2)　$a_{n+1} - a_n$ を n の式で表すと $a_{n+1} - a_n =$ ウ であり，数列 $\{a_n\}$ の一般項は $a_n =$ エ である．

(3)　第200群の100番目の数は オ である．また，1000 は第 カ 群の キ 番目の数である．

(4)　第 n 群にあるすべての数の和は ク である．

(5)　$\displaystyle\sum_{k=1}^{n} \frac{1}{a_k} =$ ケ である．また，$\displaystyle\sum_{n=1}^{\infty} \frac{1}{a_n} =$ コ である．

〔4〕　a を実数の定数とする．関数 $f(x)$ と $g(x)$ を，

$$f(x) = \sin 2x, \qquad g(x) = a\cos x$$

とし，曲線 C_1 と C_2 を，

$$C_1 : y = f(x)\ \left(0 \leqq x \leqq \frac{\pi}{2}\right), \qquad C_2 : y = g(x)\ \left(0 \leqq x \leqq \frac{\pi}{2}\right)$$

とする．このとき，次の問いに答えよ．

(1)　点 $\left(\dfrac{\pi}{3}, f\left(\dfrac{\pi}{3}\right)\right)$ における曲線 C_1 の接線の方程式を求めよ．

(2)　$a = 1$ のとき，曲線 C_1, C_2 と y 軸で囲まれた部分の面積を求めよ．

(3)　曲線 C_1 と C_2 が異なる2個の共有点 $\mathrm{P}\left(\dfrac{\pi}{2}, 0\right)$ とQをもつような a の値の範囲を求めよ．また，点Qの x 座標を t とするとき，$\sin t$ を a を用いて表せ．

(4)　a が(3)で求めた範囲にあるとき，曲線 C_1, C_2 と y 軸で囲まれた部分の面積 S，曲線 C_1 と C_2 で囲まれた部分の面積 T をそれぞれ a を用いて表せ．また，$2S = T$ となるとき a の値を求めよ．

解答編

英語

I

解答　A．(1)—a　(2)—c　(3)—d　(4)—b　(5)—a　(6)—b

B．(ア)—b　(イ)—c　(ウ)—d　(エ)—a

C．(i)—c　(ii)—c　(iii)—d

D．全訳二重下線部参照。

◆全　訳◆

≪フンボルトの学際的手法≫

アレクサンダー=フォン=フンボルトは英語圏では，ほぼ忘れられている。彼はあらゆる分野に精通しようとした最後の科学者の一人で，科学分野が一つ一つしっかりと区切られた専門領域に細分化されようとしていた時に他界した。その結果，彼の全体論的な手法——芸術，歴史，詩歌，政治を含む，科学的データを使う科学的手法——は人気を失った。20 世紀の初めまでには，様々な学問分野にわたる知識をもった人にはほとんど活躍の場がなくなった。科学者が狭い専門分野に閉じこもり，さらに細分化が進むと，彼らはフンボルトの学際的な手法——様々な専門分野に関わる手法——と自然を地球規模の力とする概念を見失った。

フンボルトの最大の業績の一つは，科学を誰でも学ぶことができる，一般的なものにした点である。農民と工芸家，生徒と教師，画家と音楽家，科学者と政治家のように，誰でも彼から学んだ。欧米の子供たち向けの教科書や地図帳でフンボルトの考えに影響を受けていないものは一つもない。アイザック=ニュートンと違って，フンボルトは新しい物理法則を発見したわけではない。フンボルトは一つの事実や発見ではなく，彼の世界観で知られていたのだ。彼の自然観は意識的に努力をしなくても，我々の意識の中に入り込んできた。それはまるで彼の考えがとても広く知れわたるようになったので，その考えの背後にいる本人が消えてしまったかのようである。

ではなぜ我々はそれを気にかけるべきなのか。この数年，多くの人がなぜ私がアレクサンダー=フォン=フンボルトに興味をもっているのか尋ねてきた。その問いにはいくつか答えがあり，というのも，今もフンボルトが魅力的で重要である理由はたくさんあるのだ。彼の人生は波乱に富んでいて，冒険で満ちていただけでなく，彼の物語は我々が今日のように自然を見るようになった理由を説明してくれる。科学分野と芸術分野の間に明確な線を引く傾向にある世界で，自然を本当に理解する唯一の方法は想像力であるというフンボルトの洞察力は並はずれている。

フンボルトが「深くつながれた絆」と呼んだ，専門知識と芸術と詩歌，科学と情緒の関係は今まで以上に重要なものとなっている。フンボルトは，今日の私たちに愛するものを守るだけということに気づかせる驚異の念，自然界に対するその驚異の念に駆られた。

フンボルトの信奉者，そして彼らの信奉者たちは，次々に彼の考えを伝えてきた。静かに，時に自分たちでも気づかないうちに。今日の環境保護論者，生態学者，自然作家は，今もフンボルトの見方に固く根ざしている――もっともその多くは彼のことなど聞いたことがないのだが――。にもかかわらず，フンボルトは彼らの開祖なのだ。

気候変動がもたらす地球規模の影響を科学者が理解し予測しようとする時，フンボルトの科学と自然への学際的方法はこれまで以上に重要なものになっている。自由な情報交換が行われ，科学者が団結し，学問分野間でのコミュニケーションが活発に行われるべきだという彼の信念は，今日の科学を推し進める必要不可欠な要因となっている。自然を地球規模のパターンだとする彼の概念は現代の私たちの思考の基盤となっているのだ。

「2014 年国連気候変動に関する政府間委員会（IPCC）」の報告書を一目見れば，フンボルトの考えをもつことが我々にどれだけ必要かがわかる。800 人を超す科学者と専門家によるこの報告は，地球温暖化が人間や環境に深刻な影響を与えるだろう，としている。社会的，経済的，政治的問題が環境問題と密接に関係があるとするフンボルトの洞察は，今日でも注目されるだろう。アメリカの農民にして詩人でもあるウェンデル=ベリーがこのようなことを言っている。「大地の運命と人間の運命には実のところ，違いはない。一つが悪用されると，もう一方が損害を被る」。経済システ

解答編

ムと環境はお互い戦争をしている。フンボルトのように，私たちもまた経済力と気候変動がすべて同じシステムの一部であると理解しなければならない。

フンボルトは自然の秩序を乱す人間の不適切なふるまいについて述べている。彼の人生の中に，人類が宇宙に進出するという暗い未来を描いた瞬間があった。その中で，人類は悪徳，暴力，そして無知が混ざり合う致命的なものを他の惑星に広めるだろう，と言っている。フンボルトは早くも 1801 年に，人類は，すでに地球にしているように，遠くにある惑星さえも不毛にさせるだろうと書いた。私たちは人間の活動に影響を受け，猛暑や洪水のような気候変動や異常な気象パターンに対処しなければならない時代に入ったので，フンボルトの見方はまるで将来を予測していたかのように聞こえるのだ。

どうやら話は振り出しに戻ったようだ。今こそ私たちが，そして環境保護運動においてアレクサンダー=フォン=フンボルトを英雄として注目する時かもしれない。作家ゲーテはフンボルトを，心地よく水が湧き出る泉になぞらえた。その泉が涸れたことなど一度もないと私は信じている。

◀解　説▶

A．⑴空所の前後から，科学分野が細分化された結果，全体論的な手法の人気がなくなったという流れが読みとれる。よって空所に入る最も適切な語は a の Consequently「結果として」。b は「対照的に」，c は「他方で」，d は「さもなければ」という意味で，いずれも文意が通らない。

⑵空所を含む文で，「フンボルトは新しい物理法則を発見したわけではない」と書かれていることから，フンボルトとニュートンは異なると考えられる。c の Unlike「～と違って」が正解となる。a は「～の後ろ」，b は「～のために」，d は「～なしで」という意味で，いずれも文意が通らない。

⑶空所を含む文の意味は「フンボルトの信奉者，そして彼らの信奉者たちは，彼の考えを伝えてきた」である。これに挿入する語句として文意が通るのは d の in turn「次々と」である。a は「自宅で」，b は「危険にさらされて」，c は「順番になって」という意味で，いずれも不適切である。

⑷空所の直後に a perspective by Humboldt とあることから，フンボルトの洞察と私たちがどんな関係にあるのかを考える。2 文後で，フンボル

トの洞察が人々の注意を引くとあるから，その洞察は私たちにとって重要だとわかる。正解は b の in need of ～「～を必要とする」である。a は「～の一部として」，c は「～への援助の中で」，d は「～に関して」という意味で，いずれも文意が通らない。

(5)空所を含む文から，one ～ the other …「一方は～で，もう一方は…である」という構文だとわかる。one が「大地の運命」，the other が「人間の運命」を指していると考え，この 2 つの関係性を捉える。直後で「もう一方が損害を被る」とあることから，文脈上，否定的な意味をもつ語を入れると判断できるので，a の abuse「悪用する」が正解となる。b は be absorbed で「夢中になる」，c は「～を伴う」，d は「認める」という意味で，いずれも文意が通らない。

(6)空所の直前の文で，心地よく水が湧き出る泉に例えている。これを受けて，「その泉」が今までに一度も「涸れたことがない」と筆者は信じていると考えると文意が通る。正解は b の dry「乾いた」である。a は「離れて」，c は「締まっていない」，d は「～の上に，～を覆って」という意味で，いずれも文意が通らない。run「～の状態になる」

B．(ア) draw a sharp line between ～ は「～の間に明確な線を引く」という意味。直後の内容より，科学と芸術に明確に分けるということ。したがって，正解は b「明確な区別をする」である。a は「昔から分けられてきた～の分野を結びつける」という意味で，下線部と逆の意味を表すので不適切。c は「～の間の細い線上を歩く」，d は「うまくバランスをとる」という意味で，文意に合わない。

(イ) deeply seated bond は直前の This connection からの名詞句をまとめた表現で，直訳で「深く根差した絆」という意味。この connection を relationship に，「深く根差した」を is firmly established に言い換えた c「確固たる関係」が正解。a は「フンボルトと彼の信奉者との間の大事な約束」，b は「科学者の間で長く続く友情関係」，d は「果たすべき義務」という意味で，文意に合わない。

(ウ) doing with Earth が具体的に何を表しているのかを考える。直前の just as ～ は「～とまったく同様に」という意味で，下線部を含む文の意味は「人類は，すでに地球にしているのとまったく同様に，遠くにある惑星さえも不毛にさせる」である。ここから，doing with Earth は人類が地球を「不毛にさせる」ということを指しているとわかる。「不毛にさせる」は環境に害を与えることと考えられるから，正解は d「地球の自然環境を乱す」となる。a は「人類の間で暴力を広める」，b は下線部と逆の意味で「地球を生産的にする」，c は「地球を宇宙に押し出す」という意味で，文意に合わない。

㈣ come full circle は熟語で「もとに戻ってくる」という意味。一番近いのは a の「最初の地点に戻る」。b は「正しい時間に到達する」，c は「目標を達成する」，d は「一生懸命働く」という意味。

C．(i)問題文は「なぜアレクサンダー=フォン=フンボルトは英語圏で忘れられているのですか？」 第 1 段第 2・3 文（He was one … out of favour.）より，科学分野が細分化された時期に彼が亡くなったことと，彼の全体論的な方法が支持を失ったことがわかる。細分化されたことは全体論的方法が支持を失う原因だと考えられる。これらの内容をまとめた，c「彼が亡くなった頃には，彼の科学へのアプローチの人気がなくなった」が正解となる。

(ii)問題文は「アレクサンダー=フォン=フンボルトがしなかったことは何ですか？」 a は第 1 段最終文（As scientists crawled …）に，b は第 2 段第 1 文（One of Humboldt's …）に，d は第 8 段第 4 文（Humboldt wrote as …）に書かれている。第 5 段にフンボルトの信奉者や，フンボルトが彼らの開祖であるといったことは書かれているが，c「彼は自分の信奉者に専門分野の開祖になるように言った」という記述はないのでこれが正解となる。

(iii)問題文は「本文で述べられている，または示唆されているものは以下のどれですか？」 a は第 7 段第 2 文（The report, produced …）より，IPCC が出した報告書は「地球温暖化についての 800 本以上の論文からなる報告書」ではなく，「800 人以上の科学者と専門家が書いた報告書」なので誤り。b については，第 8 段第 2・3 文（There were moments … across other planets.）より，「宇宙探索」に反対したのはフンボルトなので，選択肢の「宇宙探索に人々が反対した」という記述は誤り。c のゲーテに関する記述は最終段第 3 文（The writer Goethe …）に書かれているが，「フンボルトが環境への影響力の観点からゲーテに例えられている」とは述べられていないので誤り。d は第 6 段第 2・3 文（His beliefs in

… our contemporary thinking.）に合致する。

D．文全体の主語は it，動詞は is である。as though ～ は「まるで～のように」という意味。though が導く節の中に so ～ that …「とても～なので…」の構文が入っていることに注意する。them は複数名詞を受ける代名詞で，ideas を指す。the man は文意から考えて，フンボルト本人を指している。直訳は「それはまるで彼の考えがとても明白になったので，その考えの背後にいる人が消えてしまったかのようである」となる。「明白」は「多くの人にとって」明白になったので，「広く知れわたる」と意訳できる。that 以下の内容から，フンボルトの考えが広がり過ぎて，提唱した本人の存在感が薄くなったと判断できるので，so ～ that … は「あまりに～なので…」というふうに否定的に訳すこともできる。その場合の訳は「それはまるで彼の考えがあまりに広く知れわたるようになってしまったために，その考えの背後にいる本人が消えてしまったかのようである」となる。

II 解答

A．(ア)― a　(イ)― c　(ウ)― b　(エ)― a

B．b，d，f

C．全訳二重下線部参照。

◆全　訳◆

≪優れた作家になるためには≫

もし作家になりたいのであれば，たくさん本を読まなければならない。私が知っている限り，それを避ける方法はない，近道はないのだ。

私は本を読むのが遅いが，たいてい 1 年に 70～80 冊，主にフィクションを読む。私は技巧を学ぶために本を読んでいるのではない。読書が好きだから本を読んでいるのだ。読書は青い椅子に座ってくつろぎながら，私が夜にすることである。だが，学び続けているのだ。人が選ぶあらゆる本には，教訓が一つあるいはそれ以上あり，良書より悪書のほうが教わることが多いことがかなりよくある。

中学 2 年生の時，私は SF 作家のマレイ=ラインスターのある小説に偶然出会った。私は質にむらがあるのがわかるほど，彼が書いた他の本もすでに読み漁っていた。この特別な物語は，小惑星帯での採掘に関する話で，彼の書いたものの中であまり質が高くない本の一つであった。実際，それは薄っぺらい登場人物がたくさん出てきて，馬鹿げたストーリー展開で進んでいくひどい話だった。しかし，それは読者としての私の人生の中で大切な本であった。ほとんどの人は初めて何かをした時の記憶，そして大半の作家は自分たちが出した処女作を覚えているだろうし，「これよりは良いものを書けるぞ。これより良いものを書いているぞ！」などと考えている。書いたもので実際に報酬を得ている人々の作品より，自分たちの作品のほうが優れていると気づく以外に，もがき苦しんでいる作家にとって何が励みになりうるだろうか？（それ以外に励みになるものはない）。人は悪書を読むことによって，何をすべきでないのかをもっともはっきりと学ぶことができる。そのような本は有名なゲスト講師が講義をする，文章指導に特化した良質な学校の授業に値するのだ。

一方で，良書は勉強中の作家に，書き方，洗練された語り，話の展開，実在しそうな登場人物の作り方，そして真実の語り方を教えてくれる。最高の小説というものは，絶望と，昔からある良い意味での嫉妬で新人作家を満たすかもしれない。「私は 1000 歳まで生きたとしても，こんな良いものなんて決して書けない」。しかしそのような気持ちは，作家が今までより一生懸命取り組み，目標を高くもつモチベーションとして働く可能性もある。おもしろい話と素晴らしい文の組み合わせに圧倒されることは，あらゆる作家の形成段階で必要な物の一つである。他人が書いた文に圧倒されてはじめて，自分の書いた文の力で他人を圧倒することが望めるのだ。

だから，我々は平均的なものとそれ以下のものを味わうために読書をする。この経験は，私たちの作品に入り込んできた時にそれらを認識し，また避けるのに役立つ。私たちはまた，良いもの，すばらしいものと比べて，自分自身を評価するために，達成可能なものすべての感覚を身につけるために読書をするのだ。

読書が真に重要なのは，それによって物を書く過程に気楽に向き合い，親しむことができるからである。読書を継続することで，意識せず，熱心に書く心構えができるだろう。またそうすることで，自分が読んでいる本のページに出てくるもので，どんなものがおもしろくて，どんなものが退屈になりそう（もしくは完全に退屈になってしまっている）のか，ということがどんどんわかるようになる。本を読めば読むほど，ペンや文書作成ソフトで自分を笑いものにするようなものを書かなくて済むようになるのだ。

◀解　説▶

A．(ア)自動詞 kick back は「くつろぐ」という意味なので，最も近いのは a の resting「休憩する」。b は「眠っている」，c は「崩れるように倒れた」，d は「運動している」という意味。

(イ) populate は受動態の形で「住んでいる」という意味。直訳は「薄っぺらい登場人物が住んでいるひどい話」だが，わかりやすく言うと，character が複数形になっていることから「たくさんの薄っぺらい登場人物が出てくるひどい話」ということ。したがって，正解は c の full of「～でいっぱいの」である。a は「～に知られている」，b は「～に定住する」，d は「～として有名な」という意味。

(ウ)下線部の直前の文を直訳すると，「自分の書いた文の力で他人を押し流す」である。これを受けて「それがあなたになされるまで」という受動態の文が続いている。省略されている部分を補って読むと，「他人が書いたものによって押し流されるまで」ということ。よって「押し流される」を overwhelmed に言い換え，by 以下を「誰かの作品」としている b の「他人の作品に圧倒されたと感じた」が正解となる。a は「作家として成功を収めた」，c は「他の作家よりたくさん本を読んだ」，d は「より高い目標を達成する気になった」という意味。

(エ) steer clear of ～ は「～を避ける」という意味で，最も近いのは a の avoid である。b は「それらを向上させる」，c は「それらを説明する」，d は「それらを中に入れる」という意味。

B．a．「筆者によると，悪書は学ぶべき教訓をまったく提供しない」 第2段最終文（Every book you …）の内容と不一致。

b．「筆者は中学2年生の時には，マレイ=ラインスターの小説のことをよく知っていた」 第3段第1・2文（When I was … writing was uneven.）に一致。

c．「マレイ=ラインスターの小説は，その登場人物が原因で人気を得なかった」 マレイ=ラインスターの小説については筆者の感想を中心に第3段に書かれているが，登場人物が原因で人気を得なかったという記述はないので誤り。

d．「文章指導を担当する有能な教師と，悪書を読むことからは同じだけ学ぶことができる」 第3段最終文（One such novel …）に一致する。本文中の One such novel は悪書のことを指している。

e.「作家は，自分が書いた小説がジャーナリズムのように読まれれば，高く評価される」 このような記述は本文にないので誤りである。

f.「良書を読むことは，作家の目標を高める」 第４段第２文（A superb novel …）に一致する。

g.「筆者は，読書を続けることで完璧な作家になれるだろう，と結んでいる」 最終段第２～４文（Constant reading will … or word processor.）に，読書を続けることで得られるもの，学べることについて書かれているが，「完璧な作家になる」とは述べられていないので誤り。

C．encouraging はここでは形容詞で「励みとなる」という意味。struggling も形容詞で「もがいている」という意味で，writers を修飾している。that は前で出てきた名詞（ここでは work）の反復を避けるために使われる代名詞で，that＝the work である。get paid は受動態の are paid と同じ意味であり「支払われる」という意味を表している。their stuff は「彼らのもの」という意味で，具体的には「彼らが書いた本」を指している。文全体の直訳は「実際に作品で報酬を得ている人々の作品より，自分たちの作品のほうが優れていると気づくより，もがき苦しんでいる作家にとって何がより励みになるだろうか？」となり，「いや励みになるものはない」という意味が含意されている修辞疑問文である。

Ⅲ　解答

A．(1)―b　(2)―d　(3)―a　(4)―a　(5)―b　(6)―d

B．(ア)―d　(イ)―c　(ウ)―a

C．d，e

◆全　訳◆

≪科学研究・科学教育の意義≫

かつて長距離のフライトに乗った時のことである。ふと気づくと，約 10 年前に私がサンフランシスコで脳の研究について行った講義に出席したことを覚えてくれていた，弁護士として成功した人の隣に座っていた。会話をしている間，彼は私に脳の仕組みについて今でも研究しているのかどうか尋ねてきた。この分野で今でも研究を続けていると言うと，彼は驚いたようだった。というのも彼は，10 年も研究しているので，もう解明されただろうと思っていたからだ。

その時，この教養の高い人が科学の仕組みをまるで理解していないことに気づいた。彼は科学に関しては無知で，ロースクールに入る前に通っていた一流の研究大学で学位を取得する中で，研究というものは終わりのない追求の過程だという，科学的方法上の基本理念を教わらなかったのだ。

さて，ここ最近で繰り返し実証された，事実に関してひどく無知であるということを考えてみよう。アメリカ人のかなりの割合の人は，地球が生まれて数千年しか経っていないと信じ，多くの人は，ワクチンは有害無益だと思っており，脳は筋肉だと一般的には考えられている。

この悲惨な状況と別の個人的な経験を対比させてみよう。これは全国の高校生の中から選ばれた最終選考通過者が，自分たちの研究プロジェクトの結果を発表する全国高校生科学大会を主催したことと関係がある。これらの研究は，私が高校生だった 1960 年代に，万に一つ達成できたかもしれない物の中のどれよりも，ずっとすばらしいものだった。実際，この高校生たちの研究は大学院生に匹敵するものであったのだ。

したがって，ここに私の懸念を示す。科学エリートの一部である，ほんの一握りのアメリカ人と，好意的に言って，科学に明るくない大多数のアメリカ人の間でギャップが広がっているのだ。この懸念はいくつかの異なるレベルに分かれる。一つには，研究への支援と資金が得られるかどうかは，学識のある有権者に，さらには学識をもった代表者が選ばれるかどうかに絶対的にかかっているのだ。さらに，我々の世界がしだいに多くの困難に直面していくにつれて，これらの複雑な問題にどう対処していくかは，科学とその方法の理解に依拠しているのだ。

また，私は，小学校から大学までの教育機関の大部分で，科学者が科学に取り組むように科学を教えていないというのも心配している。科学の授業で，一見無関係な「事実」（その大半は妥当性に疑問があるが）を大量に学ぶ場合があまりに多い。学生は，特定の仮説を検証するために問いを考え，実験を設計することで科学に触れるべきなのだ。

◀解　説▶

A. (1)直前に ask があるので，これに文脈上続くものとしてふさわしいのは b の if である。ここでは if 以下は名詞節になっており，「～かどうか」という意味である。

(2)空所の直後にある this highly educated man は，飛行機の中で筆者の隣に座っていた男を指している。第1段において，この男は10年経っているのに筆者がまだ脳の研究をしていることに驚いているように見えた，という内容が書かれており，これを踏まえて，この男が科学の仕組みのことをわかっていないことに筆者が気づいたと考えて，正解はdとなる。it strikes *A* that～「*A* が～に気づく」という意味である。a の annoy は「～を悩ませる」，b の frighten は「おびえさせる」，c の mean は「意味する」という意味。

(3)空所を含む文の前半で，飛行機の中で出会った男は科学に対して無知だったと書かれているので，学位を取得する中で，科学の基本原則を学ばなかったと考える。したがって正解は a の failed である。fail は fail to *do* という形で「～し損なう，～できない」という意味。直訳は「一流の研究大学で取得した学位は，科学的方法の基本原則を彼に教えなかった」。b の manage to *do* は「なんとか～する」，c の remember to *do* は「～することを覚えている」，d の seem to *do* は「～するように思える」という意味。

(4)直前の文で，全国高校生科学大会において，最後まで残った生徒の発表について書かれており，彼らの研究がすばらしかったという筆者の所感が述べられていると考える。正解は a で，could have *done* は「～することができた」という意味で，過去の可能性を表す。c と d は been が不要である。b の might not have *done* は「～しなかったかもしれない」，d の must not have *done* は「～しなかったに違いない」という意味。

(5)空所の直後の内容について，本来なら「科学のことなんてまったくわかっていない」ともっと厳しく書くことができたところを，scientifically untrained「科学に明るくない」と表現している。これを踏まえ，挿入語句として正しいのは b の to put it kindly「控えめに言って」である。a は「もし正確に記憶されていれば」，c は「隙間から」，d は「その結果に関係なく」という意味。

(6)空所の直前で，研究の支援と資金は学識のある有権者，さらには学識をもった代表者が選ばれるかどうかにかかっているという内容があり，直後では，世界の直面する難題にどう対処するかは，科学とその方法の理解にかかっていると書かれている。これらは順接でつながる内容である。よって，２つの内容を結ぶ語としてふさわしいのはｄの Moreover「さらに」である。ａは「さもなければ」，ｂは「対照的に」，ｃは「代わりに」という意味である。

Ｂ．(ア) do more harm than good は「有害無益である」という意味なので，正解はｄの「ワクチンは役に立つというよりむしろ危険である」である。ａは「ワクチンを接種することは有害であるが，効果的である」，ｂは「ワクチンを接種することは重篤な病気にかかるのを防ぐ」，ｃは「ワクチンは有害なほど良い」という意味。

(イ) be comparable to ～ は「～に匹敵する」という意味。最も近いのはｃの「～と同じくらい良かった」である。ａは「～に合わなかった」，ｂは「～にとって衝撃だった」，ｄは「～よりずっと良かった」という意味。

(ウ) so は直前の dependent を指していることから，下線部の意味は「さらには学識をもった，選ばれた代表者にかかっている」。学識をもった代表者が選ばれるかどうかにかかっているということなので，正解はａである。informed は選択肢では with good knowledge of science に言い換えられている。ｂは「選出された代表者が脳についてどれだけ知っているかとさらに密接に関係している」，ｃは「選出についてよく知っている代表者によってよりひどく影響を受ける」，ｄは「選出された代表者がどれだけ資金提供を受けるかによりひどく影響される」という意味。

Ｃ．ａ．「筆者の隣に座っていた弁護士は，脳の研究に関する筆者の講義に出席するつもりだった」 第１段第１文（On a cross-country …）に不一致。「出席するつもりだった」ではなく，その弁護士は「出席した」のである。

ｂ．「弁護士のような教養の高い人は，10 年という期間は脳科学の謎を解くのに十分な時間であると期待するはずだ」 第１段最終文（When I indicated …）に不一致。thought と過去のことを述べているのであって，should expect のように推量を述べているのではない。

ｃ．「地球が生まれて数千年しか経っていないと思っている人々がいるという事実は，最近では無視されている」 第３段第２文（A substantial proportion …）に地球が生まれて数千年しか経っていないと信じている人々について言及されているが，前文より，無視されているわけではないことがわかるので誤り。

d.「科学者が実際科学に取り組む方法と科学が学校で教えられる方法は同じであるべきだ」 最終段第1文（I am also …）で，筆者は，教育機関において，科学者が科学に取り組むようにそれを教えていないことを懸念していることがわかる。すなわち，裏を返せば筆者は「科学は科学者が科学に取り組むように教えられるべきだ」と考えていることがわかるので正解となる。

e.「学生が学ばなければならない事実の大半は，疑わしい可能性がある」 最終段第2文（Far too often …）に一致する。

Ⅳ **解答**

(1)— b (2)— a (3)— d (4)— c (5)— a
(6)— b (7)— d (8)— b (9)— d (10)— c

◀解 説▶

(1)「日本では20世紀の後半に自家用車の数が急激に増えた」 空所の直後に目的語 a rapid increase があるので，他動詞を選ばなければならない。see は他動詞，無生物主語で「～を経験する」という意味がある。直訳は「日本は20世紀の後半に自家用車の数の急増を経験した」である。

(2)「マイクは泣き崩れそうになったが，なんとか普段の口調で話すことができた」 直後に as があることから同等比較構文だとわかる。名詞が as ～ as の間に入ると，as＋形容詞＋冠詞＋名詞＋as の語順になる。

(3)「私たちは上司が私たちの申し出を受け入れてくれればよいなと思っていたが，残念ながら彼女はそうはしなかった」 she didn't の後には accept our offer が省略されている。私たちの期待に反して「残念ながら上司はそうはしなかった」と考えると文意が通るので，正解は d の hope となる。wish は通常仮定法で用い，ここで用いると，上司が申し出を断る確率が高い状況で「上司が私たちの申し出を受け入れてくれればよいな」ということになり，unfortunately が表す意味と合わない。

(4)「ケイトは，音楽コンクールで1位になるという目標をついに達成した」 自動詞で succeed in *doing* は「～することに成功する」という意味。直訳は「ケイトは，音楽コンクールで1位になるという目標を達成することについに成功した」である。

(5)「私の親戚は昨年，私の小学校の時の旧友の一人と結婚した」 last year が文末にあるので時制は過去形。get married to ～は「～と結婚する」という意味の熟語。marry は他動詞で marry *A* という形で用いるため，c は to が不要。

(6)「あの中古店には，新たにビジネスを始めるために必要なものがすべてそろっている。例えば，机，椅子，コンピューター，プリンターなど，他にも事務用品がある」 equipment は「備品，機材」という意味の不可算名詞。したがって複数形の c と d は誤り。加算名詞をしたがえる a の another「他の」も不適当である。other は通例，後ろに名詞の複数形をしたがえるが，不可算名詞をとることもできる。よって，b が正解。

(7)「非常に多忙だとは存じています。今日，私たちのために時間をとっていただき，感謝しております」 空所の直後に time があることから，spend「(時間を) 過ごす」が正解となる。

(8)「野生の熊に偶然出会って初めてそれがどれだけ大きくて怖いものなのかに気づいた」 come across ～ は「～に偶然出会う」という意味の熟語である。it is not until ～ that … は「～して初めて…する」という意味。

(9)「これが本物のダイアモンドなら，当然，ナイフで傷つくことはないということになる」 d の it follows that ～ は「当然～ということになる，結果として～ということになる」という意味の熟語で文意が通る。

(10)「その幼い少年の声を聞くとすぐに，その犬は吠えるのを止めた」 c の on は後ろに動名詞をしたがえ，on *doing* の形で「～するとすぐに」という意味。

V 解答

A．(3番目・7番目の順に) (1)ー b・a　(2)ー d・f

B．〈解答例 1〉used to be required to conduct experiments and report their progress twice a week

〈解答例 2〉would be required to do experiments and report how they were doing twice a week

◀解　説▶

A．(1) (Here is) how it happened that we got to know (each other.)
(c ー h ー b ー g ー e ー f ー a ー d) 問題文の日本語と Here is より，「いきさつはこうです」は「ここにどのようにそれが起こったかがある」と考えて，空所の先頭に how を置く。「たまたま～する」を happen to *do* と考えてしまうと，他の語句との関係で文を完成させることができない。ここはit happens that～「たまたま～する」を用いると，thatの後ろにwe got to knowという文が入り，文意が通る。get to *do*は「～するようになる」という意味。

(2)(Surprisingly,) little is known about what led to the (accident.) (c－a－d－b－h－g－f－e)「ほとんど分っていない」は代名詞littleを使ってlittle is known about～「～についてほとんど知られていない」を用いる。「なぜその事故が起こったのか」は「何がその事故を引き起こしたのか」と考える。lead to～は「～を引き起こす」という意味。

B.「課された」は「義務づけられた」と考えてrequireを受動態be required to *do*の形で使う。「ものだった」はwouldやused to *do*，あるいは単純過去形で表すことができる。「実験をする」はconductまたはdo experimentsになる。「進み具合」は名詞で書くとprogressである。「実験の進み具合」は，学生がどう実験を進めているかと同じことである。節で書くと「学生はどのようにやっているのか」how they were doingと表現することができる。

Ⅵ 解答

(1)－d (2)－d (3)－c (4)－d (5)－c
(6)－b (7)－a (8)－d (9)－c (10)－a

◆全 訳◆

≪ごみ置き場の問題点についての会話≫

リンダとアントニオはオンラインで話をしています。

リンダ　：こんにちは，アントニオ，そっちはどう？　日本の夏には慣れたの？

アントニオ：まあね。でも，快適だとは言えないよ。ところでリンダ，聞きたいことがあるんだ。日本にしばらく住んでいたから，ごみ収集がどうなっているか知っているよね？

リンダ　：ええ，知ってるわ。2年間日本にいた経験の範囲でね。

アントニオ：近所に公共の「ごみ置き場」があって，ごみをビニール袋に入れて，朝に出さないといけないんだったよね。

リンダ　：そう，そう。カラスが中に入って散らかさないように，ネットを下ろすの。

アントニオ：それが言いたかったんだよ，リンダ！　ここ数週間，ビニール袋にネットの端しかかかっていないものを見かけたんだ。つまり，その袋にはネットがほとんどかぶさってないんだよ。だからカラスが簡単に入れて，そのうえ散らかし，悪臭が漂うことになるんだ。ごみ置き場の奥のほうにその袋を置かないといけないよね。

リンダ　　：そうね，ごみ袋を出す人が気づいていないんだと思うわ。

アントニオ：おそらくそうだね。だからこの状況が続いてるんだ。

リンダ　　：それは確かに問題よね。

アントニオ：そうだよ。どうしたらいいと思う？

リンダ　　：ええっと，ビニール袋をどこに置けばいいのかわかるように，地面に線を描いたらどうかしら？　それによって，みんながごみの上にきちんとネットを下ろすようになるかもね。

アントニオ：わあ，いいアイデアだね，リンダ！　線を描くほうがおそらく看板を立てるよりも，効果的だね。すぐにこれをしたいんだけど，誰に相談したらいいのかな？　誰かにそれをしてもらうか，許可か何かをとらないといけないと思うんだけど。

リンダ　　：そうね，おそらく町役場かな？　ねえ，ごみの取り扱いについて書いている本を持っているはずよ。その中に連絡先が載っているんじゃないの。

アントニオ：ちょっと待って。ああ，きっとこれのことだ。

リンダ　　：よかった。そういうことなら，私だったらすぐにメールを送るね。

アントニオ：それがいいね。必ずやってみるよ。ありがとう，リンダ。

◀解　説▶

⑴空所の前文でリンダに「日本の夏には慣れたの？」と尋ねられ，「まあね」と答え，さらにその後で「快適だとは言えない」と言っていることから逆接を表す though「でも，けれども」を入れる。この though は副詞で文中，文末に置く。これ以外の選択肢では文意が通らない。

⑵ to the extent that ～ は「～の限りでは，～の範囲内では」という意味の熟語。アントニオに「ごみ収集がどうなっているか知っているよね？」と言われたことに対して，リンダは yes の後に to the extent that を使って補足している。a の in order that S V は「S が V するために」という

目的を表す。

(3)ネットを下ろす目的はカラスが入って散らかさないようにすること。c は so that S V という形で使われ,「S が V するように」という目的を表すので，文意が通る。b の just as S V は「S が V するのとまったく同様に」という意味で，文意が通らない。

(4)直前のリンダのセリフ「カラスが中に入って散らかさないように，袋にネットをかぶせるの」と言ったことに対して言うセリフは，前の発言を受けて同意を示す d の That's the point「それが言いたかったんだ，肝心なのはそれだ」である。a は「残念だね」，b は「見違えたね」，c は「ありえない」という意味で，いずれも文意が通らない。

(5)直後のセリフで「だからこの状況が続いてるんだ」と言っていることから，直前のリンダのセリフ「ごみを出す人がそれに気づいていないんだと思うわ」に同意して,「おそらく気づいていないね」という否定的なセリフが入る。したがって c の not が入る。

(6)b の It sure is ～ は「確かに～である」という意味の口語表現。直前の That's why it continues. を受けて,「それは確かに問題だ」と言っている。a は「それは～なしで済むかもしれない」，c は「それは～による」，d は「～があることは大丈夫である」という意味で，いずれも文意が通らない。

(7)直後にある to 不定詞に注目する。encourage *A* to *do* は「*A* に～するよう奨励する，勧める」という意味で，これを入れて直訳すると「地面に線を描くことが，みんながごみの上にきちんとネットを下ろすのを奨励する」となり，文意が通る。その他の選択肢の動詞は後ろに *A* to *do* という形をとれない。

(8)直後のセリフでアントニオが「誰かにそれをしてもらうか，許可か何かをとらないといけないと思うんだけど」と言っていることから，誰に相談したらよいのか迷っていることがわかる。したがって d の turn to ～「～に頼る」が正解となり，直訳は「誰に頼ることができますか？」である。a は「～に譲歩する」，b は「～に似ている」，c は「～を世話する」という意味で，いずれも文意が通らない。

(9)直前でリンダに「ごみの取り扱いについて書いている本を持っているはずよ。その本の中に連絡先が載っているはず」と言われているので，適切なのは，連絡先を見つけたことを示す c の this must be it「きっとこれのことだ」である。aは「今すぐ彼らに電話して」，bは「それが見つからなかった」，dは「あなたがそれらを調べるべきだ」という意味で，いずれも文意が通らない。

⑽直後で「早速メールを送る」とあるので，これに対する適切な主語を入れる。アントニオとリンダの会話であるが，ここでメールを送るのはアントニオだけであることに注意する。aを入れると，「もしも私があなただったら…するところだ」という仮定法を用いたアドバイスになる。

❖講　評

2021年度も大問6題の出題で，うち3題が長文読解問題。1題が文法・語彙問題，1題が語句整序，英作文問題，1題が会話文という，2020年度と同じ構成であった。

Ⅰは，英語圏において多くの分野に影響を与えた博物学者アレクサンダー=フォン=フンボルトの自然と科学に対する学際的手法についての文章で，非常に抽象度が高い内容であった。「学際的」とは学問や研究が，複数の異なる分野にまたがっていることを表す。設問Aに関しては選択肢の単語のレベルは高くなく，文脈を踏まえて補充していけば難しい問題ではなかった。設問Cは問題文を読み，該当箇所をどれだけ早く見つけることができるかがポイントとなる。設問Dの二重下線部和訳はso～that構文で，それに気づき，as thoughなどの熟語を丁寧に訳していけば，さほど難しい問題ではなかった。

Ⅱは，優れた作家になるためにどのようなことを心掛ければよいのか，ということについての文章だった。良書のみならず悪書を読んで，そこから学ぶことがたくさんある，といった具体例が平易な英語で書かれており，読み易い内容であった。設問Aは，前後の内容から類推するもの，語彙・熟語の基本的な知識の有無を問う問題がほとんどであった。設問Bは紛らわしい選択肢はなく，段落ごとの要旨を捉えていけば，さほど難しい問題ではなかった。設問Cの英文和訳問題については，What could beから始まる修辞疑問文に気づけたかどうかが鍵となった。

Ⅲは，科学研究の基本理念や科学教育のあり方について論じた英文で，やや抽象度は高い。ただ具体例や筆者の経験などを丁寧に読んでいけば，全体像は理解できる内容である。設問Aは基本的な語彙や熟語をもとに文脈を把握しながら解けば難問ではない。設問Bの同意表現を選択する問題においては，熟語レベルの問題から英文の一部を問う問題まで出題された。(ア)と(イ)は熟語の意味を知っていれば難しくないが，(ウ)は文脈を踏まえてsoが何を指すのかを考えなければならない問題で，丁寧に前後の文を読むことが求められている。設問Cは内容真偽問題である。該当箇所を見つけることに加え，内容の言い換えに気づくことができるかどうかが重要になってくる。

Ⅳは，全体的に標準的な文法・語法・熟語の知識を問う問題であった。ただ，(1)は長文読解でよく見るseeの用法ではあるものの，文法・語彙問題としてはあまり取り上げられることがない項目なので，やや難しかったのではないか。

Ⅴの設問Aは，日本語が与えられた語句整序問題であった。基本的な熟語，構文がわかっていれば，それほど難しい問題ではなかったであろう。(1)については問題文より，happen to *do* を想定するところだが，整序していくと it や that が浮いてくることから，切り替えて it happens that の構文に気づけたかどうかが正答への分かれ目である。(2)については選択肢に led があることから，問題文を「何がその事故を引き起こしたのか」と読み替えることができたかがポイントである。設問Bの和文英訳（記述式）問題は英文の空所部分に当てはまる英語を答える問題で，「～したものだった」という意味を表す used to *do* を軸に，「課される」を「義務づけられる」と読み替えて受動態で表すことが求められた。標準的なレベルの問題であった。

Ⅵの会話文問題は，10カ所の空所補充問題で，リンダとアントニオがごみ置き場の問題について話しているという内容である。空所(10)は難しかったが，それを除けば，口語表現の知識や前後の文脈で判断でき，選択肢の語彙も難度の高いものはなかった。

形式・分量・難易度を考慮すると，90分という試験時間ではあまり余裕がない。特に内容真偽問題は，解答根拠を探すのに時間がかかる。対策としては，段落毎に簡単な要旨を書き込むことである。それを頼りに該当箇所を探せば，時間を節約することができる。また，頻出している，単語・熟語の同意表現を問う設問については，語彙レベルの高い単語・熟語ではなく，基本的な単語の本文での意味を問うものであることに留意しよう。

数学

◀数学Ⅰ・Ⅱ・A・B▶

1 **解答** (1)ア．$\dfrac{4}{3}a^2+2a-6$　イ．$\dfrac{3}{2}$　ウ．3

(2)エ．$\dfrac{1}{22}$　オ．$\dfrac{9}{22}$　カ．$\dfrac{6}{11}$　キ．$\dfrac{7}{120}$

◀解　説▶

≪絶対値記号を含む２次関数，３枚のカードを取り出す試行についての確率≫

(1)　$3x^2-4ax=3x\left(x-\dfrac{4}{3}a\right)$ であるので，$a>0$ より，$0<\dfrac{4}{3}a$ に注意すると

$$y=\begin{cases}3x^2-4ax+2a-6 & \left(x\leqq 0,\ \dfrac{4}{3}a\leqq x\right)\\ -3x^2+4ax+2a-6 & \left(0<x<\dfrac{4}{3}a\right)\end{cases}$$

$$=\begin{cases}3\left(x-\dfrac{2}{3}a\right)^2-\dfrac{4}{3}a^2+2a-6 & \left(x\leqq 0,\ \dfrac{4}{3}a\leqq x\right)\\ -3\left(x-\dfrac{2}{3}a\right)^2+\dfrac{4}{3}a^2+2a-6 & \left(0<x<\dfrac{4}{3}a\right)\end{cases}$$

$0<x<a$ においては，$y=-3\left(x-\dfrac{2}{3}a\right)^2+\dfrac{4}{3}a^2+2a-6$ であるので

$x=\dfrac{2}{3}a$ のとき，最大値 $\dfrac{4}{3}a^2+2a-6$　→ア

また，$y=|3x^2-4ax|+2a-6$ のグラフの概形は右のようになるので，x 軸との共有点が３個となるとき

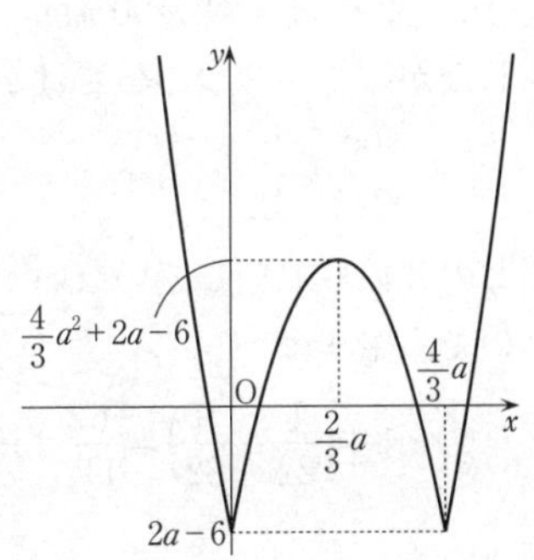

$$\frac{4}{3}a^2+2a-6=0,\ 2a^2+3a-9=0$$

$(a+3)(2a-3)=0$

$a>0$ より　　$a=\frac{3}{2}$　→イ

また，共有点が4個となるとき

$$2a-6<0<\frac{4}{3}a^2+2a-6$$

$2a-6<0$ より　　$a<3$　……①

$0<\frac{4}{3}a^2+2a-6$ より　　$(a+3)(2a-3)>0$

$$a<-3,\ \frac{3}{2}<a \quad \text{……②}$$

$a>0$ であるので，①，②より　　$\frac{3}{2}<a<3$　→ウ

(2)　取り出し方は全部で　　${}_{12}\mathrm{C}_3=\frac{12\cdot 11\cdot 10}{3\cdot 2\cdot 1}=220$ 通り

3つの数が連続している組合せは

{1, 2, 3}, {2, 3, 4}, …, {10, 11, 12} の10通り

よって，3つの数が連続した数である確率は　　$\frac{10}{220}=\frac{1}{22}$　→エ

2つの数だけが連続している組合せは

連続した2数が1と2のとき，もう1つは，4, 5, …, 12の9通り

連続した2数が11と12のとき，もう1つは，1, 2, …, 9 の9通り

連続した2数が k と $k+1$（$k=2, 3, 4, \cdots, 10$）の9通りのとき

もう1つは，$k-1$, k, $k+1$, $k+2$ の4枚を除く8通り

よって，2つの数だけが連続している組合せは

$$9\times 2+9\times 8=90 \text{ 通り}$$

したがって，2つの数だけが連続している確率は

$$\frac{90}{220}=\frac{9}{22} \quad \to オ$$

どの2数も連続していないという事象は，上記2つの場合の余事象であるので，確率は

$$1-\left(\frac{1}{22}+\frac{9}{22}\right)=\frac{6}{11} \quad \to カ$$

3つの数のうちどの2つの数も連続していないという事象をA，3つの数がすべて素数であるという事象をBとおくと，求める条件付き確率は

$$P_A(B)=\frac{P(A\cap B)}{P(A)}$$

3つの数のうちどの2つの数も連続せずかつ3つの数がすべて素数である組合せは

$\{2,\ 5,\ 7\}$，$\{2,\ 5,\ 11\}$，$\{2,\ 7,\ 11\}$，$\{3,\ 5,\ 7\}$，$\{3,\ 5,\ 11\}$，
$\{3,\ 7,\ 11\}$，$\{5,\ 7,\ 11\}$

の7通りであるので　　$P(A\cap B)=\dfrac{7}{220}$

$P(A)=\dfrac{6}{11}$であるので，求める条件付き確率は

$$P_A(B)=\frac{P(A\cap B)}{P(A)}=\frac{7}{220}\div\frac{6}{11}=\frac{7}{120}\quad\to キ$$

2　解答

(1)ア．$x-\sqrt{3}y=0$　イ．$\dfrac{3}{2}$　ウ．$-\dfrac{3-\sqrt{2}}{2}$　エ．$\dfrac{3-\sqrt{2}}{2}$

(2)オ．-3　カ．$\dfrac{5-3n}{2}$　キ．$\dfrac{6}{(3n-5)(3n-8)}$

◀解　説▶

≪円の中心の軌跡，領域，数列の和と一般項≫

(1)　$C:x^2+y^2-2\sqrt{3}ax-2ay+4a^2-2=0$より

$$(x-\sqrt{3}a)^2+(y-a)^2=2$$

円の中心の座標は　　$(\sqrt{3}a,\ a)$

$x=\sqrt{3}a$，$y=a$とおき，aを消去すると　　$x-\sqrt{3}y=0$　→ア

$(0,\ 0)$と直線$x-\sqrt{3}y-3=0$との距離は

$$\frac{|-3|}{\sqrt{1^2+(-\sqrt{3})^2}}=\frac{3}{2}\quad\to イ$$

$$(x-\sqrt{3}y-3)(x^2+y^2-9)\geqq 0$$

$\iff(x-\sqrt{3}y-3\geqq 0$ かつ $x^2+y^2-9\geqq 0)$

または$(x-\sqrt{3}y-3\leqq 0$ かつ $x^2+y^2-9\leqq 0)$

であるので，領域Aは次図の薄い網かけ部分（境界を含む）である。

また，領域Bは円Cの周および内部で，次図の濃い網かけ部分（境界を

含む）である。

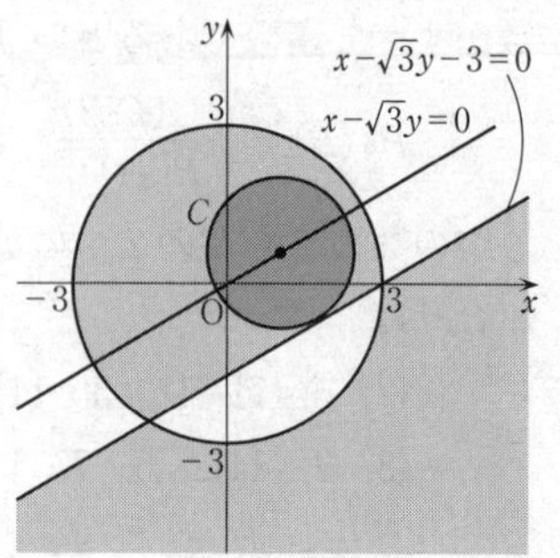

$A\cap B=B$ となるのは，$B\subset A$ の場合である。円 C の中心は直線 $x-\sqrt{3}y=0$ 上を動き，2 直線 $x-\sqrt{3}y=0$ と $x-\sqrt{3}y-3=0$ の距離は $\dfrac{3}{2}$，円 C の半径は $\sqrt{2}$ であり，$\sqrt{2}<\dfrac{3}{2}$ であるので，円 C が円 $x^2+y^2=9$ の内部にあれば，$B\subset A$ となる。

円 C と円 $x^2+y^2=9$ の中心間の距離は

$$\sqrt{(\sqrt{3}a)^2+a^2}=2|a|$$

半径の差は　　$3-\sqrt{2}$

であるので，求める条件は

$$2|a|\leqq 3-\sqrt{2},\quad -\frac{3-\sqrt{2}}{2}\leqq a\leqq \frac{3-\sqrt{2}}{2}\quad \to ウ，エ$$

(2)　$a_1=1$，$a_n(3S_n+2)=3S_n{}^2$　$(n=2,\ 3,\ 4,\ \cdots)$　……①

①において，$n=2$ とすると

$$a_2(3S_2+2)=3S_2{}^2$$

$S_2=a_1+a_2=1+a_2$ であるので，代入すると

$$a_2\{3(1+a_2)+2\}=3(1+a_2)^2$$

$$3a_2{}^2+5a_2=3a_2{}^2+6a_2+3\qquad a_2=-3\quad \to オ$$

$n\geqq 2$ のとき，$a_n=S_n-S_{n-1}$ であるので，①に代入して

$$(S_n-S_{n-1})(3S_n+2)=3S_n{}^2$$

$$3S_n{}^2+2S_n-3S_{n-1}S_n-2S_{n-1}=3S_n{}^2$$

$$(3S_{n-1}-2)S_n=-2S_{n-1}$$

$$3S_{n-1}-2\neq 0\qquad S_n=\frac{-2S_n}{3S_{n-1}-2}$$

したがって　　$S_{n+1}=\dfrac{-2S_n}{3S_n-2}$　$(n=1,\ 2,\ 3,\ \cdots)$　……②

$$S_1=a_1=1$$

ここで，$S_1\neq 0$ であり，②より $S_n\neq 0$ ならば $S_{n+1}\neq 0$ であるので，すべての n について，$S_n\neq 0$ である。

よって，②の両辺の逆数をとると

$$\frac{1}{S_{n+1}}=\frac{3S_n-2}{-2S_n},\quad \frac{1}{S_{n+1}}=\frac{1}{S_n}-\frac{3}{2}$$

$T_n=\dfrac{1}{S_n}$ とおくと

$$T_{n+1}=T_n-\frac{3}{2}\quad (n=1,\ 2,\ 3,\ \cdots)\qquad T_1=\frac{1}{S_1}=1$$

ゆえに，数列 $\{T_n\}$ は，初項 1，公差 $-\dfrac{3}{2}$ の等差数列。

$$T_n=1+(n-1)\times\left(-\frac{3}{2}\right)=\frac{5-3n}{2}\quad \to カ$$

したがって　　$S_n=\dfrac{1}{T_n}=\dfrac{2}{5-3n}$

$n\geqq 2$ のとき

$$a_n=S_n-S_{n-1}=\frac{2}{5-3n}-\frac{2}{5-3(n-1)}$$

$$=\frac{2(8-3n)-2(5-3n)}{(5-3n)(8-3n)}$$

$$=\frac{6}{(3n-5)(3n-8)}\quad \to キ$$

3 解答

(1)　$f(x)=x^3+\dfrac{3}{2}x^2-6x$ より

$$f'(x)=3x^2+3x-6=3(x-1)(x+2)$$

$f'(x)=0$ とおくと　　$x=1,\ -2$

$f(x)$ の増減表は右のようになるので

x	$\cdots$	-2	$\cdots$	1	$\cdots$
$f'(x)$	$+$	0	$-$	0	$+$
$f(x)$	↗	10	↘	$-\dfrac{7}{2}$	↗

極大値 10 $(x=-2)$，極小値 $-\dfrac{7}{2}$ $(x=1)$

……(答)

(2)　(1)より，$y=f(x)$ のグラフの概形は次のようになる。

$y=a$ との共有点の個数から，$f(x)=a$ が異なる 3 つの実数解をもつとき

$$-\frac{7}{2}<a<10\quad ……(答)$$

(3)　$x^3+\dfrac{3}{2}x^2-6x=a$ より

$$x^3+\frac{3}{2}x^2-6x-a=0$$

解と係数の関係より

$$\alpha+\beta+\gamma=-\frac{3}{2}\quad\cdots\cdots①$$

$$\alpha\beta+\beta\gamma+\gamma\alpha=-6\quad\cdots\cdots②$$

①より　　$\alpha+\gamma=-\beta-\dfrac{3}{2}$　……①′

②より　　$\beta(\alpha+\gamma)+\gamma\alpha=-6$　　$\gamma\alpha=-\beta(\alpha+\gamma)-6$

①′を代入すると

$$\gamma\alpha=-\beta\left(-\beta-\frac{3}{2}\right)-6=\beta^2+\frac{3}{2}\beta-6\quad\cdots\cdots③$$

$$t=(\alpha-\gamma)^2=(\alpha+\gamma)^2-4\gamma\alpha=\left(-\beta-\frac{3}{2}\right)^2-4\left(\beta^2+\frac{3}{2}\beta-6\right)$$

（①′，③を代入）

$$=-3\beta^2-3\beta+\frac{105}{4}\quad\cdots\cdots(答)$$

$$=-3\left(\beta+\frac{1}{2}\right)^2+27$$

(2)より，β の取りうる値の範囲は $-2<\beta<1$ であるので，右のグラフより，t の取りうる値の範囲は

$$\frac{81}{4}<t\leqq 27\quad\cdots\cdots(答)$$

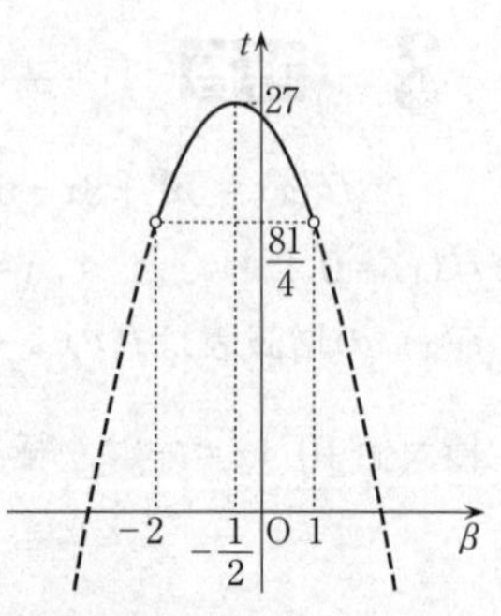

◀解　説▶

≪3 次関数の極値，3 次方程式の解と取りうる値の範囲≫

(1)　微分して増減を調べる。

(2)　(1)の結果を用い，$y=f(x)$ のグラフと直線 $y=a$ の共有点を調べる。

⑶　3 次方程式の解と係数の関係を用いて，$\alpha+\gamma$，$\alpha\gamma$ を β で表す。β の取りうる値の範囲は⑵の $y=f(x)$ のグラフから求められる。

❖講　評

大問 3 題の出題で，**1**，**2** はそれぞれ独立した小問が 2 問出題されており，空所補充形式，**3** は記述式となっている。

1⑴は絶対値記号を含む文字係数の 2 次関数と x 軸の共有点の個数についての問題。場合分けしてグラフの概形を用いて考える標準的な問題である。**1**⑵はカードを 3 枚同時に取り出す試行についての基本的な問題である。素数に関する場合の数も書き出せばよい。

2⑴は円と直線で表される領域の包含関係を調べる問題。ア，イの解答が誘導となっていることに気づけば特に問題ないだろう。**2**⑵は数列の一般項 a_n と，初項から第 n 項までの和 S_n の関係式から，a_n を求める問題。標準的な内容ではあるが，S_n に関する漸化式を扱うのでとまどった受験生もいたかもしれない。

3 は 3 次関数，3 次方程式の解についての典型的な問題である。グラフの概形，解と係数の関係を用いて確実に解いておきたい。

全体として，基本から標準レベルの問題中心の出題である。標準的な入試問題に多く取り組み，計算力，思考力を養っておくとよいだろう。

◀数学Ⅰ・Ⅱ・Ⅲ・A・B▶

1 **解答** (1)ア. $\dfrac{1}{6}$　イ. $\dfrac{5}{12}$　ウ. $\dfrac{1}{4}$

(2)エ. t^2-3t　オ. $-\dfrac{9}{4}$　カ. 10　キ. $\dfrac{11}{6}\pi$

(3)ク. 3　ケ. $2\sqrt{5}$　コ. 1

◀解　説▶

≪さいころを2回投げたときの確率，三角関数の最大・最小，式の値≫

(1)　目の出方は全部で　　$6^2=36$ 通り

$X=Y$ となるのは，$(X,\ Y)=(1,\ 1),\ (2,\ 2),\ (3,\ 3),\ (4,\ 4),\ (5,\ 5),\ (6,\ 6)$ の6通り

よって，$X=Y$ となる確率は　　$\dfrac{6}{36}=\dfrac{1}{6}$　→ア

$X<Y$ となる組は，1，2，3，4，5，6から異なる2個を選び，小さい方を X，大きい方を Y として得られるので，全部で

$${}_6\mathrm{C}_2=\frac{6\cdot5}{2\cdot1}=15\text{ 通り}$$

よって，$X<Y$ となる確率は　　$\dfrac{15}{36}=\dfrac{5}{12}$　→イ

XY が奇数となるのは，X，Y がともに奇数の場合であるので

$$3\times3=9\text{ 通り}$$

よって，XY が奇数となる確率は　　$\dfrac{9}{36}=\dfrac{1}{4}$　→ウ

(2)
$$\begin{aligned}y&=\sin^2x-2\sqrt{3}\sin x\cos x+3\cos^2x-3\sin x+3\sqrt{3}\cos x\\&=(\sin x-\sqrt{3}\cos x)^2-3(\sin x-\sqrt{3}\cos x)\end{aligned}$$

よって，$t=\sin x-\sqrt{3}\cos x$ とおくと　　$y=t^2-3t$　→エ

ここで　　$t=2\sin\left(x-\dfrac{\pi}{3}\right)$

$0\leqq x\leqq 2\pi$ より

$$-\frac{\pi}{3}\leqq x-\frac{\pi}{3}\leqq\frac{5}{3}\pi,\quad -2\leqq 2\sin\left(x-\frac{\pi}{3}\right)\leqq 2$$

したがって　$-2\leqq t\leqq 2$

$y=\left(t-\frac{3}{2}\right)^2-\frac{9}{4}$ より，$t=\frac{3}{2}$ のとき，最小値 $y=-\frac{9}{4}$　→オ

また，$t=-2$ のとき，最大値 $y=10$　→カ

このとき，$2\sin\left(x-\frac{\pi}{3}\right)=-2$ より　$\sin\left(x-\frac{\pi}{3}\right)=-1$

$-\frac{\pi}{3}\leqq x-\frac{\pi}{3}\leqq\frac{5}{3}\pi$ より　$x-\frac{\pi}{3}=\frac{3}{2}\pi$　$x=\frac{11}{6}\pi$　→キ

(3)　$x+x^{-1}=(x^{\frac{1}{2}}+x^{-\frac{1}{2}})^2-2\cdot x^{\frac{1}{2}}\cdot x^{-\frac{1}{2}}=(x^{\frac{1}{2}}+x^{-\frac{1}{2}})^2-2$

$x^{\frac{1}{2}}+x^{-\frac{1}{2}}=\sqrt{5}$ であるので　$x+x^{-1}=(\sqrt{5})^2-2=3$　→ク

$$x^{\frac{3}{2}}+x^{-\frac{3}{2}}=(x^{\frac{1}{2}}+x^{-\frac{1}{2}})^3-3\cdot x^{\frac{1}{2}}\cdot x^{-\frac{1}{2}}(x^{\frac{1}{2}}+x^{-\frac{1}{2}})$$
$$=(\sqrt{5})^3-3\sqrt{5}=2\sqrt{5}\quad\text{→ケ}$$

$$(x^{\frac{1}{2}}-x^{-\frac{1}{2}})^2=(x^{\frac{1}{2}}+x^{-\frac{1}{2}})^2-4\cdot x^{\frac{1}{2}}\cdot x^{-\frac{1}{2}}=(\sqrt{5})^2-4=1$$

$x>1$ より　$x^{\frac{1}{2}}>x^{-\frac{1}{2}}$，$x^{\frac{1}{2}}-x^{-\frac{1}{2}}>0$

よって　$x^{\frac{1}{2}}-x^{-\frac{1}{2}}=1$　→コ

2　**解答**

ア．$\frac{15}{2}$　イ．$\frac{\pi}{3}$　ウ．$\sqrt{19}$　エ．$\frac{15\sqrt{3}}{4}$　オ．$\frac{1}{3}\vec{a}+\frac{1}{3}\vec{b}$

カ．$\frac{5}{6}\vec{a}$　キ．$\frac{5}{9}\vec{b}$　ク．$\frac{1}{2}\vec{a}+\frac{1}{2}\vec{b}$　ケ．$\frac{5}{4}\vec{b}$　コ．$\frac{1}{6}\vec{a}+\vec{b}$

◀解　説▶

≪三角形とベクトル，内積，面積，交点の位置ベクトル≫

$|\vec{a}+\vec{b}|=7$ より　$|\vec{a}+\vec{b}|^2=49$

$$|\vec{a}|^2+2\vec{a}\cdot\vec{b}+|\vec{b}|^2=49$$

$|\vec{a}|=3$，$|\vec{b}|=5$ を代入して

$$3^2+2\vec{a}\cdot\vec{b}+5^2=49\qquad \vec{a}\cdot\vec{b}=\frac{15}{2}\quad\text{→ア}$$

$$\cos\theta=\frac{\vec{a}\cdot\vec{b}}{|\vec{a}||\vec{b}|}=\frac{\frac{15}{2}}{3\cdot 5}=\frac{1}{2}$$

$0\leqq\theta\leqq\pi$ より　$\theta=\frac{\pi}{3}$　→イ

$AB^2=|\overrightarrow{AB}|^2=|\vec{b}-\vec{a}|^2=|\vec{b}|^2-2\vec{a}\cdot\vec{b}+|\vec{a}|^2=5^2-2\cdot\dfrac{15}{2}+3^2=19$

$AB>0$ より　　$AB=\sqrt{19}$　→ウ

$$\triangle OAB=\frac{1}{2}|\vec{a}||\vec{b}|\sin\frac{\pi}{3}=\frac{1}{2}\cdot 3\cdot 5\cdot\frac{\sqrt{3}}{2}=\frac{15\sqrt{3}}{4}\quad \to エ$$

$$\overrightarrow{OG}=\frac{1}{3}(\overrightarrow{OO}+\overrightarrow{OA}+\overrightarrow{OB})=\frac{1}{3}\vec{a}+\frac{1}{3}\vec{b}\quad \to オ\quad \cdots\cdots ①$$

$\overrightarrow{OC}=k\vec{a}$，$\overrightarrow{OD}=l\vec{b}$（$k$，$l$ は実数）とおく。

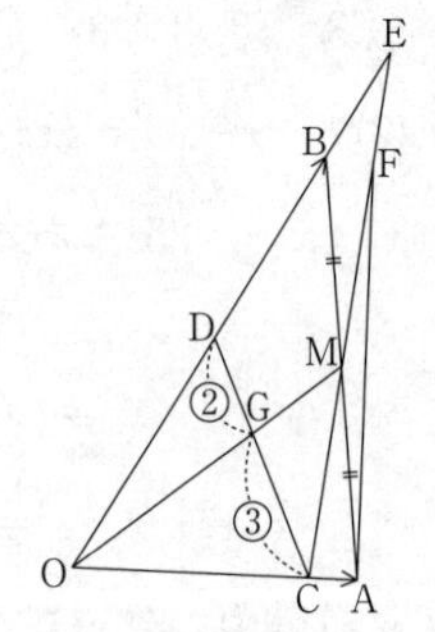

GはCDを3：2に内分しているので

$$\overrightarrow{OG}=\frac{2\overrightarrow{OC}+3\overrightarrow{OD}}{3+2}=\frac{2}{5}k\vec{a}+\frac{3}{5}l\vec{b}\quad \cdots\cdots ②$$

$\vec{a}\neq\vec{0}$，$\vec{b}\neq\vec{0}$，$\vec{a}\not\parallel\vec{b}$ であるので，①，②から

$$\frac{2}{5}k=\frac{1}{3} \text{ かつ } \frac{3}{5}l=\frac{1}{3}\qquad k=\frac{5}{6},\ l=\frac{5}{9}$$

よって　　$\overrightarrow{OC}=\dfrac{5}{6}\vec{a}$，$\overrightarrow{OD}=\dfrac{5}{9}\vec{b}$　→カ，キ

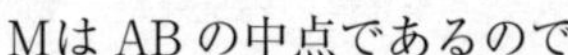

MはABの中点であるので

$$\overrightarrow{OM}=\frac{1}{2}(\overrightarrow{OA}+\overrightarrow{OB})=\frac{1}{2}\vec{a}+\frac{1}{2}\vec{b}\quad \to ク$$

Eは直線CM上にあるので，s を実数として

$$\overrightarrow{OE}=(1-s)\overrightarrow{OC}+s\overrightarrow{OM}=(1-s)\cdot\frac{5}{6}\vec{a}+s\left(\frac{1}{2}\vec{a}+\frac{1}{2}\vec{b}\right)$$

$$=\frac{5-2s}{6}\vec{a}+\frac{1}{2}s\vec{b}$$

また，Eは直線OB上にあるので　　$\dfrac{5-2s}{6}=0$　　$s=\dfrac{5}{2}$

よって　　$\overrightarrow{OE}=\dfrac{5}{4}\vec{b}$　→ケ

Fは直線CM上にあるので，t を実数として，Eの場合と同様にして

$\overrightarrow{OF}=\dfrac{5-2t}{6}\vec{a}+\dfrac{1}{2}t\vec{b}$ と表せる。

よって

$$\overrightarrow{AF}=\overrightarrow{OF}-\overrightarrow{OA}=\frac{5-2t}{6}\vec{a}+\frac{1}{2}t\vec{b}-\vec{a}$$

$$=\frac{-2t-1}{6}\vec{a}+\frac{t}{2}\vec{b}$$

$\overrightarrow{AF}\perp\overrightarrow{OA}$ より　　$\overrightarrow{AF}\cdot\overrightarrow{OA}=0$

よって

$$\left(\frac{-2t-1}{6}\vec{a}+\frac{t}{2}\vec{b}\right)\cdot\vec{a}=0$$

$$\frac{-2t-1}{6}|\vec{a}|^2+\frac{t}{2}\vec{a}\cdot\vec{b}=0$$

$|\vec{a}|=3$, $\vec{a}\cdot\vec{b}=\frac{15}{2}$ より

$$\frac{-2t-1}{6}\cdot 9+\frac{t}{2}\cdot\frac{15}{2}=0 \qquad -12t-6+15t=0 \qquad t=2$$

よって　　$\overrightarrow{OF}=\frac{1}{6}\vec{a}+\vec{b}$　→コ

3 解答

(1)ア．10　イ．15

(2)ウ．$n+1$　エ．$\frac{1}{2}n(n+1)$

(3)オ．20000　カ．45　キ．10

(4)ク．$\frac{1}{2}n(n^2+1)$

(5)ケ．$\frac{2n}{n+1}$　コ．2

◀解　説▶

≪群数列，数列の和，無限級数の和≫

(1)　　$a_1=1$　　$a_2=a_1+2=1+2=3$　　$a_3=a_2+3=3+3=6$

$a_4=a_3+4=6+4=10$　→ア

$a_5=a_4+5=10+5=15$　→イ

(2)　$a_{n+1}=a_n+(n+1)$ であるので　　$a_{n+1}-a_n=n+1$　→ウ

数列 $\{a_n\}$ の階差数列の第 n 項が $n+1$ であるので

$n\geqq 2$ のとき

$$a_n=a_1+\sum_{k=1}^{n-1}(k+1)=1+\sum_{k=1}^{n-1}k+\sum_{k=1}^{n-1}1=1+\frac{1}{2}n(n-1)+(n-1)$$

$$=\frac{1}{2}n(n+1)$$

これは，$n=1$ のときも成り立つので　　$a_n=\frac{1}{2}n(n+1)$　→エ

(3)　第199群の最後の数は，a_{199} であるので，第200群の100番目の数は

$$a_{199}+100=\frac{1}{2}\cdot 199(199+1)+100=20000 \quad \text{→オ}$$

また，1000が第 n 群に含まれるとすると

$$a_{n-1}<1000\leqq a_n$$

$$\frac{1}{2}(n-1)n<1000\leqq\frac{1}{2}n(n+1) \quad \cdots\cdots①$$

$$\frac{1}{2}\cdot 44\cdot 45=990 \qquad \frac{1}{2}\cdot 45\cdot 46=1035$$

であるので，①を満たすのは　　$n=45$

また，$a_{44}=990$ なので　　$1000-990=10$ より

1000は，第45群の10番目の数である。→カ，キ

(4)　第 n 群は

初項 $n\geqq 2$ のとき　　$a_{n-1}+1=\frac{1}{2}(n-1)n+1=\frac{1}{2}(n^2-n+2)$

これは $n=1$ のときも成り立つ。

末項　　$a_n=\frac{1}{2}n(n+1)=\frac{1}{2}(n^2+n)$

項数　　n

の等差数列であるので，第 n 群にあるすべての数の和は

$$\frac{1}{2}\cdot n\left\{\frac{1}{2}(n^2-n+2)+\frac{1}{2}(n^2+n)\right\}=\frac{1}{2}n(n^2+1) \quad \text{→ク}$$

(5)

$$\sum_{k=1}^{n}\frac{1}{a_k}=\sum_{k=1}^{n}\frac{2}{k(k+1)}=2\sum_{k=1}^{n}\left(\frac{1}{k}-\frac{1}{k+1}\right)$$

$$=2\left\{\left(\frac{1}{1}-\frac{1}{2}\right)+\left(\frac{1}{2}-\frac{1}{3}\right)+\cdots+\left(\frac{1}{n}-\frac{1}{n+1}\right)\right\}$$

$$=2\left(1-\frac{1}{n+1}\right)$$

$$=\frac{2n}{n+1} \quad \text{→ケ}$$

$$\sum_{n=1}^{\infty}\frac{1}{a_n}=\lim_{n\to\infty}\sum_{k=1}^{n}\frac{1}{a_k}=\lim_{n\to\infty}2\left(1-\frac{1}{n+1}\right)=2 \quad \to \text{コ}$$

4　**解答**　(1)　$f(x)=\sin 2x$ より

$$f'(x)=2\cos 2x,\ f'\left(\frac{\pi}{3}\right)=2\cos\frac{2\pi}{3}=-1$$

また　$f\left(\frac{\pi}{3}\right)=\sin\frac{2\pi}{3}=\frac{\sqrt{3}}{2}$

よって，$\left(\frac{\pi}{3},\ f\left(\frac{\pi}{3}\right)\right)$ における曲線 C_1 の接線の方程式は

$$y-\frac{\sqrt{3}}{2}=-1\cdot\left(x-\frac{\pi}{3}\right) \qquad y=-x+\frac{\pi}{3}+\frac{\sqrt{3}}{2} \quad \cdots\cdots(\text{答})$$

(2)　$a=1$ のとき　$g(x)=\cos x$

$f(x)=g(x)$ とおくと

$$\sin 2x=\cos x \qquad 2\sin x\cos x=\cos x$$

$$\cos x(2\sin x-1)=0 \qquad \cos x=0 \text{　または　} \sin x=\frac{1}{2}$$

$0\leqq x\leqq\frac{\pi}{2}$ より　$x=\frac{\pi}{6},\ \frac{\pi}{2}$

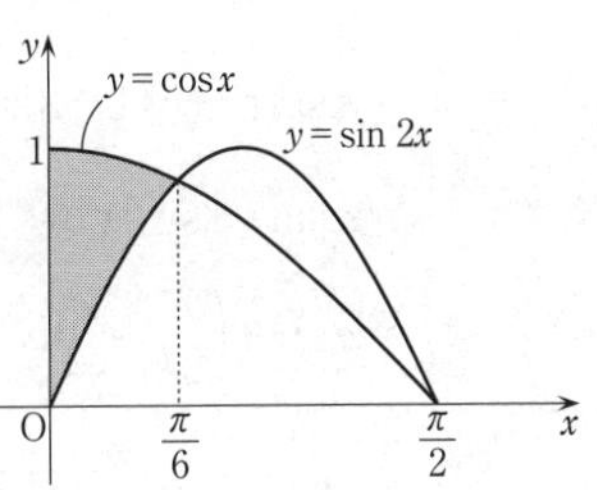

グラフの概形は右のようになり，

$0\leqq x\leqq\frac{\pi}{6}$ において，$\cos x\geqq\sin 2x$ であるので，求める面積は

$$\int_0^{\frac{\pi}{6}}(\cos x-\sin 2x)\,dx=\left[\sin x+\frac{1}{2}\cos 2x\right]_0^{\frac{\pi}{6}}$$

$$=\left(\frac{1}{2}+\frac{1}{4}\right)-\left(0+\frac{1}{2}\right)$$

$$=\frac{1}{4} \quad \cdots\cdots(\text{答})$$

(3)　$f(x)=g(x)$ とおくと

$$\sin 2x=a\cos x$$

$$2\sin x\cos x-a\cos x=0$$

$$\cos x(2\sin x-a)=0 \quad \cdots\cdots①$$

$\cos x=0$　または　$\sin x=\dfrac{a}{2}$

$0\leqq x\leqq\dfrac{\pi}{2}$ において，異なる２つの解をもつ条件は

$\sin x=\dfrac{a}{2}$ が $0\leqq x<\dfrac{\pi}{2}$ に解をもつことなので　　$0\leqq\dfrac{a}{2}<1$

よって　　$0\leqq a<2$　……(答)

このとき，①の解が，$\dfrac{\pi}{2}$ と t $\left(0\leqq t<\dfrac{\pi}{2}\right)$ であるので

$\sin t=\dfrac{a}{2}$　……(答)

(4)　$0\leqq a<2$ のとき，グラフの概形は右のようになるので

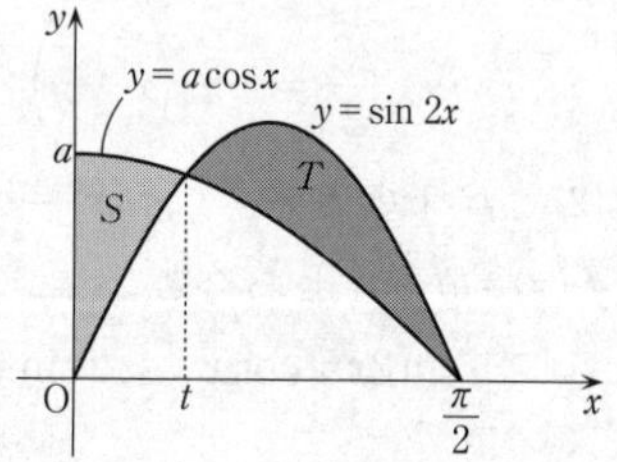

$$S=\int_0^t (a\cos x-\sin 2x)\,dx$$
$$=\left[a\sin x+\frac{1}{2}\cos 2x\right]_0^t$$
$$=a\sin t+\frac{1}{2}\cos 2t-\frac{1}{2}$$
$$=a\sin t+\frac{1}{2}(1-2\sin^2 t)-\frac{1}{2}$$
$$=a\sin t-\sin^2 t$$
$$=a\cdot\frac{a}{2}-\left(\frac{a}{2}\right)^2=\frac{a^2}{4}\quad\cdots\cdots(\text{答})$$

$$T=\int_t^{\frac{\pi}{2}} (\sin 2x-a\cos x)\,dx=\left[-\frac{1}{2}\cos 2x-a\sin x\right]_t^{\frac{\pi}{2}}$$
$$=\left(\frac{1}{2}-a\right)-\left(-\frac{1}{2}\cos 2t-a\sin t\right)$$
$$=\frac{1}{2}-a+\frac{1}{2}(1-2\sin^2 t)+a\sin t$$
$$=\frac{a^2}{4}-a+1\quad\cdots\cdots(\text{答})$$

$2S=T$ とおくと　　$2\cdot\dfrac{a^2}{4}=\dfrac{a^2}{4}-a+1$

$$a^2+4a-4=0 \qquad a=-2\pm 2\sqrt{2}$$

$0\leqq a<2$ より　　$a=-2+2\sqrt{2}$ ……(答)

◀解　説▶

≪三角関数のグラフの接線，２曲線に囲まれた部分の面積≫

(1)　$\left(\dfrac{\pi}{3},\ f\left(\dfrac{\pi}{3}\right)\right)$ における $y=f(x)$ の接線の方程式は，

$y-f\left(\dfrac{\pi}{3}\right)=f'\left(\dfrac{\pi}{3}\right)\left(x-\dfrac{\pi}{3}\right)$ である。

(2)　C_1 と C_2 の交点の x 座標を求め，積分により求める。

(3)　$f(x)=g(x)$ とおくと，１つの解が $x=\dfrac{\pi}{2}$ であるので，$\sin x=\dfrac{9}{2}$ が $0\leqq x<\dfrac{\pi}{2}$ に解をもつ条件を求めればよい。

(4)　積分を計算する際，$\sin t=\dfrac{a}{2}$，$\cos 2t=1-2\sin^2 t=1-2\cdot\left(\dfrac{a}{2}\right)^2$ を用いて a で表す。

❖講　評

大問４題の出題で，**1**～**3** が答えのみを記入する空所補充形式，**4** が記述式となっている。

1 は独立した小問３問で，いずれも基本的な問題である。計算ミスなどないようにして，確実に解いておきたい。

2 は三角形とベクトルについての基本的な問題である。ただ，解答する項目が多いので，手際よく計算しなければならず，日頃，ベクトルに関する問題に多く取り組んでいるかどうかで差がついたかもしれない。

3 は群数列についての標準的な問題である。小問の誘導にしたがって解いていけばよいだろう。

4 は三角関数の微・積分法についての問題である。グラフの概形を用いて，積分により面積をきちんと計算できたかどうか。計算ミスのないようにしたい。

全体として，基本から標準レベルの問題で構成されている。**1**～**3** が答えのみであるので，計算ミスのないよう十分計算力を鍛えておくとよいだろう。

/////////////////// · memo · ///////////////////

//////////////////// · memo · ////////////////////

//////////////////// · memo · ////////////////////

/////////////////// · memo · ///////////////////

//////////////////// · memo · ////////////////////

教学社 刊行一覧

2025年版 大学赤本シリーズ

374大学556点
全都道府県を網羅

国公立大学（都道府県順）

全国の書店で取り扱っています。店頭にない場合は，お取り寄せができます。

1 北海道大学（文系－前期日程）
2 北海道大学（理系－前期日程） 医
3 北海道大学（後期日程）
4 旭川医科大学（医学部〈医学科〉） 医
5 小樽商科大学
6 帯広畜産大学
7 北海道教育大学
8 室蘭工業大学／北見工業大学
9 釧路公立大学
10 公立千歳科学技術大学
11 公立はこだて未来大学 総推
12 札幌医科大学（医学部） 医
13 弘前大学 医
14 岩手大学
15 岩手県立大学・盛岡短期大学部・宮古短期大学部
16 東北大学（文系－前期日程）
17 東北大学（理系－前期日程） 医
18 東北大学（後期日程）
19 宮城教育大学
20 宮城大学
21 秋田大学 医
22 秋田県立大学
23 国際教養大学 総推
24 山形大学 医
25 福島大学
26 会津大学
27 福島県立医科大学（医・保健科学部） 医
28 茨城大学（文系）
29 茨城大学（理系）
30 筑波大学（推薦入試） 医 総推
31 筑波大学（文系－前期日程）
32 筑波大学（理系－前期日程） 医
33 筑波大学（後期日程）
34 宇都宮大学
35 群馬大学 医
36 群馬県立女子大学
37 高崎経済大学
38 前橋工科大学
39 埼玉大学（文系）
40 埼玉大学（理系）
41 千葉大学（文系－前期日程）
42 千葉大学（理系－前期日程） 医
43 千葉大学（後期日程） 医
44 東京大学（文科） DL
45 東京大学（理科） DL 医
46 お茶の水女子大学
47 電気通信大学
48 東京外国語大学 DL
49 東京海洋大学
50 東京科学大学（旧 東京工業大学）
51 東京科学大学（旧 東京医科歯科大学） 医
52 東京学芸大学
53 東京藝術大学
54 東京農工大学
55 一橋大学（前期日程）
56 一橋大学（後期日程）
57 東京都立大学（文系）
58 東京都立大学（理系）
59 横浜国立大学（文系）
60 横浜国立大学（理系）
61 横浜市立大学（国際教養・国際商・理・データサイエンス・医〈看護〉学部）
62 横浜市立大学（医学部〈医学科〉） 医
63 新潟大学（人文・教育〈文系〉・法・経済科・医〈看護〉・創生学部）
64 新潟大学（教育〈理系〉・理・医〈看護を除く〉・歯・工・農学部） 医
65 新潟県立大学
66 富山大学（文系）
67 富山大学（理系） 医
68 富山県立大学
69 金沢大学（文系）
70 金沢大学（理系） 医
71 福井大学（教育・医〈看護〉・工・国際地域学部）
72 福井大学（医学部〈医学科〉） 医
73 福井県立大学
74 山梨大学（教育・医〈看護〉・工・生命環境学部）
75 山梨大学（医学部〈医学科〉） 医
76 都留文科大学
77 信州大学（文系－前期日程）
78 信州大学（理系－前期日程） 医
79 信州大学（後期日程）
80 公立諏訪東京理科大学 総推
81 岐阜大学（前期日程） 医
82 岐阜大学（後期日程）
83 岐阜薬科大学
84 静岡大学（前期日程）
85 静岡大学（後期日程）
86 浜松医科大学（医学部〈医学科〉） 医
87 静岡県立大学
88 静岡文化芸術大学
89 名古屋大学（文系）
90 名古屋大学（理系） 医
91 愛知教育大学
92 名古屋工業大学
93 愛知県立大学
94 名古屋市立大学（経済・人文社会・芸術工・看護・総合生命理・データサイエンス学部）
95 名古屋市立大学（医学部〈医学科〉） 医
96 名古屋市立大学（薬学部）
97 三重大学（人文・教育・医〈看護〉学部）
98 三重大学（医〈医〉・工・生物資源学部） 医
99 滋賀大学
100 滋賀医科大学（医学部〈医学科〉） 医
101 滋賀県立大学
102 京都大学（文系）
103 京都大学（理系） 医
104 京都教育大学
105 京都工芸繊維大学
106 京都府立大学
107 京都府立医科大学（医学部〈医学科〉） 医
108 大阪大学（文系） DL
109 大阪大学（理系） 医
110 大阪教育大学
111 大阪公立大学（現代システム科学域〈文系〉・文・法・経済・商・看護・生活科〈居住環境・人間福祉〉学部－前期日程）
112 大阪公立大学（現代システム科学域〈理系〉・理・工・農・獣医・医・生活科〈食栄養〉学部－前期日程） 医
113 大阪公立大学（中期日程）
114 大阪公立大学（後期日程）
115 神戸大学（文系－前期日程）
116 神戸大学（理系－前期日程） 医
117 神戸大学（後期日程）
118 神戸市外国語大学 DL
119 兵庫県立大学（国際商経・社会情報科・看護学部）
120 兵庫県立大学（工・理・環境人間学部）
121 奈良教育大学／奈良県立大学
122 奈良女子大学
123 奈良県立医科大学（医学部〈医学科〉） 医
124 和歌山大学
125 和歌山県立医科大学（医・薬学部） 医
126 鳥取大学 医
127 公立鳥取環境大学
128 島根大学 医
129 岡山大学（文系）
130 岡山大学（理系） 医
131 岡山県立大学
132 広島大学（文系－前期日程）
133 広島大学（理系－前期日程） 医
134 広島大学（後期日程）
135 尾道市立大学 総推
136 県立広島大学
137 広島市立大学
138 福山市立大学 総推
139 山口大学（人文・教育〈文系〉・経済・医〈看護〉・国際総合科学部）
140 山口大学（教育〈理系〉・理・医〈看護を除く〉・工・農・共同獣医学部） 医
141 山陽小野田市立山口東京理科大学 総推
142 下関市立大学／山口県立大学
143 周南公立大学 新 総推
144 徳島大学 医
145 香川大学 医
146 愛媛大学 医
147 高知大学 医
148 高知工科大学
149 九州大学（文系－前期日程）
150 九州大学（理系－前期日程） 医
151 九州大学（後期日程）
152 九州工業大学
153 福岡教育大学
154 北九州市立大学
155 九州歯科大学
156 福岡県立大学／福岡女子大学
157 佐賀大学 医
158 長崎大学（多文化社会・教育〈文系〉・経済・医〈保健〉・環境科〈文系〉学部）
159 長崎大学（教育〈理系〉・医〈医〉・歯・薬・情報データ科・工・環境科〈理系〉・水産学部） 医
160 長崎県立大学 総推
161 熊本大学（文・教育・法・医〈看護〉学部・情報融合学環〈文系型〉）
162 熊本大学（理・医〈看護を除く〉・薬・工学部・情報融合学環〈理系型〉） 医
163 熊本県立大学
164 大分大学（教育・経済・医〈看護〉・理工・福祉健康科学部）
165 大分大学（医学部〈医・先進医療科学科〉） 医
166 宮崎大学（教育・医〈看護〉・工・農・地域資源創成学部）
167 宮崎大学（医学部〈医学科〉） 医
168 鹿児島大学（文系）
169 鹿児島大学（理系） 医
170 琉球大学 医

2025年版　大学赤本シリーズ

国公立大学 その他

171 〔国公立大〕医学部医学科 総合型選抜・学校推薦型選抜※ 医 総推
172 看護・医療系大学〈国公立 東日本〉※
173 看護・医療系大学〈国公立 中日本〉※
174 看護・医療系大学〈国公立 西日本〉※
175 海上保安大学校／気象大学校
176 航空保安大学校
177 国立看護大学校
178 防衛大学校 総推
179 防衛医科大学校（医学科） 医
180 防衛医科大学校（看護学科）

※No.171～174の収載大学は赤本ウェブサイト（http://akahon.net/）でご確認ください。

私立大学①

北海道の大学（50音順）

201 札幌大学
202 札幌学院大学
203 北星学園大学
204 北海学園大学
205 北海道医療大学
206 北海道科学大学
207 北海道武蔵女子大学・短期大学
208 酪農学園大学（獣医学群〈獣医学類〉）

東北の大学（50音順）

209 岩手医科大学（医・歯・薬学部） 医
210 仙台大学 総推
211 東北医科薬科大学（医・薬学部） 医
212 東北学院大学
213 東北工業大学
214 東北福祉大学
215 宮城学院女子大学 総推

関東の大学（50音順）

あ行（関東の大学）

216 青山学院大学（法・国際政治経済学部ー個別学部日程）
217 青山学院大学（経済学部ー個別学部日程）
218 青山学院大学（経営学部ー個別学部日程）
219 青山学院大学（文・教育人間科学部ー個別学部日程）
220 青山学院大学（総合文化政策・社会情報・地球社会共生・コミュニティ人間科学部ー個別学部日程）
221 青山学院大学（理工学部ー個別学部日程）
222 青山学院大学（全学部日程）
223 麻布大学（獣医、生命・環境科学部）
224 亜細亜大学
226 桜美林大学
227 大妻女子大学・短期大学部

か行（関東の大学）

228 学習院大学（法学部ーコア試験）
229 学習院大学（経済学部ーコア試験）
230 学習院大学（文学部ーコア試験）
231 学習院大学（国際社会科学部ーコア試験）
232 学習院大学（理学部ーコア試験）
233 学習院女子大学
234 神奈川大学（給費生試験）
235 神奈川大学（一般入試）
236 神奈川工科大学
237 鎌倉女子大学・短期大学部
238 川村学園女子大学
239 神田外語大学
240 関東学院大学
241 北里大学（理学部）
242 北里大学（医学部） 医
243 北里大学（薬学部）
244 北里大学（看護・医療衛生学部）
245 北里大学（未来工・獣医・海洋生命科学部）
246 共立女子大学・短期大学
247 杏林大学（医学部） 医
248 杏林大学（保健学部）
249 群馬医療福祉大学・短期大学部
250 群馬パース大学 総推
251 慶應義塾大学（法学部）
252 慶應義塾大学（経済学部）
253 慶應義塾大学（商学部）
254 慶應義塾大学（文学部） 総推
255 慶應義塾大学（総合政策学部）
256 慶應義塾大学（環境情報学部）
257 慶應義塾大学（理工学部）
258 慶應義塾大学（医学部） 医
259 慶應義塾大学（薬学部）
260 慶應義塾大学（看護医療学部）
261 工学院大学
262 國學院大學
263 国際医療福祉大学 医
264 国際基督教大学
265 国士舘大学
266 駒澤大学（一般選抜T方式・S方式）
267 駒澤大学（全学部統一日程選抜）

さ行（関東の大学）

268 埼玉医科大学（医学部） 医
269 相模女子大学・短期大学部
270 産業能率大学
271 自治医科大学（医学部） 医
272 自治医科大学（看護学部）／東京慈恵会医科大学（医学部〈看護学科〉）
273 実践女子大学 総推
274 芝浦工業大学（前期日程）
275 芝浦工業大学（全学統一日程・後期日程）
276 十文字学園女子大学
277 淑徳大学
278 順天堂大学（医学部） 医
279 順天堂大学（スポーツ健康科・医療看護・保健看護・国際教養・保健医療・医療科・健康データサイエンス・薬学部） 総推
280 上智大学（神・文・総合人間科学部）
281 上智大学（法・経済学部）
282 上智大学（外国語・総合グローバル学部）
283 上智大学（理工学部）
284 上智大学（TEAPスコア利用方式）
285 湘南工科大学
286 昭和大学（医学部） 医
287 昭和大学（歯・薬・保健医療学部）
288 昭和女子大学
289 昭和薬科大学
290 女子栄養大学・短期大学部 総推
291 白百合女子大学
292 成蹊大学（法学部ーA方式）
293 成蹊大学（経済・経営学部ーA方式）
294 成蹊大学（文学部ーA方式）
295 成蹊大学（理工学部ーA方式）
296 成蹊大学（E方式・G方式・P方式）
297 成城大学（経済・社会イノベーション学部ーA方式）
298 成城大学（文芸・法学部ーA方式）
299 成城大学（S方式〈全学部統一選抜〉）
300 聖心女子大学
301 清泉女子大学
303 聖マリアンナ医科大学 医
304 聖路加国際大学（看護学部）
305 専修大学（スカラシップ・全国入試）
306 専修大学（前期入試〈学部個別入試〉）
307 専修大学（前期入試〈全学部入試・スカラシップ入試〉）

た行（関東の大学）

308 大正大学
309 大東文化大学
310 高崎健康福祉大学
311 拓殖大学
312 玉川大学
313 多摩美術大学
314 千葉工業大学
315 中央大学（法学部ー学部別選抜）
316 中央大学（経済学部ー学部別選抜）
317 中央大学（商学部ー学部別選抜）
318 中央大学（文学部ー学部別選抜）
319 中央大学（総合政策学部ー学部別選抜）
320 中央大学（国際経営・国際情報学部ー学部別選抜）
321 中央大学（理工学部ー学部別選抜）
322 中央大学（5学部共通選抜）
323 中央学院大学
324 津田塾大学
325 帝京大学（薬・経済・法・文・外国語・教育・理工・医療技術・福岡医療技術学部）
326 帝京大学（医学部） 医
327 帝京科学大学 総推
328 帝京平成大学 総推
329 東海大学（医〈医〉学部を除くー一般選抜）
330 東海大学（文系・理系学部統一選抜）
331 東海大学（医学部〈医学科〉） 医
332 東京医科大学（医学部〈医学科〉） 医
333 東京家政大学・短期大学部 総推
334 東京経済大学
335 東京工科大学
336 東京工芸大学
337 東京国際大学
338 東京歯科大学
339 東京慈恵会医科大学（医学部〈医学科〉） 医
340 東京情報大学
341 東京女子大学
342 東京女子医科大学（医学部） 医
343 東京電機大学
344 東京都市大学
345 東京農業大学
346 東京薬科大学（薬学部） 総推
347 東京薬科大学（生命科学部） 総推
348 東京理科大学（理学部〈第一部〉ーB方式）
349 東京理科大学（創域理工学部ーB方式・S方式）
350 東京理科大学（工学部ーB方式）
351 東京理科大学（先進工学部ーB方式）
352 東京理科大学（薬学部ーB方式）
353 東京理科大学（経営学部ーB方式）
354 東京理科大学（C方式、グローバル方式、理学部〈第二部〉ーB方式）
355 東邦大学（医学部） 医
356 東邦大学（薬学部）

2025年版　大学赤本シリーズ

私立大学②

357 東邦大学（理・看護・健康科学部）
358 東洋大学（文・経済・経営・法・社会・国際・国際観光学部）
359 東洋大学（情報連携・福祉社会デザイン・健康スポーツ科・理工・総合情報・生命科・食環境科学部）
360 東洋大学（英語〈3日程×3カ年〉）
361 東洋大学（国語〈3日程×3カ年〉）
362 東洋大学（日本史・世界史〈2日程×3カ年〉）
363 東洋英和女学院大学
364 常磐大学・短期大学 総推
365 獨協大学
366 獨協医科大学（医学部） 医

な行（関東の大学）

367 二松学舎大学
368 日本大学（法学部）
369 日本大学（経済学部）
370 日本大学（商学部）
371 日本大学（文理学部〈文系〉）
372 日本大学（文理学部〈理系〉）
373 日本大学（芸術学部〈専門試験併用型〉）
374 日本大学（国際関係学部）
375 日本大学（危機管理・スポーツ科学部）
376 日本大学（理工学部）
377 日本大学（生産工・工学部）
378 日本大学（生物資源科学部）
379 日本大学（医学部） 医
380 日本大学（歯・松戸歯学部）
381 日本大学（薬学部）
382 日本大学（N全学統一方式－医・芸術〈専門試験併用型〉学部を除く）
383 日本医科大学 医
384 日本工業大学
385 日本歯科大学
386 日本社会事業大学 総推
387 日本獣医生命科学大学
388 日本女子大学
389 日本体育大学

は行（関東の大学）

390 白鷗大学（学業特待選抜・一般選抜）
391 フェリス女学院大学
392 文教大学
393 法政大学（法〈Ⅰ日程〉・文〈Ⅱ日程〉・経営〈Ⅱ日程〉学部－A方式）
394 法政大学（法〈Ⅱ日程〉・国際文化・キャリアデザイン学部－A方式）
395 法政大学（文〈Ⅰ日程〉・経営〈Ⅰ日程〉・人間環境・グローバル教養学部－A方式）
396 法政大学（経済〈Ⅰ日程〉・社会〈Ⅰ日程〉・現代福祉学部－A方式）
397 法政大学（経済〈Ⅱ日程〉・社会〈Ⅱ日程〉・スポーツ健康学部－A方式）
398 法政大学（情報科・デザイン工・理工・生命科学部－A方式）
399 法政大学（T日程〈統一日程〉・英語外部試験利用入試）
400 星薬科大学 総推

ま行（関東の大学）

401 武蔵大学
402 武蔵野大学
403 武蔵野美術大学
404 明海大学
405 明治大学（法学部－学部別入試）
406 明治大学（政治経済学部－学部別入試）
407 明治大学（商学部－学部別入試）
408 明治大学（経営学部－学部別入試）
409 明治大学（文学部－学部別入試）
410 明治大学（国際日本学部－学部別入試）
411 明治大学（情報コミュニケーション学部－学部別入試）
412 明治大学（理工学部－学部別入試）
413 明治大学（総合数理学部－学部別入試）
414 明治大学（農学部－学部別入試）
415 明治大学（全学部統一入試）
416 明治学院大学（A日程）
417 明治学院大学（全学部日程）
418 明治薬科大学 総推
419 明星大学
420 目白大学・短期大学部

ら・わ行（関東の大学）

421 立教大学（文系学部－一般入試〈大学独自の英語を課さない日程〉）
422 立教大学（国語〈3日程×3カ年〉）
423 立教大学（日本史・世界史〈2日程×3カ年〉）
424 立教大学（文学部－一般入試〈大学独自の英語を課す日程〉）
425 立教大学（理学部－一般入試）
426 立正大学
427 早稲田大学（法学部）
428 早稲田大学（政治経済学部）
429 早稲田大学（商学部）
430 早稲田大学（社会科学部）
431 早稲田大学（文学部）
432 早稲田大学（文化構想学部）
433 早稲田大学（教育学部〈文科系〉）
434 早稲田大学（教育学部〈理科系〉）
435 早稲田大学（人間科・スポーツ科学部）
436 早稲田大学（国際教養学部）
437 早稲田大学（基幹理工・創造理工・先進理工学部）
438 和洋女子大学 総推

中部の大学（50音順）

439 愛知大学
440 愛知医科大学（医学部） 医
441 愛知学院大学・短期大学部
442 愛知工業大学 総推
443 愛知淑徳大学
444 朝日大学 総推
445 金沢医科大学（医学部） 医
446 金沢工業大学
447 岐阜聖徳学園大学 総推
448 金城学院大学
449 至学館大学 総推
450 静岡理工科大学
451 椙山女学園大学
452 大同大学
453 中京大学
454 中部大学
455 名古屋外国語大学 総推
456 名古屋学院大学 総推
457 名古屋学芸大学 総推
458 名古屋女子大学 総推
459 南山大学（外国語〈英米〉・法・総合政策・国際教養学部）
460 南山大学（人文・外国語〈英米を除く〉・経済・経営・理工学部）
461 新潟国際情報大学
462 日本福祉大学
463 福井工業大学
464 藤田医科大学（医学部） 医
465 藤田医科大学（医療科・保健衛生学部）
466 名城大学（法・経営・経済・外国語・人間・都市情報学部）
467 名城大学（情報工・理工・農・薬学部）
468 山梨学院大学

近畿の大学（50音順）

469 追手門学院大学 総推
470 大阪医科薬科大学（医学部） 医
471 大阪医科薬科大学（薬学部） 総推
472 大阪学院大学 総推
473 大阪経済大学 総推
474 大阪経済法科大学 総推
475 大阪工業大学 総推
476 大阪国際大学・短期大学部 総推
477 大阪産業大学 総推
478 大阪歯科大学（歯学部）
479 大阪商業大学 総推
480 大阪成蹊大学・短期大学 総推
481 大谷大学 総推
482 大手前大学・短期大学 総推
483 関西大学（文系）
484 関西大学（理系）
485 関西大学（英語〈3日程×3カ年〉）
486 関西大学（国語〈3日程×3カ年〉）
487 関西大学（日本史・世界史・文系数学〈3日程×3カ年〉）
488 関西医科大学（医学部） 医
489 関西医療大学 総推
490 関西外国語大学・短期大学部 総推
491 関西学院大学（文・法・商・人間福祉・総合政策学部－学部個別日程）
492 関西学院大学（神・社会・経済・国際・教育学部－学部個別日程）
493 関西学院大学（全学部日程〈文系型〉）
494 関西学院大学（全学部日程〈理系型〉）
495 関西学院大学（共通テスト併用日程〈数学〉・英数日程）
496 関西学院大学（英語〈3日程×3カ年〉） 新
497 関西学院大学（国語〈3日程×3カ年〉） 新
498 関西学院大学（日本史・世界史・文系数学〈3日程×3カ年〉） 新
499 畿央大学 総推
500 京都外国語大学・短期大学 総推
502 京都産業大学（公募推薦入試） 総推
503 京都産業大学（一般選抜入試〈前期日程〉）
504 京都女子大学 総推
505 京都先端科学大学 総推
506 京都橘大学 総推
507 京都ノートルダム女子大学 総推
508 京都薬科大学 総推
509 近畿大学・短期大学部（医学部を除く－推薦入試） 総推
510 近畿大学・短期大学部（医学部を除く－一般入試前期）
511 近畿大学（英語〈医学部を除く3日程×3カ年〉）
512 近畿大学（理系数学〈医学部を除く3日程×3カ年〉）
513 近畿大学（国語〈医学部を除く3日程×3カ年〉）
514 近畿大学（医学部－推薦入試・一般入試前期） 医 総推
515 近畿大学・短期大学部（一般入試後期） 医
516 皇學館大学 総推
517 甲南大学 総推
518 甲南女子大学（学校推薦型選抜） 新 総推
519 神戸学院大学 総推
520 神戸国際大学 総推
521 神戸女学院大学 総推
522 神戸女子大学・短期大学 総推
523 神戸薬科大学 総推
524 四天王寺大学・短期大学部 総推
525 摂南大学（公募制推薦入試） 総推
526 摂南大学（一般選抜前期日程）
527 帝塚山学院大学 総推
528 同志社大学（法、グローバル・コミュニケーション学部－学部個別日程）

2025年版　大学赤本シリーズ

私立大学③

529 同志社大学(文・経済学部−学部個別日程)
530 同志社大学(神・商・心理・グローバル地域文化学部−学部個別日程)
531 同志社大学(社会学部−学部個別日程)
532 同志社大学(政策・文化情報〈文系型〉・スポーツ健康科〈文系型〉学部−学部個別日程)
533 同志社大学(理工・生命医科・文化情報〈理系型〉・スポーツ健康科〈理系型〉学部−学部個別日程)
534 同志社大学(全学部日程)
535 同志社女子大学 総推
536 奈良大学 総推
537 奈良学園大学 総推
538 阪南大学 総推
539 姫路獨協大学 総推
540 兵庫医科大学(医学部) 医
541 兵庫医科大学(薬・看護・リハビリテーション学部) 総推
542 佛教大学 総推
543 武庫川女子大学 総推
544 桃山学院大学 総推
545 大和大学・大和大学白鳳短期大学部 総推
546 立命館大学(文系−全学統一方式・学部個別配点方式)／立命館アジア太平洋大学(前期方式・英語重視方式)
547 立命館大学(理系−全学統一方式・学部個別配点方式・理系型3教科方式・薬学方式)
548 立命館大学(英語〈全学統一方式3日程×3カ年〉)
549 立命館大学(国語〈全学統一方式3日程×3カ年〉)
550 立命館大学(文系選択科目〈全学統一方式2日程×3カ年〉)
551 立命館大学(IR方式〈英語資格試験利用型〉・共通テスト併用方式)／立命館アジア太平洋大学(共通テスト併用方式)
552 立命館大学(後期分割方式・「経営学部で学ぶ感性+共通テスト」方式)／立命館アジア太平洋大学(後期方式)
553 龍谷大学(公募推薦入試) 総推
554 龍谷大学(一般選抜入試)

中国の大学(50音順)

555 岡山商科大学 総推
556 岡山理科大学 総推
557 川崎医科大学 医
558 吉備国際大学 総推
559 就実大学 総推
560 広島経済大学
561 広島国際大学 総推
562 広島修道大学
563 広島文教大学 総推
564 福山大学／福山平成大学
565 安田女子大学 総推

四国の大学(50音順)

567 松山大学

九州の大学(50音順)

568 九州医療科学大学
569 九州産業大学
570 熊本学園大学
571 久留米大学(文・人間健康・法・経済・商学部)
572 久留米大学(医学部〈医学科〉) 医
573 産業医科大学(医学部) 医
574 西南学院大学(商・経済・法・人間科学部−A日程)
575 西南学院大学(神・外国語・国際文化学部−A日程／全学部−F日程)
576 福岡大学(医学部医学科を除く−学校推薦型選抜・一般選抜系統別日程) 総推
577 福岡大学(医学部医学科を除く−一般選抜前期日程)
578 福岡大学(医学部〈医学科〉−学校推薦型選抜・一般選抜系統別日程) 医 総推
579 福岡工業大学
580 令和健康科学大学 総推

医 医学部医学科を含む
総推 総合型選抜または学校推薦型選抜を含む
DL リスニング音声配信　新 2024年 新刊・復刊

掲載している入試の種類や試験科目，収載年数などはそれぞれ異なります。詳細については，それぞれの本の目次や赤本ウェブサイトでご確認ください。

akahon.net
赤本｜ 検索

難関校過去問シリーズ

出題形式別・分野別に収録した
「入試問題事典」
20大学73点
定価**2,310～2,640**円(本体2,100～2,400円)

先輩合格者はこう使った!
「難関校過去問シリーズの使い方」

61年，全部載せ!
要約演習で，総合力を鍛える
東大の英語
要約問題 UNLIMITED

国公立大学

東大の英語25カ年[第12版] 改
東大の英語リスニング20カ年[第9版] DL 改
東大の英語 要約問題 UNLIMITED
東大の文系数学25カ年[第12版] 改
東大の理系数学25カ年[第12版] 改
東大の現代文25カ年[第12版] 改
東大の古典25カ年[第12版] 改
東大の日本史25カ年[第9版] 改
東大の世界史25カ年[第9版] 改
東大の地理25カ年[第9版] 改
東大の物理25カ年[第9版] 改
東大の化学25カ年[第9版] 改
東大の生物25カ年[第9版] 改
東工大の英語20カ年[第8版] 改
東工大の数学20カ年[第9版] 改
東工大の物理20カ年[第5版] 改
東工大の化学20カ年[第5版] 改
一橋大の英語20カ年[第9版] 改
一橋大の数学20カ年[第9版] 改
一橋大の国語20カ年[第6版] 改
一橋大の日本史20カ年[第6版] 改
一橋大の世界史20カ年[第6版] 改
筑波大の英語15カ年 新
筑波大の数学15カ年 新
京大の英語25カ年[第12版]
京大の文系数学25カ年[第12版]
京大の理系数学25カ年[第12版]
京大の現代文25カ年[第2版]
京大の古典25カ年[第2版]
京大の日本史20カ年[第3版]
京大の世界史20カ年[第3版]
京大の物理25カ年[第9版]
京大の化学25カ年[第9版]
北大の英語15カ年[第8版]
北大の理系数学15カ年[第8版]
北大の物理15カ年[第2版]
北大の化学15カ年[第2版]
東北大の英語15カ年[第8版]
東北大の理系数学15カ年[第8版]
東北大の物理15カ年[第2版]
東北大の化学15カ年[第2版]
名古屋大の英語15カ年[第8版]
名古屋大の理系数学15カ年[第8版]
名古屋大の物理15カ年[第2版]
名古屋大の化学15カ年[第2版]
阪大の英語20カ年[第9版]
阪大の文系数学20カ年[第3版]
阪大の理系数学20カ年[第9版]
阪大の国語15カ年[第3版]
阪大の物理20カ年[第8版]
阪大の化学20カ年[第6版]
九大の英語15カ年[第8版]
九大の理系数学15カ年[第7版]
九大の物理15カ年[第2版]
九大の化学15カ年[第2版]
神戸大の英語15カ年[第9版]
神戸大の数学15カ年[第5版]
神戸大の国語15カ年[第3版]

私立大学

早稲田の英語[第11版] 改
早稲田の国語[第9版] 改
早稲田の日本史[第9版] 改
早稲田の世界史[第2版] 改
慶應の英語[第11版] 改
慶應の小論文[第3版] 改
明治大の英語[第9版] 改
明治大の国語[第2版] 改
明治大の日本史[第2版] 改
中央大の英語[第9版] 改
法政大の英語[第9版] 改
同志社大の英語[第10版]
立命館大の英語[第10版]
関西大の英語[第10版]
関西学院大の英語[第10版]

DL リスニング音声配信
新 2024年 新刊
改 2024年 改訂

いつも受験生のそばに — 赤本

大学入試シリーズ＋α
入試対策も共通テスト対策も赤本で

入試対策

赤本プラス

赤本プラスとは，**過去問演習の効果を最大にする**ためのシリーズです。「赤本」であぶり出された弱点を，赤本プラスで克服しましょう。

大学入試 すぐわかる**英文法** DL
大学入試 ひと目でわかる**英文読解**
大学入試 絶対できる**英語リスニング** DL
大学入試 すぐ書ける**自由英作文**
大学入試 ぐんぐん読める
英語長文〔BASIC〕 DL
大学入試 ぐんぐん読める
英語長文〔STANDARD〕 DL
大学入試 ぐんぐん読める
英語長文〔ADVANCED〕 DL
大学入試 正しく書ける**英作文**
大学入試 最短でマスターする
数学Ⅰ・Ⅱ・Ⅲ・A・B・C
大学入試 突破力を鍛える**最難関の数学**
大学入試 知らなきゃ解けない
古文常識・和歌
大学入試 ちゃんと身につく**物理**
大学入試 もっと身につく
物理問題集（①力学・波動）
大学入試 もっと身につく
物理問題集（②熱力学・電磁気・原子）

入試対策

英検®赤本シリーズ

英検®（実用英語技能検定）の対策書。
過去問集と参考書で万全の対策ができます。

▶**過去問集（2024年度版）**
英検®準1級過去問集 DL
英検®2級過去問集 DL
英検®準2級過去問集 DL
英検®3級過去問集 DL

▶**参考書**
竹岡の英検®準1級マスター DL
竹岡の英検®2級マスター CD DL
竹岡の英検®準2級マスター CD DL
竹岡の英検®3級マスター CD DL

CD リスニングCDつき　DL 音声無料配信
新 2024年新刊・改訂

入試対策

赤本プレミアム

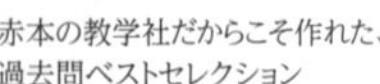

赤本の教学社だからこそ作れた、
過去問ベストセレクション

東大数学プレミアム
東大現代文プレミアム
京大数学プレミアム〔改訂版〕
京大古典プレミアム

入試対策

赤本メディカルシリーズ

過去問を徹底的に研究し，独自の出題傾向をもつメディカル系の入試に役立つ内容を精選した実戦的なシリーズ。

〔国公立大〕医学部の英語〔3訂版〕
私立医大の英語〔長文読解編〕〔3訂版〕
私立医大の英語〔文法・語法編〕〔改訂版〕
医学部の実戦小論文〔3訂版〕
医歯薬系の英単語〔4訂版〕
医系小論文 最頻出論点20〔4訂版〕
医学部の面接〔4訂版〕

入試対策

体系シリーズ

国公立大二次・難関私大突破へ，自学自習に適したハイレベル問題集。

体系英語長文　体系世界史
体系英作文　体系物理〔第7版〕
体系現代文

入試対策

単行本

▶**英語**
Q&A即決英語勉強法
TEAP攻略問題集 CD
東大の英単語〔新装版〕
早慶上智の英単語〔改訂版〕

▶**国語・小論文**
著者に注目! 現代文問題集
ブレない小論文の書き方 樋口式ワークノート

▶**レシピ集**
奥薗壽子の赤本合格レシピ

入試対策　共通テスト対策

赤本手帳

赤本手帳（2025年度受験用）プラムレッド
赤本手帳（2025年度受験用）インディゴブルー
赤本手帳（2025年度受験用）ナチュラルホワイト

入試対策

風呂で覚えるシリーズ

水をはじく特殊な紙を使用。いつでもどこでも読めるから，ちょっとした時間を有効に使える！

風呂で覚える英単語〔4訂新装版〕
風呂で覚える英熟語〔改訂新装版〕
風呂で覚える古文単語〔改訂新装版〕
風呂で覚える古文文法〔改訂新装版〕
風呂で覚える漢文〔改訂新装版〕
風呂で覚える日本史〔年代〕〔改訂新装版〕
風呂で覚える世界史〔年代〕〔改訂新装版〕
風呂で覚える倫理〔改訂版〕
風呂で覚える百人一首〔改訂版〕

共通テスト対策

満点のコツシリーズ

共通テストで満点を狙うための実戦的参考書。
重要度の増したリスニング対策は
「カリスマ講師」竹岡広信が一回読みにも
対応できるコツを伝授！

共通テスト英語〔リスニング〕
満点のコツ〔改訂版〕 新 DL
共通テスト古文 満点のコツ〔改訂版〕 新
共通テスト漢文 満点のコツ〔改訂版〕 新

入試対策　共通テスト対策

赤本ポケットシリーズ

▶**共通テスト対策**
共通テスト日本史〔文化史〕

▶**系統別進路ガイド**
デザイン系学科をめざすあなたへ

2025年版　大学赤本シリーズ　No. 495

関西学院大学（共通テスト併用日程〈数学〉・英数日程）

2024年7月10日　第1刷発行
ISBN978-4-325-26554-2
定価は裏表紙に表示しています

編　集　教学社編集部
発行者　上原 寿明
発行所　教学社
〒606-0031
京都市左京区岩倉南桑原町56
電話　075-721-6500
振替　01020-1-15695
印　刷　太洋社